U0604543

《大清律辑注》研究

Research into *Da Qing Lv Ji Zhu*

闵冬芳 著

社会科学文献出版社
SOCIAL SCIENCES ACADEMIC PRESS (CHINA)

图书在版编目（CIP）数据

《大清律辑注》研究/闵冬芳著 . —北京：社会科学文献出版社，
2013.7
（中国社会科学博士后文库）
ISBN 978 - 7 - 5097 - 4813 - 8

Ⅰ.①大…　Ⅱ.①闵…　Ⅲ.①清律 - 注释 ②《大清律辑注》 -
研究　Ⅳ.①D929.49

中国版本图书馆 CIP 数据核字（2013）第 149221 号

· 中国社会科学博士后文库 ·

《大清律辑注》研究

著　　者 / 闵冬芳

出 版 人 / 谢寿光
出 版 者 / 社会科学文献出版社
地　　址 / 北京市西城区北三环中路甲 29 号院 3 号楼华龙大厦
邮政编码 / 100029

责任部门 / 社会政法分社（010）59367156　　责任编辑 / 赵瑞红　关晶焱
电子信箱 / shekebu@ ssap. cn　　　　　　　 责任校对 / 张　曲
项目统筹 / 刘骁军　　　　　　　　　　　　 责任印制 / 岳　阳
经　　销 / 社会科学文献出版社市场营销中心（010）59367081　59367089
读者服务 / 读者服务中心（010）59367028

印　　装 / 北京季蜂印刷有限公司
开　　本 / 787mm × 1092mm　1/16　　　　 印　　张 / 18.75
版　　次 / 2013 年 7 月第 1 版　　　　　　 字　　数 / 320 千字
印　　次 / 2013 年 7 月第 1 次印刷
书　　号 / ISBN 978 - 7 - 5097 - 4813 - 8
定　　价 / 69.00 元

本书如有破损、缺页、装订错误，请与本社读者服务中心联系更换
▲ 版权所有　翻印必究

编委会及编辑部成员名单

（一）编委会

主　任: 李　扬　王晓初

副主任: 晋保平　张冠梓　孙建立　夏文峰

秘书长: 朝　克　吴剑英　邱春雷　胡　滨（执行）

成　员（按姓氏笔画排序）:

卜宪群　王　巍　王利明　王灵桂　王国刚　王建朗　厉　声
朱光磊　刘　伟　杨　光　杨　忠　李　平　李　林　李　周
李　薇　李汉林　李向阳　李培林　吴玉章　吴振武　吴恩远
张世贤　张宇燕　张伯里　张昌东　张顺洪　陆建德　陈众议
陈泽宪　陈春声　卓新平　罗卫东　金　碚　周　弘　周五一
郑秉文　房　宁　赵天晓　赵剑英　高培勇　黄　平　曹卫东
朝戈金　程恩富　谢地坤　谢红星　谢寿光　谢维和　蔡　昉
蔡文兰　裴长洪　潘家华

（二）编辑部

主　任: 张国春　刘连军　薛增朝　李晓琳

副主任: 宋　娜　卢小生　高传杰

成　员（按姓氏笔画排序）:

王　宇　吕志成　刘丹华　孙大伟　陈　颖　金　烨　曹　靖
薛万里

序　一

　　博士后制度是 19 世纪下半叶首先在若干发达国家逐渐形成的一种培养高级优秀专业人才的制度，至今已有一百多年历史。

　　20 世纪 80 年代初，由著名物理学家李政道先生积极倡导，在邓小平同志大力支持下，中国开始酝酿实施博士后制度。1985 年，首批博士后研究人员进站。

　　中国的博士后制度最初仅覆盖了自然科学诸领域。经过若干年实践，为了适应国家加快改革开放和建设社会主义市场经济制度的需要，全国博士后管理委员会决定，将设站领域拓展至社会科学。1992 年，首批社会科学博士后人员进站，至今已整整 20 年。

　　20 世纪 90 年代初期，正是中国经济社会发展和改革开放突飞猛进之时。理论突破和实践跨越的双重需求，使中国的社会科学工作者们获得了前所未有的发展空间。毋庸讳言，与发达国家相比，中国的社会科学在理论体系、研究方法乃至研究手段上均存在较大的差距。正是这种差距，激励中国的社会科学界正视国外，大量引进，兼收并蓄，同时，不忘植根本土，深究国情，开拓创新，从而开创了中国社会科学发展历史上最为繁荣的时期。在短短 20 余年内，随着学术交流渠道的拓宽、交流方式的创新和交流频率的提高，中国的社会科学不仅基本完成了理论上从传统体制向社会主义市场经济体制的转换，而且在中国丰富实践的基础上展开了自己的伟大创造。中国的社会科学和社会科学工作者们在改革开放和现代化建设事业中发挥了不可替代的重要作用。在这个波澜壮阔的历史进程中，中国社会科学博士后制度功不可没。

值此中国实施社会科学博士后制度 20 周年之际，为了充分展示中国社会科学博士后的研究成果，推动中国社会科学博士后制度进一步发展，全国博士后管理委员会和中国社会科学院经反复磋商，并征求了多家设站单位的意见，决定推出《中国社会科学博士后文库》（以下简称《文库》）。作为一个集中、系统、全面展示社会科学领域博士后优秀成果的学术平台，《文库》将成为展示中国社会科学博士后学术风采、扩大博士后群体的学术影响力和社会影响力的园地，成为调动广大博士后科研人员的积极性和创造力的加速器，成为培养中国社会科学领域各学科领军人才的孵化器。

创新、影响和规范，是《文库》的基本追求。

我们提倡创新，首先就是要求，入选的著作应能提供经过严密论证的新结论，或者提供有助于对所述论题进一步深入研究的新材料、新方法和新思路。与当前社会上一些机构对学术成果的要求不同，我们不提倡在一部著作中提出多少观点，一般地，我们甚至也不追求观点之"新"。我们需要的是有翔实的资料支撑，经过科学论证，而且能够被证实或证伪的论点。对于那些缺少严格的前提设定，没有充分的资料支撑，缺乏合乎逻辑的推理过程，仅仅凭借少数来路模糊的资料和数据，便一下子导出几个很"强"的结论的论著，我们概不收录。因为，在我们看来，提出一种观点和论证一种观点相比较，后者可能更为重要：观点未经论证，至多只是天才的猜测；经过论证的观点，才能成为科学。

我们提倡创新，还表现在研究方法之新上。这里所说的方法，显然不是指那种在时下的课题论证书中常见的老调重弹，诸如"历史与逻辑并重"、"演绎与归纳统一"之类；也不是我们在很多论文中见到的那种敷衍塞责的表述，诸如"理论研究与实证分析的统一"等等。我们所说的方法，就理论研究而论，指的是在某一研究领域中确定或建立基本事实以及这些事实之间关系的假设、模型、推论及其检验；就应用研究而言，则指的是根据某一理论假设，为了完成一个既定目标，所使用的具体模型、技术、工具或程序。众所周知，在方法上求新如同在理论上创新一样，殊非易事。因此，我们亦不强求提出全新的理论方法，我们的最低要求，是要按照现代社会科学的研究规范来展开研究并构造论著。

我们支持那些有影响力的著述入选。这里说的影响力，既包括学术影响力，也包括社会影响力和国际影响力。就学术影响力而言，入选的成果应达到公认的学科高水平，要在本学科领域得到学术界的普遍认可，还要经得起历史和时间的检验，若干年后仍然能够为学者引用或参考。就社会影响力而言，入选的成果应能向正在进行着的社会经济进程转化。哲学社会科学与自然科学一样，也有一个转化问题。其研究成果要向现实生产力转化，要向现实政策转化，要向和谐社会建设转化，要向文化产业转化，要向人才培养转化。就国际影响力而言，中国哲学社会科学要想发挥巨大影响，就要瞄准国际一流水平，站在学术高峰，为世界文明的发展作出贡献。

我们尊奉严谨治学、实事求是的学风。我们强调恪守学术规范，尊重知识产权，坚决抵制各种学术不端之风，自觉维护哲学社会科学工作者的良好形象。当此学术界世风日下之时，我们希望本《文库》能通过自己良好的学术形象，为整肃不良学风贡献力量。

李扬

中国社会科学院副院长

中国社会科学院博士后管理委员会主任

2012 年 9 月

序　二

在 21 世纪的全球化时代，人才已成为国家的核心竞争力之一。从人才培养和学科发展的历史来看，哲学社会科学的发展水平体现着一个国家或民族的思维能力、精神状况和文明素质。

培养优秀的哲学社会科学人才，是我国可持续发展战略的重要内容之一。哲学社会科学的人才队伍、科研能力和研究成果作为国家的"软实力"，在综合国力体系中占据越来越重要的地位。在全面建设小康社会、加快推进社会主义现代化、实现中华民族伟大复兴的历史进程中，哲学社会科学具有不可替代的重大作用。胡锦涛同志强调，一定要从党和国家事业发展全局的战略高度，把繁荣发展哲学社会科学作为一项重大而紧迫的战略任务切实抓紧抓好，推动我国哲学社会科学新的更大的发展，为中国特色社会主义事业提供强有力的思想保证、精神动力和智力支持。因此，国家与社会要实现可持续健康发展，必须切实重视哲学社会科学，"努力建设具有中国特色、中国风格、中国气派的哲学社会科学"，充分展示当代中国哲学社会科学的本土情怀与世界眼光，力争在当代世界思想与学术的舞台上赢得应有的尊严与地位。

在培养和造就哲学社会科学人才的战略与实践上，博士后制度发挥了重要作用。我国的博士后制度是在世界著名物理学家、诺贝尔奖获得者李政道先生的建议下，由邓小平同志亲自决策，经国务院批准于 1985 年开始实施的。这也是我国有计划、有目的地培养高层次青年人才的一项重要制度。二十多年来，在党中央、国务院的领导下，经过各方共同努力，我国已建立了科学、完备的博士后制度体系，同时，形成了培养和使用相结合，产学研相结合，政府调控和社会参与相结合，服务物质文明与精神文明建设的鲜明特色。通过实施博士后制度，我国培养了一支优秀的高素质哲学社会科学人才队伍。他们在科研机构或高等院校依托自身优势和兴趣，自主从事开拓性、创新性研究工作，从而具有宽广的学术视野、突出的研究能力和强烈的探索精神。其中，一些出站博士后已成为哲学社会科学领域的科研骨干和学术带头人，在"长江学者"、"新世纪百千万人才工程"等国家重大科研人才梯队中占据越来越大的比重。可以说，博士后制度已成为国家培养哲学社会科学拔尖人才的重要途径，而且为哲学社会科学的发展造就了一支新的生力军。

哲学社会科学领域部分博士后的优秀研究成果不仅具有重要的学术价值，而且具有解决当前社会问题的现实意义，但往往因为一些客观因素，这些成果不能尽快问世，不能发挥其应有的现实作用，着实令人痛惜。

可喜的是，今天我们在支持哲学社会科学领域博士后研究成果出版方面迈出了坚实的一步。全国博士后管理委员会与中国社会科学院共同设立了《中国社会科学博士后文库》，每年在全国范围内择优出版哲学社会科学博士后的科研成果，并为其提供出版资助。这一举措不仅在建立以质量为导向的人才培养机制上具有积极的示范作用，而且有益于提升博士后青年科研人才的学术地位，扩大其学术影响力和社会影响力，更有益于人才强国战略的实施。

今天，借《中国社会科学博士后文库》出版之际，我衷心地希望更多的人、更多的部门与机构能够了解和关心哲学社会科学领域博士后及其研究成果，积极支持博士后工作。可以预见，我国的博士后事业也将取得新的更大的发展。让我们携起手来，共同努力，推动实现社会主义现代化事业的可持续发展与中华民族的伟大复兴。

人力资源和社会保障部副部长

全国博士后管理委员会主任

2012 年 9 月

序

　　康熙年间问世的《大清律辑注》一书被学界公认为是清代最有影响力的一部律书，但迄今为止，学界对该书的内容、所运用的解释方法及其对清代立法、司法、律学发展的具体影响等却知之甚少，也缺乏对该书的系统研究。闵冬芳博士的博士后研究报告选择以《大清律辑注》一书为研究对象，反映了一种不畏艰难的探索精神和攻坚精神，其所取得的成果在学术上具有补白的意义，同时还能对今天的法律解释及司法实践产生重要的启迪作用。

　　沈之奇，浙江省嘉兴府秀水县人，曾在各级衙门中做幕友三十多年，精通司法实务，对清代立法也有深入研究。《大清律辑注》乃其精心之作，该书甫一问世，即颇受好评。康熙五十四年，蒋陈锡为《大清律辑注》所做的"序"中评说："余叹其诠释详明，尤严于轻重出入之界限，为能曲体圣人好生之意，盖绎之不忍释手，云沈子其出而寿之梓，以公诸天下，庶使执法之吏有所把握，而坚其好生之心。亦俾嫥行好修之士，人人案头有一编，以当明道之素问。于以致和气而佐太平，未必非一助也。"张嗣昌在为重订《大清律辑注》所撰的"序"中也说："《大清律辑注》一书，固已不胫而走矣。传曰：君子怀刑。是书也，近之可以修身，远之可以善世，推而行之足以资治。"嘉庆十三年出版的《大清律例重订辑注通纂》一书对《大清律辑注》同样赞誉有加："《辑注》集诸家之说，参以折中之见，不作深刻之论，其于律文逐节疏解，字字精炼，无一言附会游移，遇疑似处引经质史、酌古斟今，归至当而后已，诚律学之津梁也。"

　　闵冬芳博士好学深思，对《大清律辑注》进行了深入系统的研究，探幽抉微，颇有收获。纵观其全书，其着力点主要在如下两个方面：一是关于《大清律辑注》的律注内容、注释方法对明代律学的继承与创新；二是关于《大清律辑注》一书对清代立法、司法与律学的影响。闵东芳博士通过采用文本比较、数据统计与分析、援引案例等研究方法，进行了细密的分析、考释和论述，最终得出如下结论：一是认为沈之奇律书对前代律书既有继承，又有批评与创新，因此该书是清代律学走上独立发展道路的标志；二是认为沈之奇律书是清代律书中对当时的立法、司法判决影响最大的一部律书。应该说，上述结论是可信的。

　　顺便一提，2009 年 5 月，我作为中国人民大学法律史教研室的答辩委员会成员，在中国人民大学法学院参加了法律史专业的博士论文答辩。闵冬芳是当时的答辩学生之一。她的博士论文受到评委的一致好评，特别是答辩时她说到为了写作博士论文，曾经在整个暑假期间冒着酷暑每天到第一历史档案馆去查资料，这种刻苦用功的精神给我留下了深刻印象。我认为年轻人做学问就应该有这样一种精神、这样一种干劲，否则做不好学问。

　　闵冬芳获博士学位后，还想进一步深造，便申请到中国政法大学法学院从事博士后研究，我成为她的博士后合作导师。入站之后，闵冬芳博士博览群书、认真思考，最后选定了清初律学家沈之奇的《大清律辑注》作为出站报告题目。沈之奇是法史学界公认的最有影响的清代律学家，他的《大清律辑注》一书是集我国传统律学之大成的力作。该书问世之后不久便广为流传，并对之后清代的立法、司法以及律学产生了深远的影响。因此，我赞成其以此作为博士后出站报告的题目。

　　在出站之后，作者对出站报告又不断进行修改，并于去年参加博士后文库的评选。经过三轮严格的评审，最终于今年 3 月份入选第二批《中国社会科学博士后文库》，这的确令人欣喜。因为能够入选该文库的法学类博士后报告在全国也仅仅数种，它代表了一种很高的学术荣誉。当然，这本书也不是完美无缺的，如因材料限制对相关内容还缺乏全面掌握，并且在理论阐发方面也有进一步完善的空间，等等。但整体而言，这是一部相当优秀的博士后研究报告，在律学研究方面达到了较高的水平。希望闵冬芳博士今后能百尺竿头、更进一步，踏实努力，取得更大成绩。

是为序。

崔永东
2013 年夏至于京南观云斋

摘　要

　　沈之奇是清代最有成就的律学家。其所著《大清律辑注》一书是目前学界公认的清代最有影响的私人律书。不过，到目前为止，对沈之奇本人、其书《大清律辑注》本身以及该书对清代立法、司法和律学的具体影响等问题予以全面研究的论著尚未见到，因此我们也不能全面、深入地了解沈之奇其人其书。为此，本书将从以下五个方面入手对沈之奇其人其书展开研究：

　　第一章，关于《大清律辑注》的一些基础问题。这些问题包括沈之奇的籍贯与履历，《大清律辑注》一书的藏本和点校出版情况以及该书的成书背景、重订以及清代人对该书的具体评价等。本书这一部分的主要贡献是对已有论著较少涉及的《大清律辑注》一书的特定成书背景、该书的修订以及清代人对该书的评价等问题的研究。

　　第二章，关于《大清律辑注》注解的研究。首先，我们对该书的"辑注"即汇集诸家注解这一特征进行研究。其次，我们通过统计、举例及分析的方法，对《大清律辑注》的注释形式即律后注、律上注以及例注的内容及其特点进行研究。之后本书对《大清律辑注》所运用的解释方法进行研究。在本章中，笔者将该书所运用的解释方法归纳为文义解释、体系解释等九种。最后通过该书律注探讨沈之奇对律典的态度这一问题。关于以上问题，目前学界也有论著提及，并有关于清代律书解释方法的一般研究成果。不过，《大清律辑注》一书所运用的具体的解释方法，该书的"辑注"特征、注释形式以及其律注中所体现的沈之奇对律典的态度等问题，目前学界则鲜有专门的研究成果。因此，第二章的研究内容也是本书的另一主要贡献。

第三章，关于《大清律辑注》对清代立法的影响。《大清律辑注》对清代立法的影响主要表现为以下四个方面：一是《大清律集解》总注对《大清律辑注》律注的采录；二是《大清律集解》及《大清律例》小注对《大清律辑注》律注的吸收；三是《大清律集解》及《大清律例》条例之来自《大清律辑注》律注者；四是其他情形，即前三项之外的《大清律辑注》对清代的立法实践产生影响的情形。目前，关于沈之奇律书对清代立法的具体影响这一问题尚未有专门论著对之予以研究，因此本书第三章的研究对象及内容也颇具创新性。

第四章，关于《大清律辑注》对清代司法判决的影响。清代官员援引《大清律辑注》主要出于以下两个原因：第一，援引《大清律辑注》以阐释律意；第二，因现行律例对相关问题没有明确规定而援引《大清律辑注》以为审拟依据。在本章中，笔者以27个实际援引以及声称援引《大清律辑注》的案件等为基础，对以上两种情形分别予以分析、说明。此外，本章还对刑部对各级官员援引《大清律辑注》的态度、清代司法官员援引《大清律辑注》以解释律例和清代司法官员援引该书以为审断依据的深层原因等问题予以解答。陈张富美博士曾对《大清律辑注》对清代司法判决的影响这一问题进行研究。不过，关于援引案件的分类以及清代官员援引该律书的原因这两个问题，本书从不同的角度和层面进行了探讨。

第五章，《大清律辑注》与清代律学。《大清律辑注》对清代律学的影响主要体现为后出的清代律学著作对该书律注的采辑。经笔者考察，在清代，对沈之奇《大清律辑注》中的律注采辑最多者为清代后期的集成类律学著作，如《大清律例重订辑注通纂》等书。此外，《大清律例通考》及《读例存疑》等律例考证类著作中也颇有援引沈之奇律书者。而清末吉同钧所撰《现行刑律讲义》一书仍对《大清律辑注》中的律注多有采用。众所周知，沈之奇律书对清代律学的影响当颇为深刻，但其具体影响在不同时期、不同类型的律书中表现如何，则是目前学界尚未深入探讨的问题，因此本章对《大清律辑注》对清代律学的影响这一问题的研究也可谓别开生面。

关键词：《大清律辑注》 立法 司法 律学 沈之奇

Abstract

Shen Zhiqi is believed to be the most accomplished jurist in early Qing Dynasty. His Da Qing Lv Ji Zhu is universally acknowledged to be a great commentary in terms of influence during the Qing Dynasty. However, studies of Shen Zhiqi himself and his work Da Qing Lv Ji Zhu, as well as their impact on Qing legislation, judiciary and jurisprudence are few and far between. Due to this reason, we have been unable to develop a deeper understanding of Shen Zhiqi and his work. The purpose of this report is to approach Shen Zhi-qi and his work from the following five aspects.

Chapter One deals with some basic questions concerning Da Qing Lv Ji Zhu. These research questions include Shen Zhiqi's place of ancestry and his life experience, place of collection of this work, amendments to this work as well as revisions, background to this work, and commentaries on this work. The major contribution of this chapter is that it provides an analysis of the background to this work and subsequent revisions and comments given by Qing scholars and other people.

Chapter Two provides an analysis of the annotations in Da Qing Lv Ji Zhu. In the first place, the author provides an analysis of the characteristics of Ji Zhu which is believed to be a compilation of various private commentaries. Next, by employing statistical methods and case studies, this author studies the contents and characteristics of the annotations. Furthermore, this author also provides an in-depth analysis of the methods of doing annotations in Ji Zhu. In this chapter, this author argues that all the methods of annotation could fall into nine categories, which include textual interpretation, system interpretation, article analysis, case study and structural analysis, etc. Finally, this chapter provides an analysis of Shen Zhiqi's attitudes toward the Qing Code by analyzing the related annotations. As a matter of fact, some scholars had delved into these topics and generated some findings. However, few scholars have touched on the methods of annotation, the characteristics of Ji Zhu as well as Shen Zhiqi's attitudes toward Qing Code and findings were even less. Therefore, the research in Chapter Two is believed to be a major contribution of this study.

Chapter Three delves into the impact of Da Qing Lv Ji Zhu on Qing's legislations. These impacts are reflected in the following four aspects: (i) the adoption of Da Qing Lv Ji Zhu as part the general notes in Da Qing Lv Ji Jie; (ii) the absorption of the commentaries of Da Qing Lv Ji Zhu as small notes by Da Qing Lv Ji Jie and Da Qing Lv Li; (iii) the Tiao Li of Da Qing Lv Ji Jie and Da Qing Lv Li coming from the notes of Da Qing Lv Ji Zhu; (iv) the impacts of Da Qing Lv Ji Zhu on Qing's legislation in addition to the afore-mentioned types of impact. So far, no specific study on the impact of Shen Zhiqi's commentaries on Qing's legislations has been carried out. To a very large extent, Chapter Three is quite original in terms of its study on this aspect.

Chapter Four deals with the impact of Da Qing Lv Ji Zhu on Qing's judicial decisions. The invocation of Da Qing Lv Ji Zhu by Qing officials was based on two reasons. First, by invoking Ji Zhu, the Qing officials intended to interpret the implications of articles in the Qing Code. The Second purpose of invoking of Ji Zhu by Qing officials was to pass judgment on cases due to the lack of specifications in Qing Code. In this chapter, this author provides an in-depth analysis of the afore-mentioned reasons by citing 27 cases invoking Ji Zhu or claiming to invoke Ji Zhu. In addition, this chapter also analyzes the root causes of the take of officials in Ministry of Justice at various levels on invoking Ji Zhu as well as the basis of citing Ji Zhu by government officials to interpret the Qing Code and pass judgments. Dr. Chen Zhang-Fu-Mei had provided an analysis of the impact of Ji Zhu on Qing's jurisprudence. In this chapter, this author explores the classification of cited cases and the root causes of invoking JiZhu from different angles and levels.

Chapter Five deals with Ji Zhu's influence on Qing's jurisprudence. The major influence of Ji Zhu on Qing's jurisprudence lies in the adoption of annotations by a variety of private commentary books in the later Qing period. The author's study finds that the private commentary books which adopted of Shen ZhiQi's annotation most were such comprehensive books as the Da Qing Lv Li Chong Ding Ji Zhu Tong Zuan. In addition, Da Qing Lv Li Tong Kao and Du Li Cun Yi also frequently cited Shen Zhiqi's work. Xian Xing Xing Lv Jiang Yi by Ji Tongjun, a scholar in later Qing period, also frequently adopted the annotations of Ji Zhu. It is well agreed that Shen Zhiqi's work made a lasting impact on Qing's jurisprudence, but this impact varied from time to time and from work to work throughout the Qing Dynasty. This is a question worth exploring. In a sense, this research into the impact of Ji Zhu on Qing's jurisprudence is interesting and original.

Key Words: Da Qing Lv Ji Zhu; Legislation; Judiciary; Private Commentary; Shen Zhiqi

目　录

绪　论 ………………………………………………… 1

第一章　关于《大清律辑注》一书的若干基础问题 ……… 9

第一节　关于沈之奇本人 ……………………………… 10

第二节　《大清律辑注》的成书背景 ………………… 11

一、官方律注的缺席 …………………………… 12

二、私家律书的不足 …………………………… 13

第三节　《大清律辑注》一书简介 …………………… 15

第四节　《大清律辑注》的重订 ……………………… 17

第五节　清代人对《大清律辑注》一书的评价 ……… 24

第二章　《大清律辑注》注解研究 …………………… 28

第一节　《大清律辑注》的"辑注"特征 …………… 29

一、明确提及各家律书的情形 ……………… 30

二、以"或谓""诸家"等形式提及各家律书 … 34

第二节　《大清律辑注》的注释形式 ………………… 36

一、律后注 …………………………………… 36

二、律上注 …………………………………… 48

三、例上注 …………………………………… 57

第三节　《大清律辑注》的解释方法 ………………… 61

一、文义解释 ………………………………… 61

二、体系解释 ………………………………… 63

三、律条辨析的方法 ………………………… 74

四、案例解释 …………………………………………… 76
五、结构分析法 ………………………………………… 81
六、对立法理由与立法目的的说明 …………………… 83
七、对律意的概括解释 ………………………………… 88
八、对篇名、制度等历史沿革的解释 ………………… 92
九、援引经典解释律文 ………………………………… 94
第四节　沈之奇对律典的态度 ………………………… 97
一、对律典的颂扬 ……………………………………… 97
二、对律文的些微批评 ………………………………… 103

第三章　《大清律辑注》对清代立法的影响 …………… 107

第一节　《大清律集解》总注对《大清律辑注》律注的
　　　　采录 ……………………………………………… 108
第二节　《大清律例》小注之采自《大清律辑
　　　　注》者 …………………………………………… 119
第三节　《大清律集解》及《大清律例》条例之来自
　　　　《大清律辑注》律注者 ………………………… 136
第四节　其他情形 ……………………………………… 143

第四章　《大清律辑注》对清代司法判决的影响 ……… 154

第一节　援引《大清律辑注》以阐释律意 …………… 155
第二节　因律例无明文而援引《大清律辑注》以为审拟依据 … 173
第三节　其他情形 ……………………………………… 180
第四节　刑部对各级官员援引《大清律辑注》的态度 … 191
第五节　对清代官员援引《大清律辑注》原因的探讨 … 198

第五章　《大清律辑注》与清代律学 …………………… 205

第一节　集成类律学著作对《大清律辑注》的援引 … 206
一、关于《大清律例重订辑注通纂》一书 …………… 207
二、对《大清律例重订辑注通纂》中保留沈之奇《大清律
　　辑注》律注、例注的说明 ………………………… 210

第二节　考证类律书对《大清律辑注》的援引 ………………… 223

　　一、关于《读例存疑》一书 ……………………………… 224

　　二、《读例存疑》对沈之奇《大清律辑注》的援引 ……… 227

第三节　清末吉同钧《现行刑律讲义》对《大清律

　　　　　辑注》的援引 ………………………………………… 234

　　一、吉同钧《现行刑律讲义》一书简介 ………………… 234

　　二、《现行刑律讲义》中援引《大清律辑注》的

　　　　具体情形 ……………………………………………… 239

总　　结 …………………………………………………………… 250

附　　录 …………………………………………………………… 253

参考文献 …………………………………………………………… 257

索　　引 …………………………………………………………… 265

致　　谢 …………………………………………………………… 269

Contents

Introduction   / 1

1   Some Basic Questions Concerning Da Qing Lv Ji Zhu   / 9

   1. 1   About Shen Zhiqi   / 10
   1. 2   Background of Da Qing Lv Ji Zhu   / 11
     1. 2. 1   The Dearth of Official Commentaries   / 12
     1. 2. 2   Weaknesses in Private Legal Commentaries   / 13
   1. 3   Brief Introduction of Da Qing Lv Ji Zhu   / 15
   1. 4   The Revision Da Qing Lv Ji Zhu   / 17
   1. 5   Comments on Da Qing Lv Ji Zhu by Qing Scholars   / 24

2   Research on the Annotations of Da Qing Lv Ji Zhu   / 28

   2. 1   The Characteristics of the Annotations and Commentaries
in Da Qing Lv Ji Zhu   / 29
     2. 1. 1   Explicitly Mentioning Various Legal Commentaries   / 30
     2. 1. 2   Referring to other Legal Commentaries without
Naming them   / 34
   2. 2   Annotation Style of Da Qing Lv Ji Zhu   / 36
     2. 2. 1   General Notes of Lv   / 36
     2. 2. 2   Complementary Notes of Lv   / 48
     2. 2. 3   Notes of Tiao Li   / 57
   2. 3   Interpretation Methods of Da Qing Lv Ji Zhu   / 61
     2. 3. 1   Textual Interpretation   / 61

2. 3. 2	System Interpretation	/ 63
2. 3. 3	Article Analysis	/ 74
2. 3. 4	Case Study	/ 76
2. 3. 5	Structural Analysis	/ 81
2. 3. 6	Explication of the Purpose of the Qing Code	/ 83
2. 3. 7	Interpretation of the Implication of Qing Code	/ 88
2. 3. 8	Explication of the Evolution of Titles of Specific Provisions of Qing Code and Systems Concerned	/ 92
2. 3. 9	Interpreting the Qing Code by Citing Classics	/ 94
2. 4	Shen Zhiqi's Attitudes to Qing Code	/ 97
2. 4. 1	Eulogies to the Qing Code	/ 97
2. 4. 2	Criticisms of the Qing Code	/ 103

3 Impact of Da Qing Lv Ji Zhu on Qing's Legislations | | / 107 |

3. 1	The Adoption of Da Qing Lv Ji Zhu by Da Qing Lv Ji Jie as General Notes	/ 108
3. 2	The Absorption of the Annotations of Da Qing Lv Ji Zhu by Da Qing Lv Li as Small Notes	/ 119
3. 3	The Tiao Li of Da Qing Lv Ji Jie and Da Qing Lv Li Deriving from the Annotations y of Da Qing Lv Ji Zhu	/ 136
3. 4	Other Situations	/ 143

4 Impact of Da Qing Lv Ji Zhu on Qing's Judicial Decisions | | / 154 |

4. 1	Interpreting the Implications of Articles of Qing Code by Invoking Da Qing Lv Ji-Zhu	/ 155
4. 2	Making Judgment on Cases by Invoking Da Qing Lv Ji Zhu	/ 173
4. 3	Other Situations	/ 180
4. 4	Attitudes Towards Citing Da Qing Lv Ji Zhu by Officials of Ministry of Justice	/ 191
4. 5	Analysis of the Causes for Citing Da Qing Lv Ji Zhu by Qing Officials	/ 198

5　Da-Qing-Lv-Ji-Zhu and Qing's jurisprudence   / 205

  5.1　Citations of Da-Qing-Lv-Ji-Zhu by Compilations of
      Jurisprudential Works   / 206

    5.1.1　About Da Qing Lv Li Chong Ding Ji Zhu
          Tong Zuan   / 207

    5.1.2　Explication of Keeping Commentaries of Da Qing
          Lv Ji Zhu by Da Qing Lv Li Chong Ding Ji Zhu
          Tong Zuan   / 210

  5.2　Citations from Da Qing Lv Ji Zhu by Investigative
      Jurisprudential Works   / 223

    5.2.1　About Du Li Cun Yi   / 224

    5.2.2　Citations from Da Qing Lv Ji Zhu in Du Li Cun Yi   / 227

  5.3　Citations from Da Qing Lv Ji Zhu in Ji Tong jun's Xian
      Xing Xing Lv Jiang Yi   / 234

    5.3.1　Introduction from Ji Tong-jun's Xian Xing Xing
          Lv Jiang Yi   / 234

    5.3.2　Citations from Da Qing Lv Ji Zhu in Xian Xing
          Xing Lv Jiang Yi in Different Contexts   / 239

Summary   / 250

Appendix   / 253

Bibliography   / 257

Index   / 265

Acknowledgements   / 269

绪　论

第一节　写作缘起与选题意义

　　自从有了法律，就有了对法律的解释。法律的实现必须借助于法律解释。所以，解释成文法的活动在我国古代当然有着悠久的历史。

　　目前可见的较早的古代法律解释文本当属《云梦秦简》中的《法律答问》。《法律答问》的解释对象便是当时的秦律，其中内容多为司法官员关于司法实践中如何具体适用法律、如何对当事人定罪量刑等的解答，而缺乏对法律概念的解释和法律规范的法理阐释等专门法学意义上的探索。

　　汉代注律活动的最主要特征是"引经"以解释法律。与《法律答问》中的法律解释主体"法官"、"法吏"不同，汉代注律的主体是儒家化的学者和官员。他们不仅将经学的研究方法用于解释法律、为自此之后的传统律学提供了解释方法上的重要支持，同时"引经注律"活动也将儒家信奉和认可的公平正义精神、伦理等级观念等注入汉律，从而使得传统法律就此成为推行儒家意识形态的工具。虽然两汉时期的律学重在"以礼入法"而与先秦"法吏"释律一样缺乏对法律本身意义的探索，但是与"法吏"们单纯解释如何适用法条相比，汉代的"引经注律"在律学发展史上无疑具有更高层次的意义，它是我国传统律学走上学理化之肇始。

　　魏晋时期，玄学兴起。相对于儒学，玄学更注重对形而上问题的思考。玄学的这一思维特征为魏晋时期的律学在方法论上的创新上提供了支持，从而使得这一时期的律学更具有思辨性、哲理性，更注重法律规范内部的统一性，并促使律学在相当程度上摆脱了经学附庸的地位而走上了较为独立的、专业化的道路。比如这一时期的代表性律家张斐即将法律视为自然界一般规律的体现，并以《周易》中的哲学思想解释律典的体例特别是总则部分的地位，同时张斐还对"故""失"等这些律典中的重要概念予以解释。张斐的诸多见解对我国传统律学的影响非常深远。

唐代是我国传统律学的成熟阶段。在总结魏晋南北朝以来律学成就的基础上，唐代人完成了《永徽律疏》。唐律中的"疏"既引经解律，同时也注重对专门法学理论、概念和术语的阐释。因此这部《永徽律疏》也成为我国传统律学发展的高峰之作。在《永徽律疏》中，"疏"和律一样具有法律效力。而值得称道者还有《永徽律疏》中的注释形式。该部律典中的律注既有夹在律文中间的小注，也有对律文进行整体解释的"疏"，在"疏"之后又有对律意进行补充解释的"问答"，三者共同构成了唐律注释的整体。这样的注释形式对后来的律典以及私家律书影响很大。宋代的基本法典《建隆重详定刑统》的律文与唐律基本相同，其小注、律疏、"问答"也同于唐律。而明、清律中同样有小字注解。明清私家律书则多采用与唐律相同的律后注形式解释律意。此外，唐律中的"问答"在后世律书中也能见到。

明律删去了唐宋以来的律后总注和"问答"，而仅保存小注。由于缺乏官方注解，而法律语言的专业性及其特有的思维模式又使得熟读经典出身的官员以及刑名幕友们难以通晓律意，所以明代成为我国古代私家注律复兴和律学高度发展的时期。这一时期影响较大的私家律学著作主要有何广《律解辨疑》、张楷《律条疏议》、应槚《大明律释义》、雷梦麟《读律琐言》、陆柬《读律管见》、王樵和王肯堂父子的《明律笺释》以及《明律集解附例》等多种。相比前代，明代律学家的注律方法多有创新，如张楷首创注释中的"谨详律意"一栏以说明立法意图。又陈遇文首创的结构分析法则被后来的王肯堂、沈之奇等相继仿效。更为重要的是，较之前代律书，明代律学家更注重对律意的概括、对律文中的重要概念的解释以及相似罪名之间的辨析等。这些均可说明这一时期的律学无论是从解释方法还是解释内容均已发展到了一个新的高峰。

清代是我国传统律学发展的最后总结时期。在康熙五十四年沈之奇《大清律辑注》刊行之前，清初的律学著作主要有李柟的《大清律集解附例笺释》、王明德的《读律佩觿》、凌铭麟的《新编文武金镜律例指南》、钱之清的《大清律笺释合钞》以及万古斋主人的《大清律例朱注广汇全书》等五种。而在《大清律辑注》之后问世的律书为数更多，至少有一百余种。张晋藩先生并将清代律书分为辑注本、考证本、司法应用本、图标本和歌诀本五类。而在所有清代律书中真正标志着清代律学走上独立发展道路的，当属《大清律辑注》一书。这也是目前学界对沈之奇律书的一致评价和共识。自其问世后，沈之奇律书不断受到世人推崇，仅在距离该书首次刊印不到十年的雍正初年，该书已成为《大清律集解》总注的主要渊源之一。至乾隆初年修律时，该书律注又有被纂为小注和条例者。而在清代的司法实践中，该书不仅有助于官员等理解律意，更可能成为律例无明文时的审拟依据。而且《大清律辑注》也很得当时许多律家的推崇，特别是以《大清律例重订辑注通纂》为代表的、在清代中后期广为流传的集成类律书更是最大可能地保留了沈之奇注解。总之，《大清律辑注》对清代的立法、司法实践以及清代律学均产生了深远的影响。不过，遗憾的是，迄今为止学界对该书的研究尚未充分展开，目前已有的关于《大清律辑注》一书的研究成果还不足以充分支撑学界对该书地位的评价。因此，本书选择以《大清律辑注》一书为研究对象，希望能够通过自己对该书本身以及该书对清代立法、司法和律学的影响研究，对前述有关该书地位的评价提供更为坚实的支持。此外，因为《大清律辑注》是明清时期诸多私人律书的一种，所以，在研究该书的过程中，本书将不可避免同时也必须不断地提及其他律书，故通过对《大清律辑注》这一有代表性著作的研究，我们也可以从中看到清代律学的发展道路、私人律书如何影响清代的立法、司法以及律学，并在当时官方眼里私人律书的地位等。这也是笔者研究沈之奇律书的另外一个重要意义。

第二节　文献回顾

目前笔者尚未见到国外学界关于清代律学的研究成果，① 而国内学界

---

① 哈佛大学陈张富美博士于 1979 年完成的博士论文 *Private Code Commentaries in the Development of Ch'ing Law* 是目前笔者唯一知道的有关清代律学的外文论著。但遗憾的是，笔者在 proquest 数据库里并未找到该论文。笔者曾试图与陈博士联系，但是未能如愿。此外，笔者还曾委托英国阿伯丁大学的麦克科马克教授帮助查找该论文，遗憾的是至今依然未能找到。

有关我国传统律学的论著则为数颇多，其中有关清代律学的研究成果主要有以下各项：

1. 1989 年何敏的《清律私家释本的形式与种类研究》、1992 年何敏的《清代私家释律及其方法》、1994 年何敏的《清代注释律学的特点》以及 1997 年何敏的《从清代私家注律看传统注释律学的实用价值》等四篇论文以及 1994 年何敏的博士学位论文《清代注释律学研究》。由于上述前四篇论文与何敏博士的博士学位论文《清代注释律学研究》一文中的相应部分基本一致，故笔者在此仅就《清代注释律学研究》一文进行简要评价。该论文第一部分对我国传统注释律学的发展脉络进行了叙述，第二部分对清代注释律学兴起的时代背景、流派及其代表人物、私家注律活动的特点进行了叙述，第三部分阐述了清代注释律学的方法，即文理解释、系统解释、逻辑解释、历史解释、互校解释、成案解释六种，第四部分对清代律学各学派即大清律辑注派、考证派、司法应用派、比较注释派的注释风格进行了研究，第五部分对清代注释律学的特点进行归纳，第六部分对清代注释律学对本朝法制建设包括立法和司法的影响进行了探讨，第七部分对我国传统注释律学与西方注释法学进行了比较。根据笔者目前所掌握的文献，该博士论文是国内近几十年以来以清代律学为研究对象的最早的博士论文。在该论文中，作者对清代律学进行了颇具开创性的总体研究。

2. 1990 年吴建璠教授的《清代律学及其终结》一文。与何敏博士等不同，吴建璠教授认为，在清代，统治者对法律极为重视而非贬低，清代律学也呈现出蓬勃发展的态势而非衰微。此外，值得注意的是，该文作者将清代的律学著作分为律例注释类、律例图表类、律例歌诀类、案例和案例资料类、律例考证类、律例比较研究类和古律的辑佚和考证类。这一分类方式与前述何敏博士以及后文提及的张晋藩先生的分类不尽相同。

3. 1992 年张晋藩先生《清律研究》一书中的《清代私家注律的解析》一节。该文对清代私家注释文本的分类以及各类文本注释方式等问题进行了探讨。其中该文提出的清代私家注释文本的分类与前述何敏博士论文大致相同。

4. 1995 年张晋藩先生的《清代律学及其转型》一文。该文依次对传统律学的特点、清代律学的兴起、清代考据学对私家注律的影响等问题进行了研究，并对中西法律文化的差异进行了比较。该文中最值得关注之处，当属作者对清代考据学对清代私家注律影响的阐述。关于这一问题，其他学者比如吴建璠教授也曾提及，不过张晋藩先生对这一问题进行了更为深入的研究。

5. 2000 年何勤华教授的《〈读律佩觹〉评析》一文。该文从五个方面，即《读律佩觹》的版本、作者王明德的生平及学术思想、《读律佩觹》的体系、内容和特点以及《读律佩觹》在我国古代学术史上的地位进行了评述。总之，何勤华教授认为《读律佩觹》是一部很有创新、影响巨大、流传很广的律学著作。

6. 王志林 2009 年的博士论文《〈大清律例〉解释学考论——以典型律学文本为视角》。该文正文由五部分组成。其中第一部分对中国传统法解释学进行追述，并对作为中国传统法解释学成熟形态的清代注释律学的成熟表现及其学术支撑进行论述。在第二部分中，作者将清代解释学体式分为以下四类，即随文注释、专题考证、律例考证、裁判解释等四种体式，并依次对其典型文本进行介绍与分析。第三部分对各解释文本的解释技术及技术背后的精神意蕴进行阐述。第四部分对《大清律例》解释学的技术智慧与精神意蕴予以探讨。第五部分以沈家本为典型，对传统律学向法学转型进行了论述。同为研究清代律学的力作，与《清代注释律学研究》一文相比，《〈大清律例〉解释学考论——以典型律学文本为视角》一文的内容、视角等几乎是全新的。首先，王文对清代律学文本的分类方法提出了与何文以及与其他有关论文不同的观点。其次，王文对清代典型律学文本内容的研究更为细致和深入，而王文对各典型文本所体现的解释技术及其背后的精神意蕴的着力阐述和剖析更是该文的主要创新之处。最后，王文提出的关于沈家本以传统律学为基础的对待西方法文化、法理论的态度颇可资今天借鉴的观点也颇具新意。

此外，到目前为止，笔者看到的以《大清律辑注》为专门研究对象的论著主要有以下几项：

1. 1980 年 Fu-mei Chang Chen 博士的 *The Influence of Shen Chih-ch'i's Chi-Chu Commentary upon Ch'ing Judicial Decisions* 一文。① 这是笔者目前所能见到的对《大清律辑注》进行专门研究的最早的论文。在该文中，作者对援引《大清律辑注》的若干案例等进行了叙述和分析，并指出当时

---

① 该论文是陈博士的博士论文 *Private Code Commentaries in the Development of Ch'ing Law* 的一部分。

官员援引《大清律辑注》的原因、刑部对地方官员援引《大清律辑注》的态度。该文的结论部分还就清代律学与中世纪意大利的注释法学进行了比较。

2. 1999 年何勤华教授的《清代律学的权威之作——沈之奇撰〈大清律辑注〉评析》一文。该文对《大清律辑注》的结构、注释的形式与内容、特点等进行了论述。由于该文并不长，故其中对《大清律辑注》的研究并不很深入，而主要是综述和介绍性的。

3. 2008 年王志林的《〈大清律辑注〉按语的类型化解析》一文。该文是该作者博士论文《〈大清律例〉解释学考论——以典型律学文本为视角》的一部分。《〈大清律辑注〉按语的类型化解析》一文以《大清律辑注》中的按语为研究对象，对该书中沈之奇所做按语数量及其分布进行了统计，然后将全部按语分为三类，即概念解释类、律例阐释类、观点评述类，并有相关例证予以说明。

总之，可见，目前国内外学界关于清代律学的论著数量并不很多，而有关《大清律辑注》的论著则更少，并且有关《大清律辑注》一书的论著或者仅对该书进行了综述性或介绍性的探讨、或者就有关《大清律辑注》的个别或部分问题进行了研究，而目前并未看到有针对《大清律辑注》一书而进行全面、细致、深入研究的作品。这正是笔者选择以《大清律辑注》一书为研究对象的原因，即希望在前人研究的基础上，对该书进行更为全面和深入的研究。

第三节　研究内容和研究方法

由于目前学界对沈之奇《大清律辑注》一书的研究主要是介绍性和综述性的，或者仅对有关该书的个别问题予以研究，因此，对于本书而言，最重要的应该是针对该书进行更为详细的总体研究，并对该书对清代的立法、司法和律学发展的具体影响等问题进行全面的探讨。因此，本书的研究将针对以上问题顺次展开。

首先，关于《大清律辑注》一书的若干基础问题研究，即有关该书的成书背景、重订以及清代人对该书的评价等问题进行研究。关于该书的成书背景，张晋藩先生、何敏博士等在各自的著作中已经论及，故本书将针对前人未曾或较少涉及的问题进行补充研究。而有关该书重订的具体情形以及清代人对该书的具体评价，前人则较少涉及。除了以上问题之外，本书第一章还对沈之奇本人的信息予以补充研究，并介绍了《大清律辑注》一书的内容、结构以及目前可见的该书各版本。

本书第二章的研究对象是《大清律辑注》一书的注解。通过研究该书注解，本书意在说明沈氏律书对前人律注、注律形式、解释方法等的继承与创新之处。《大清律辑注》一书的注解包括律注和例注两大部分。其中律注又可分为律后注和律上注两种。沈之奇对明代律书的采辑、该书的注释形式和解释方法以及沈之奇对律典的态度等都体现、包含在注解中。本章首先对沈氏律书对明代律书的采辑进行研究，以便了解该书对明代律学的继承与创新之处。其次本章对沈之奇律书的注释形式即律上注、律上后注和例注予以研究，其目的在于一方面了解沈氏注解的内容，同时也可体认沈氏对前人注解的继承与创新。本章的第三部分是对沈氏注律方法的阐述，其目的同时也在于说明沈之奇解释方法对前人的继承与创新之处。本章最后是对沈之奇对律典态度的说明，由此我们也可体认传统社会律家特别是在传统社会末期思想高压之下的律家对律典的基本态度以及他们在解释律典时所持的特别谨慎的态度。

本书第三章、第四章、第五章是有关《大清律辑注》对清代立法、司法判决和律学影响的研究。由于传统社会的思想禁锢以及清初的思想高压，所以沈之奇律注的主要内容和核心是对律例的文义解释，而惮于对律典中所体现的立法思想、立法技术等进行批判，所以，《大清律辑注》对清代立法的影响便主要体现为清代中期的两部法典《大清律集解》和《大清律例》对该书律注的吸收，即将沈氏律注吸收为总注、小注或纂为条例。同理，《大清律辑注》对清代司法的影响也主要体现为当时各级官员对该书律注的援引，这样的援引有的可以通过流传下来的司法文献而为今天的人们所了解。但是该书对清代司法实践的更大、更广泛的影响则在于主要沿用沈之奇律注以及洪弘绪修订后的律注的各集成类律书在清代各级衙门刑名幕友中的广泛传播和运用。而沈之奇律书的律注内容、注律形式和解释方法等既是对以往律书的总结和继承，同时也为后世所沿用，以上内容都体现在沈之奇的律注和例注中。所以通过考察后来律书对沈之奇律注的援引，我们即可对沈之奇律书对清代律学的影响这一问题有大体认识。

根据研究对象并以上研究内容，本书拟采取以下研究方法：

第一，文本比较的方法。如前所述，《大清律辑注》一书既继承了前代的律学成果，同时又有所发展和创新，而该书又对清代的立法和律学产生了很大影响，为了说明这些问题，笔者势必要阅读大量的明清律学著作并将之与沈之奇律书进行对比以发现沈之奇律书对前代律书的继承与创新之处。同时笔者也须阅读清代的三部律典文本并将之互相对比，并须将之与沈之奇律书进行对比以发现律典中总注、小注和条例对沈之奇律注的吸收。而为了说明沈之奇律书对清代律学的影响，同样须将清代的多种律学著作与沈之奇律书进行对比。所以，文本比较的方法必然成为本书所采用的首要的和最基本的研究方法。

第二，数据统计与分析的方法。为了说明、比较《大清律辑注》对明代律学著作的援引数量、《大清律辑注》的各种注释形式如律后注、律上注、例上注等的数量、分布以及本书所选择的清代有代表性的律学著作如《大清律例重订辑注通纂》《读例存疑》以及《现行刑律讲义》等书对《大清律辑注》的援引次数、频率等，本书须对有关数据予以统计与分析。因此，数据统计与分析的方法也成为本书所采取的主要研究方法之一。

第三，援引案例的方法。我国传统注释律学的基本功能是为了帮助司法官员等理解律意以避免判决失当，《大清律辑注》也不例外。而说明《大清律辑注》如何影响清代司法判决的最具说服力的方式便是找到援引该书的案例等。为此笔者阅读了《刑案汇览》《驳案汇编》《说贴类编》等多种清代司法文献，并从中找到了若干援引《大清律辑注》的案例以及其他司法文献，以证实该书在清代司法实判决产生过程中所起到的作用以及当时的中央、地方各级司法机关和司法官员对于援引、参考《大清律辑注》一书的态度。

第一章　关于《大清律辑注》
一书的若干基础问题

　　本章所谓关于《大清律辑注》一书的若干基础问题，是指关于该书作者沈之奇的个人信息，该书的成书背景，该书的藏本、内容、重订以及清代人对该书的评价等问题。

　　目前，有关《大清律辑注》的论著中有对该书以及沈之奇籍贯、履历的简要叙述，比如张晋藩先生的《清律研究》一书中《清代私家注律的解析》一节并张晋藩先生的《清代律学及其转型》一文、何勤华教授的《清代律学的权威之作——沈之奇撰〈大清律辑注〉评析》一文以及怀效峰教授为其点校出版之《大清律辑注》所作《点校说明》等。其中以怀效峰教授的《点校说明》一文对沈之奇籍贯、履历等的叙述最为详尽，不过仍有可以补充之处。而关于《大清律辑注》一书的成书背景，目前有张晋藩先生的《清代律学及其转型》一文以及何敏博士的博士论文《清代注释律学研究》中对清代律学兴起的背景展开过较为全面和深入的论述。虽然《大清律辑注》的成书背景与清代律学兴起的背景等多所吻合，不过，笔者认为，关于《大清律辑注》成书的特定背景似乎还有进一步探讨的空间。至于《大清律辑注》一书的重订，众所周知，在该书问世之后，与该书书名相同的重订之作仅有乾隆十年洪弘绪的《大清律辑注》一部。但对于洪氏重订之书与沈氏原书的异同，目前笔者尚未见到有关论著。此外，虽然沈之奇律书自问世后颇受推崇，但是进一步了解清代人对《大清律辑注》一书的具体评价似仍有必要。总之，本章拟在前辈学者研究的基础上，对以上问题进行补充研究或更进一步的探讨，以便使读者能够更为深入、全面地了解沈之奇其人其书。

第一节　关于沈之奇本人

　　关于沈之奇的籍贯，目前怀效峰教授等人一致认为系浙江秀水县，这一点自当无疑议。而关于沈之奇的功名，除了中国政法大学图书馆所藏清代刻本《大清律辑注》每卷首均有"秀水太学生臣沈之奇"字样之外，为《大清律辑注》作序的蒋陈锡、许大定以及重订《大清律辑注》的洪弘绪，并为重订《大清律辑注》作序的朱介圭、张嗣昌等人均未提及，而光绪五年刊印的《嘉兴府志》中的《选举》《秀水列传》《名宦》《人物》等部分均无关于沈之奇的记载。故沈之奇终其一生可能仅是一名生员而已。

　　关于沈之奇的职业生涯，根据《大清律辑注》自序，沈之奇在康熙五十四年之前曾"做客"即为幕友三十多年，所经历的衙门包括"院、司、府、州、县"。司即按察司，院为巡抚衙门。如前所述，许多相关文献中并无关于沈之奇的记载，所以，沈之奇终其一生都是一个"佐治"的幕友，并未踏入宦途、担任正式公职。而关于沈之奇幕友生涯的具体情形，由于其幕友的身份，故今天可看到的有关沈之奇的文献极少，所以我们对沈之奇可能很难有全面的了解，不过有时也可得知其一二，如根据蒋陈锡"序"，我们可以推测沈之奇的一段幕友生涯，即据蒋陈锡"序"所言，沈之奇"曩者与余同事于淮徐。"① 而根据《碑传集》，蒋陈锡曾于"（康熙）四十二年调天津驿盐河道一载……调淮徐河道。……四十六年，迁河南按察使。"② 当时淮徐河道兼管地方，即兼管淮、徐二府分巡事，驻地为淮安。河道监察地方，故亦须幕友襄赞刑名事务。所以沈之奇当在康熙四十二年至康熙四十六年间或在此期间的一段时间中曾于淮安淮徐河道衙门作幕。因此沈之奇后来将其所著《律例注解》一书即《大清律辑注》寄与旧日主翁蒋陈锡。而此时蒋陈锡已右迁山东巡抚兼都察院右副都御史。另外，根据沈之奇在"杀死奸夫"条下所援引的山东宁阳县张

---

① （清）沈之奇：《大清律辑注》，蒋陈锡"序"。
② （清）钱仪吉：《碑传集》卷68，《康熙朝督抚下之下》。

大被杀一案，① 该案系沈氏所亲历，而沈氏看到该案时，张大之妻杜氏已被按察司处以绞监候，该案并已"由司达院"。沈之奇认为将杜氏拟处绞监候不妥，遂将杜氏改判杖罪，并"得允结案"。由此可知沈之奇当时应在山东巡抚衙门佐治。这也印证了沈氏自序中所谓"做客"于"院、司"等衙门之语。非常遗憾，除此之外，关于沈之奇的幕友生涯以及《大清律辑注》一书的成书详请我们尚不得而知。

第二节　《大清律辑注》的成书背景

关于清代律学兴起的时代背景，张晋藩先生在其《清律研究》一书中的《清代私家注律的解析》一节已有论述。而在后来的《清代律学及其转型》一文中，张晋藩先生对清代律学兴起的背景进行了更为深入的探讨，并将清代律学兴起的社会历史根源归结为以下几点：（1）清代统治者重视法律的作用。（2）明代注律成果为清代私家注律的发展提供了重要前提。（3）统一适用法律的需要。（4）清朝的立法体制与律例关系的复杂化推动了注律的兴起。（5）发挥法律的专政职能、维护统治的需要。此外，张晋藩先生还特别论述了清代的考据之学对私家注律的影响，即当时的思想高压使得清初一度兴起的经世致用的学风逐渐为脱离现实的烦琐的考据之学所代替。② 而何敏博士在其博士论文中则将清代注释律学兴盛的时代背景归纳为以下几点：（1）巩固新政权的需要。（2）法律统一适用的需要。（3）"讲读律令"的需要。（4）民众法律意识逐渐深化的需要。（5）社会思潮的导向，即空疏的义理之学向朴学的转变。（6）专制统治之下法文化的畸形发展。（7）刑名幕友制度是私家注律的温床。③ 对于以上各论点，笔者多持赞同态度。而本章中对《大清律辑注》成书背景的探究，正是在笔者基本认可前人观点的前提下，对沈之奇律书成书特定背景的补充考察。

---

① 关于张大一案详请可见后文，此处略不赘述。
② 见张晋藩《清代私家注律的解析》一文，该文载何勤华编《律学考》，商务印书馆 2004 年版，第 452—477 页。
③ 见何敏《清代注释律学研究》，博士学位论文，中国政法大学，1994，第 38—61 页。

一、官方律注的缺席

清入关后制定的第一部正式律典是顺治三年刊行的《大清律集解附例》。这部《大清律》修纂的根本方针是"详译明律，参以国制"。但是由于当时全国性的政权尚处于草创时期、时间仓促，这部《大清律集解附例》不仅名称、体例上仿照明万历三十八年刊刻的《大明律集解附例》一书，而且其律文较之明律亦无重大变化，而其中所附条例则系明代条例。此外，该律典之总目、各篇目录、服制、制义、附图等均与明律同。因此，这一清代首部正式律典在很大程度上只是明律的仿制品而已。也许正因如此，在顺治十五年，九卿、刑部、詹事、科道等官员又声请校订律例。之后顺治皇帝下令大学士巴哈纳、金之俊等人司职此事。这次修律的重点是校订条例，即将"盛京定例及历奉上谕并部院衙门条例，分析应入律不应入律各条，缮写满汉文各六册，进呈御览。"① 至顺治十七年，校订律例告成，并缮写满汉文各六册进呈御览。但是这次校订之后的律例并未颁行。故顺治一朝正式颁行的律典即顺治三年《大清律集解附例》。这部《大清律》因无"集解"而名实不符。

因顺治律几为明律之翻版且其中颇有与清朝体制等不符者，且顺治律也存在一些缺陷，如对哈纳在修订告竣的题本中所言，顺治律内尚有未经翻译完之"小字"即小注及"大字"即律文正文存在满汉不符者，"注解参差，字句讹误，遗落者甚多"。② 故康熙九年时，康熙皇帝曾令大学士管刑部尚书事对哈纳等"校订律文，绝去烦苛"。这次修订主要是针对以上问题"校正其参差遗漏之处"，并未对律例文本进行太多修改。至康熙二十八年，广西道御史盛符升奏请将《刑部见行则例》附入大清律，并将清律中沿袭自明律而与清朝制度不符、不再适用的条文予以修改，并酌改其中刑罚畸轻畸重者等，总之希望能就此"勒成定本"并刊刻颁行。康熙二十八年的修律活动非常重要，因为正是在此次修律时，有人提议于

---

① 《世祖章皇帝实录》卷134，顺治十七年四月壬辰条。

② 对哈纳的奏疏见康熙九年部颁本《大清律集解附例》。转引自［日］岛田正郎：《清律之成立》一文。该文载刘俊文主编《日本学者研究中国史论著选译》第八卷《法律制度》，姚荣涛、徐世虹译，中华书局1992年版，第461—521页。

每篇律文正文后"增用总注"以"疏解律意"。① 该提议获得康熙皇帝嘉纳。至康熙三十四年，张玉书等将附有总注的《名例律》四十六条上呈御览。至康熙四十六年，刑部将做完总注之清律上呈御前，但皇帝"留览未发"。自此之后，康熙一朝未再修订律文。而康熙九年官刻《大清律》便成为顺治、康熙两朝最好的清律文本，故沈之奇的《大清律辑注》即以康熙九年律为注释对象。

根据顺治、康熙年间的修律活动，我们可以看到，当时的《大清律》正式名称为《大清律集解附例》，但是终顺治、康熙两朝，这部律典一直名不副实，即其中没有"集解"。既然官方注解未曾颁行，而官员、幕友等又解律不易，因此官方律注的缺席就成为沈之奇律书以及其他清初律书问世的一个重要背景。

二、私家律书的不足

在《大清律辑注》刊行之前，据笔者所知，清初的主要律学著作有以下几种：顺治六年李楠的《大清律集解附例笺释》一书、康熙十三年刊刻之王明德《读律佩觿》一书、比《读律佩觿》略晚之凌铭麟《新编文武金镜律例指南》一书、② 康熙四十四年刊刻之钱之清《大清律笺释合钞》一书以及康熙四十五年听松楼刊《大清律例朱注广汇全书》等。考察以上著作的内容与特点则构成了沈之奇《大清律辑注》成书的学术背景。由于其他各种律书笔者未能尽数见到，故在此笔者将就《读律佩觿》《新编文武金镜律例指南》二律书予以说明、介绍。

1. 王明德《读律佩觿》一书

《读律佩觿》一书共八卷。首卷为"八字广义"，即对"以、准、皆、各、其、及、即、若"八字"律母"的解释。卷二是对"例、二死三流各同为一减、杂、但、并、依、从、从重论"等关键词即王氏所称"律

---

① 见《清史稿·刑法志》。

② 《新编文武金镜律例指南》的成书略晚于《读律佩觿》。该书前有三篇序，其中年代最早者为著者友人卢琦于康熙二十年所题之"序"，其次为著者友人宋嗣京于康熙二十三年所撰写之"题词"，时间最后者为著者于康熙二十七年所作之"自序"。据卢琦"序"所言，卢琦于"辛酉春"即康熙二十年春天与凌铭麟会晤时"得手编文武金镜草本"。可见，《新编文武金镜律例指南》当时已基本成书。该书载《四库全书存目丛书·史部》第 260 册，齐鲁书社 1997 年版。

眼"的解释。卷三对"缘坐、谋杀人因而得财条、斗殴及股杀人、剩罪余罪、免罪勿论、照与比照、贼盗盗贼、窝主窝藏、因公科敛"等概念以及有关的具体罪名进行剖析、分辨。卷四上对明代何广《律解辨疑》中的许多观点以及解释的漏洞如服丧期间的"未娶之奸"等进行质疑、反驳、补充。卷四下对笞杖徒流死五刑、凌迟枭示、戮尸、安置、迁徙等刑制进行考竟。卷五列举了律中凡"以……论"的条目。卷六对律文中法定刑规定为"罪止……"的条目进行列举。卷七对律文中法定刑规定为"不准折赎"的条目进行归纳。卷八为《洗冤录》原文以及王明德本人总结的关于法医检验及救死扶伤的经验与方法。

由此可见,《读律佩觿》一书更像是一部教人如何研读律文、通晓律意的方法论著作,其中自然没有对清律律文和条例等的具体解释。

2. 凌铭麟《新编文武金镜律例指南》一书

按该书作者凌铭麟自序所言,"文武两途虽分官守,各有临民之责",故欲编成一部"文武通用"的律书,因而将其书名之曰《新编文武金镜律例指南》。

《新编文武金镜律例指南》一书可分为三部分。第一部分为卷一至卷四,其内容包括宦牍、官箴,文武通用。第二部分为卷五至卷十,其内容为"律例指南",文武通用。不过"律例指南"部分并未录入律条原文,而是仅有作者的"律说"和少量解释条例的"例说"。此外,在"律例指南"部分,凌铭麟并未对全部律文予以解释,而是解释了其中430条。该书第三部分为卷十一至卷十六,其主要内容为古今案牍。其中仅卷十一之"循吏呈详"一节及卷十三之"疑难谳案"一节由作者标明系"文武通用"。

对于本书而言,《新编文武金镜律例指南》一书中最值得关注者当为其中的律注即"律说",其次为"例说"。不过,在目前笔者所看到的多种清代律学著作及大量司法判决中,笔者并未发现有提及、援引该书者。故《新编文武金镜律例指南》一书中的律注和例注在清代的影响可能相当有限。

总之,虽然顺治初年修律时曾大量采辑《明律笺释》等明代律书中的释文以为小注,但是,由于法律语言的专业性及其独特的思维模式,因此理解律文含义仍然成为许多熟读儒家经典出身的官员和刑名幕友面临的很大难题。在很大程度上正因如此,康熙年间才开始了编撰总注的工作。

但是，附有总注的律例文本并未正式颁行。由是在此前后便不断有学者开始著书以解释律例，以冀有助于官员及刑名幕友谳狱。清初最早的私家律书——王明德的《读律佩觿》并未对律例进行逐条解释。而从后来律书等对《新编文武金镜律例指南》的采辑、援引来看，该书的影响似乎相当有限。同时，根据目前笔者所掌握的清代律典及律书并司法文献等，其中明确提及、援引《大清律集解附例笺释》等律书者也不多见。① 故由此我们可以推断，也许沈之奇正是不满足于当时律典中缺乏律例注解因而不利于解律、谳狱的状况以及当时私家律书所取得的有限成就，因此动手自行注释律例。

第三节　《大清律辑注》一书简介

本章此处拟就目前国内可见的沈之奇《大清律辑注》藏本、点校出版情况并该书之内容、结构等略作介绍，以便读者了解和运用。

1. 目前国内关于沈之奇《大清律辑注》一书的藏本及点校出版情况

据笔者所知，目前国内各类图书馆中似乎仅中国政法大学图书馆及中国社会科学院法学所图书馆藏有清代刊刻的沈之奇原本《大清律辑注》一书。而国家图书馆、北京大学图书馆、中国人民大学图书馆等处均无此书。此外，台湾学者张伟仁教授所撰之《中国法制史书目》一书中也未曾提及此书，因此，我国台湾地区也应无此书。②

中国政法大学图书馆所藏之《大清律辑注》一书为三十卷，一函、十册。据怀效峰教授在其点校出版之《大清律辑注》所作的《点校说明》中所言，此为目前可见之该书最早刻本，即康熙五十四年沈之奇自刻本。笔者亦曾于中国政法大学图书馆见到该书并将该书全部拍摄。诚如怀效峰教授所言，该书保存完好，字迹清晰，编排规范。而关于中国社会科学院法学所图书馆所藏《大清律辑注》一书，因当前中国社会科学院法学所图书

---

① 关于后来律书援引各家律注的情形，可参见本书第五章各表。
② 根据日本学者岛田正郎博士所言，东京大学东洋文化研究所大木文库藏有康熙五十四年沈之奇《大清律集解附例》一书，三十卷，十册。这一信息见岛田博士《清律之成立》一文。大木文库所藏此书即沈之奇《大清律辑注》。

馆暂不对外开放，因此笔者未能见到。不过，中国社会科学院法学所徐立志研究员、苏亦工研究员等所撰之《中国社科院法学所图书馆善本书提要》中有关于该所所藏《大清律辑注》之简要介绍。根据其中苏亦工研究员所作之提要，该书系康熙五十四年原本，三十卷，一函、十册。所谓"原本"应该是指该书内容为康熙五十四年刻本《大清律辑注》即原本《大清律辑注》而不应指该书的物质形态即康熙五十四年该书之刻本。

除了中国政法大学图书馆、中国社会科学院法学所图书馆所藏之《大清律辑注》线装本之外，据笔者所知，到目前为止，国内刊行的《大清律辑注》共有以下三种：一为 1993 年北京大学出版社出版之《大清律辑注》（全三册），该书仅印行 300 套，故目前已不多见，笔者亦未在国家图书馆网站上检索到该书。因该书系影印北京大学图书馆所藏之洪弘绪重订《大清律辑注》，故其并非沈之奇《大清律辑注》原本。二为 2000 年法律出版社出版之怀效峰、李俊点校本《大清律辑注》（上下册），该书并被列入怀效峰教授主编之《中国律学丛刊》。该书印行 3000 册，故目前较为多见。又，该书系以中国政法大学图书馆所藏之沈之奇原本《大清律辑注》为工作底本。三为 2002 年上海古籍出版社出版之《续修四库全书》第 863 册中收录之洪弘绪重订《大清律辑注》。该书系根据北京大学图书馆藏乾隆刻本影印，故其内容与 1993 年北京大学出版社影印出版之《大清律辑注》相同。

2. 沈之奇《大清律辑注》一书的注释对象及内容、结构简介

关于沈之奇《大清律辑注》一书的注释对象，蒋陈锡序、沈之奇自序及许大定后序中均未说明。据日本学者岛田正郎博士所称，沈之奇《大清律辑注》中律例的体裁与康熙九年《大清律集解附例》相同。[①] 此外，据怀效峰教授在《大清律辑注》"点校说明"中所称，"《辑注》所注之律系经康熙九年重新校正之顺治律。"[②] 所以，沈之奇《大清律辑注》一书的辑注对象自当为康熙九年校正律。至于沈之奇为何选择康熙九年部颁本为辑注对象，前已提及，即因该书较顺治三年部颁本《大清律集解附例》更加完善。

_____

① 见岛田博士《清律之成立》一文。
② 见怀效峰教授关于《大清律辑注》一书的《点校说明》。该文载怀效峰、李俊点校之法律出版社 2000 年版《大清律辑注》一书正文前。如无特别说明，则以下所引《大清律辑注》一书均系该点校本。

今中国政法大学图书馆所藏沈之奇《大清律辑注》一书封面及正文每页侧题名均为《大清律辑注》，而在每卷卷首又有题名《大清律集解附例》。前已提及，中国政法大学所藏之《大清律辑注》一书正文共三十卷。其正文之前又依次有如下内容：顺治三年御制《大清律》序，刚林等题请颁行《大清律》之题本，康熙九年对哈纳等题请校正《大清律》之题本，康熙五十四年山东巡抚蒋陈锡序，康熙五十四年沈之奇自序，例分八字之义，诸图，服制。正文之后又有康熙五十四年山东济宁道按察使司佥事许大定后序。该书每卷正文题名《大清律集解附例》之左下均有"秀水太学生臣沈之奇辑注"字样。《大清律辑注》之书名即应由此而来。

清刻本沈之奇《大清律辑注》一书正文结构采取了此前许多明代律学著作如姚思仁《大明律附例注解》、彭应弼《刑书据会》等所习用之上下栏形式。[1] 下栏内容从右至左依次为律文、律后总注以及条例。条例不连续编号，而以"一"为标志。上栏依次是律注和例注。例注均列于相应条例上方。清代中期以后的集成类律书大体均沿用这一结构并有所发展。[2]

第四节 《大清律辑注》的重订

在沈之奇《大清律辑注》于康熙五十四年问世之后至清末约二百年

---

[1] 关于姚思仁《大明律附例注解》一书的结构，可见张伟仁主编：《中国法制史书目》（第一册），台北"中央研究院"历史语言研究所1976年版，第21页。据《中国法制史书目》，日本内阁文库藏有该书，中研院史语所傅斯年图书馆据此摄影，微卷号为傅MF1081。并且该库藏本前数页已残毁，该书刊印年份等均无法查考。关于彭应弼《刑书据会》一书的结构，可见张伟仁主编《中国法制史书目》（第一册），第22页。据《中国法制史书目》，日本内阁文库藏有该书，中研院史语所傅斯年图书馆据此摄影，微卷号为傅MF1091。经笔者查找，国家图书馆、北京大学图书馆、中国人民大学图书馆及中国政法大学图书馆均未有此二种律书。

[2] 岛田正郎博士对于沈之奇律书的结构有如下评价："……沈之奇个人所作之总注，配置于下段，上段配以从明律注释书摘录而成的'上注'。这种形式和内容，对后代的私人注本有很大的影响，可称是这类注本的始祖。"见岛田博士《清律之成立》一文。严格地说，沈之奇律书的结构并非此类注本之始祖，因为沈之奇律书的结构系继承自前代并有创新。但是，由于沈之奇律书在清代的巨大影响，此后该类律书则相继模仿了沈氏律书的这一体例。另，正如后文所叙，沈之奇的"上注"即上栏的律例注解并非全部来自明代律书，而是有许多个人的创见。

间，标明系该书重订本并且仍然沿用该书原书名者，仅有乾隆十年成书的洪弘绪①重订《大清律辑注》一种。②

关于洪弘绪重订《大清律辑注》的原因，其友人张嗣昌在"序"中曾有叙述：

> 《大清律辑注》一书……唯是沿袭日久，因革不同，间与新颁律例多有龃龉，几于束置高阁。③

据此，由于后来雍正、乾隆年间不断修订律例特别是条例，故沈之奇的《大清律辑注》甚至被人们忽视、遗忘。当然，在洪弘绪律书告成之前，沈氏律书并非彻底被束之高阁，因为在洪弘绪完成重订该书之前不久的乾隆初年修律时，沈氏一书之律注还屡被增为小注或纂为条例，何况雍正初年律后总注也多有参考或采自该书者。④ 但不可否认，由于雍正时期以及乾隆初年对律文、条例修订较多尤其是条例增加更快，因此而使得原本主要附载明代条例的沈氏律书难免因落后于时代而有被稍微忽略的可能。对此，洪弘绪的友人、时任两广转运使的朱介圭在"序"中亦曾有相似陈述：

> 《大清律辑注》……唯去今稍远，递有损益。⑤

朱介圭本人亦"尝欲随时通便，删旧增新，勒成一书，出而问世"，但因"簿书鞅掌"、公务繁忙而"有志未逮"。⑥ 如此则当时意欲修订《大清律辑注》者不止一二人，而最终成书则为洪弘绪。至于洪氏重订《大清律

---

① 洪弘绪为清代杭州府仁和县人。除重订沈氏《大清律辑注》外，洪弘绪又曾与饶瀚合辑《成案质疑》一书，该书于乾隆十一年刊行，共八函八十册。

② 标明其书律注主要来自沈之奇书之后代律书颇多，且从其书名中也可见到该书与沈之奇律书之渊源关系者如嘉庆年间的《大清律例重订辑注通纂》一书等。但是仍然完全沿用《大清律辑注》书名者则仅洪弘绪重之《大清律辑注》一书。

③ （清）沈之奇原注、洪弘绪重订：《大清律辑注》，张嗣昌"序"。本书所参考之该书载《续修四库全书》编纂委员会编《续修四库全书》第 863 册，上海古籍出版社 2002 年版。

④ 关于这一点，详见本书第三章。

⑤ （清）沈之奇原注、洪弘绪重订：《大清律辑注》，朱介圭"序"。

⑥ 同上。

辑注》一书告成的时间，根据张嗣昌、朱介圭作序的时间，当应为乾隆十年。《续修四库全书》所收录之今北京大学图书馆所藏该书中标明该书为"乾隆十一年新镌"。故该书应告成于乾隆十年，而付梓则在次年即乾隆十一年。

关于洪弘绪重订律书对沈氏原书改动的具体情形，将沈氏《大清律辑注》与洪氏《大清律辑注》逐条相比，我们可以发现，洪氏律注与沈氏律注大多相同，但同时存在变动、差异，其变动、差异主要由于以下原因产生：首先是律例、制度变动。因洪氏重订《大清律辑注》的时间为乾隆初年，因此其所本之乾隆五年《大清律例》自然与沈氏《大清律辑注》所本之康熙九年律有所变化。其次是非关律文、制度变动的洪氏本人对沈氏律注的补充和修改。以下仅略举几例以说明沈氏与洪氏律注之差异。

1. 因律文变动而修改沈氏律注

（1）"文武官犯公罪"条律后注

沈氏"文武官犯公罪"条律后注如下：

> 公罪，谓得罪由于公错，在事有罪，于己无私，无心过误，失于觉察者，皆是。一应公罪该笞者，官则照等纳银收赎，吏典则候季终通类决责。各还职役，不必附记其过，以所犯之轻也。其本条应附过者，各照本条，所谓本条别有罪名也。至杖罪以上，官虽收赎，吏虽决罚，仍明白开写，立成文案，候年终，内外各从本管衙门，纪录所犯过名于籍。至九年三考已满，则通考其所犯若干次，并著其罪之轻重，申达吏、兵二部，以凭黜陟。吏典亦备铨选降叙。①

洪氏"文武官犯公罪"条律后注如下：

> 公罪，谓得罪由于公错，在事有罪，于己无私，无心过误，失于觉察者，皆是。若徒流以上，所犯罪重，自当依律处治。其笞杖之罪，例不的决，即照律文笞杖多寡之数，分别罚俸、降级、留任、调

---

① （清）沈之奇：《大清律辑注》卷1，《名例》"文武官犯公罪"条下。

用之差等。吏典虽的决，仍准留役，总原其罪由于公也。①

两相对比，可见，除洪氏律后注中关于"公罪"的解释与沈氏相同之外，其余文字皆不同。按沈氏《大清律辑注》所本之康熙九年校正律"文武官犯公罪"条如下：

> 凡内外大小军民衙门官吏，犯公罪该笞者，官纳银收赎，吏每季类决，不必附过。杖罪以上，官、吏各照例随事论决，不在收赎、类决之限，明立文案，每年一考，纪录所犯罪名；九年一次，通考所犯次数、重轻，申达吏部、兵部，以凭黜陟。②

而雍正初年修律时已经该条律文修改如下：

> 凡内外大小文武官犯公罪该笞者，一十罚俸一个月，二十、三十各递加一月。二十罚两月，三十罚三月。四十、五十各递加三月。四十罚六月，五十罚九月。该杖者，六十罚俸一年，七十降一级，八十降二级，九十降三级，俱留任。一百降四级，调用。如吏兵二部处分则例应降级革职戴罪留任者，仍照例留任。吏典犯者，笞杖决讫，仍留役。③

乾隆五年《大清律例》因之，此后再无任何修改。

可见，洪氏该条律后注的改动源于律文之变动。而律文变动的原因，则由于雍正初年修律时，当时官员犯公罪，并无纳银收赎、纪录通考之事，故将康熙九年校正律该条中有关内容改为照律文笞杖数目以定处分之

---

① （清）沈之奇原注、洪弘绪重订：《大清律辑注》卷1，《名例》，"文武官犯公罪"条下。
② （清）沈之奇：《大清律辑注》卷1，《名例》，"文武官犯公罪"条。因为本书的研究对象《大清律辑注》系康熙年间成书，而该书所本之清律为康熙九年校正后的清律，为了避免繁冗，故如无特别说明，本书中所谓清律均指康熙九年校正律，而本书所援引之清律亦系康熙九年校正律。同时，笔者所参考的康熙九年校正律正是沈之奇《大清律辑注》一书中的律例文本。特此说明。
③ 《大清律集解·名例》，"文武官犯公罪"条。本书所参考之《大清律集解》一书载《四库未收书辑刊》第一辑第26册，北京出版社2000年版。

轻重。①

（2）"除名当差"条律后注

沈氏该条律后注内容如下：

> 职官，兼文武言。凡犯私罪，律应罢职不叙，而又系脏污事情，例该追夺诰敕、除去士籍之名者，则出身以来之官阶，世袭相承之勋爵，皆从革除。僧道既托方外，仍复犯罪，曾经官司决罚，追夺度牒者，其身已辱，不得复为僧道，故并令还俗。军民灶匠，统承职官、僧道而言，谓除官爵、令还俗之后，仍查其或军、或民、或灶、或匠之籍贯，各从本色，发回原籍，当其本等之差也。②

与沈氏律后注相比，洪氏仅将其中"军民灶匠"改为"军民灶户"。而洪氏如此修改的原因，则由于本条律文的变动。按沈氏《大清律辑注》所本之康熙九年校正律该条律文如下：

> 凡职兼文武官犯私罪，罢职不叙，追夺诰敕，削去仕籍，除名者，官阶勋爵皆除。僧道犯罪，曾经决罚者，追收度牒，并令还俗职官、僧道之原籍。军、民、灶、匠，各从本色，发还原籍当差。③

雍正初年修律时，将以上"追夺诰敕，削去士籍，除名者"一句改为"追夺诰敕，除名削去士籍者"，余无所改。乾隆初年修律时，又在"追夺除名"前加小字"应"，并于"官爵皆除"下增加小注"不该追夺诰敕者不在此限"一句，又将正文"军民灶匠"改为"军民灶户"。除将"军民灶匠"改为"军民灶户"外，洪氏律注其余各处修改主要为了是理顺文字、明晰律意，而仅最后一处修改涉及匠籍之改变。按，顺治二年曾除匠籍为民。但自顺治十五年起，匠户又承担匠班银。至雍正二年，匠班银被摊入地亩。匠籍至此正式废除。故"除名当差"条将"匠"字删去，而洪氏律后注自然随之更改。

---

① 见（清）吴坛：《大清律例通考》卷4，《名例律上》，"文武官犯公罪"条下。本书所参考之该书系马建石、杨育棠主编《大清律例通考校注》，中国政法大学出版社1992年版。

② （清）沈之奇：《大清律辑注》卷1，《名例》"除名当差"条下。

③ （清）沈之奇：《大清律辑注》卷1，《名例》"除名当差"条。

2. 非关律文、制度变动之修改或补充

（1）"以理去官"条律后注

沈氏该条律后注内容如下：

> 以理去官，谓理当解任而去，其官职仍在也。任满，如考满不管事者。得代，是有新官接任交代而去者。改除，谓改调别衙门尚未补官，或已补而未到任者。致仕，是以老疾休致者。凡此皆是以理去官者，并得与现任管事者同也。封赠之官，因子若孙而推及者，虽非正官，已给诰敕，即与正官同。妇人当夫在时有犯离异七出，与夫家义绝未经改嫁者，夫妇之义虽绝，母子之恩难泯，子如有官，例得受封，犹得与其子之官品同。凡此之类，有犯罪者，依职官犯罪律奏闻请旨、奏闻区处之法科断。①

洪氏该条律后注与沈氏略同，唯对"任满""改除"二项的解释与沈氏有异：

> 任满，如职任已满、俸已住支不管事者……改除，如沙汰裁革起送赴部，或改官，或改衙门，别项除用，尚未补官，或已补而未到任者……②

洪氏以上解释与《明律笺释》中有关解释更为接近。而洪氏之所以作此修改，当因洪氏认为沈氏解释不如王氏明晰全面之故。

（2）"犯罪自首"条律后注

沈氏"犯罪自首"条律后注较长，且洪氏与沈氏多有不同，故本书此处不拟将该条律后注全部抄录，并不拟将洪氏与沈氏律后注不同者一一指出，而仅举其一例，即沈氏该条律后注首有以下释文：

> 自首者，将己身所犯之罪，自具状词，而首告于官也。于未经发

---

① （清）沈之奇：《大清律辑注》卷1，《名例》"以理去官"条下。
② （清）沈之奇原注、洪弘绪重订：《大清律辑注》卷1，《名例》"以理去官"条下。

觉之时，先自首出，惧法悔罪，出于本心，则免其罪，所以大改过也。①

按唐律"犯罪未发自首"条律疏有"若有文牒告言，官司判令三审，牒虽未入曹局，即是其事已彰，虽欲自新，不得成首"之句。② 按此则如无文牒告言，即是"未发"。雷梦麟《读律琐言》中未曾对"未发"进行解释。按《明律笺释》，"未发而自首，对知人欲告而自首者"。③ 如此则无人告发所犯之事即为"未发"。而沈之奇则将"未发"解释为"未经发觉"，但何谓"未经发觉"，沈之奇并未解释。洪氏将沈氏律后注中"未经发觉"一句改为"事未发觉，人未到官"，其实是对"未经发觉"再行解释。虽然洪氏对"事未发觉"的解释似乎仍嫌不够明确即洪氏并未说明"事未发觉"是未被谁发觉，但是他的解释显然优于沈氏。

关于洪氏及其重订之《大清律辑注》一书，其友人张嗣昌曾云洪氏对沈氏律注"合者存之，不合者去之，推陈出新，阐扬隐括，臻符首创，无校雠纤悉之劳"。④ 而从以上几例来看，洪弘绪的修订似当无愧此褒扬。而后来的《大清律例重订辑注通纂》等集成类律书对洪弘绪修订后的《大清律辑注》中的律注、例注的大量采辑，特别是其几乎照搬洪氏律后总注的做法也证实了张嗣昌对洪弘绪的褒扬所言非虚。特别需要指出的是，因洪弘绪重订《大清律辑注》一书所注释之律文为清律定本（虽然乾隆五年之后小注等仍略有修改），故后来律家之援引《大清律辑注》一书者，有声明系采自洪氏《大清律辑注》者如吉同钧，也有声明采自沈氏律书而实际采自洪氏律书者如胡肇楷等。无论如何，此等事实均足以说明洪弘绪"与时俱进"的修订得到了后来律家的广泛认可。因此，沈之奇律书之能够在乾隆初年修律之后被广泛接受和流传，洪弘绪功不可没。⑤

① （清）沈之奇：《大清律辑注》卷1，《名例》"犯罪自首"条下。
② 《唐律疏议·名例》。
③ （明）王樵、王肯堂：《明律笺释》卷1，《名例》"犯罪自首"条下。
④ （清）沈之奇原注、洪弘绪重订：《大清律辑注》，张嗣昌"序"。
⑤ 由于篇幅所限，当然实际上笔者也不可能在此将洪弘绪修订之处一一列明。不过，关于洪弘绪对沈之奇律书的修订，本书第五章在论及《大清律例重订辑注通纂》一书律后注之采自沈之奇《大清律辑注》者时，会将《大清律例重订辑注通纂》一书之律后注与沈之奇律后注、洪弘绪律后注予以对比。因此，关于洪氏修订沈氏律书这一问题，我们可以将本章中的有关论述与第五章中的相关内容相联系，以便对洪弘绪的修订有更为深入和全面的了解。

第五节　清代人对《大清律辑注》一书的评价

　　在沈氏《大清律辑注》中蒋陈锡等人所作"序"、"后序",洪氏重订《大清律辑注》张嗣昌等人所作"序"以及后来出现的集成类律学著作如《大清律例重订辑注通纂》等律书中,我们均可见到当时人对沈氏《大清律辑注》一书的评价。这些评价多对沈氏《大清律辑注》赞赏、推崇有加,而这些评价对于我们了解沈之奇《大清律辑注》在清代的传播、修订状况以及该书受重视的原因等颇有助益。当然也有的律书对沈氏《大清律辑注》不多溢美之词,但从其书对该书律注等的采辑我们亦可看到其编纂者对沈氏律书的认可与推崇。

　　最早关于沈之奇《大清律辑注》一书的评价可见于康熙五十四年蒋陈锡为《大清律辑注》所作"序"及许大定为该书所作"后序"中。在"序"中,蒋陈锡对沈氏律书有以下评论:

> 余叹其诠释详明,尤严于轻重出入之界限,为能曲体圣人好生之意,盖绎之不忍释手,云沈子其出而寿之梓,以公诸天下,庶使执法之吏有所把握而坚其好生之心,亦俾嫌行好修之士,人人案头有一编,以当明道之素问,于以致和气而佐太平,未必非一助也。①

而所谓"明道之素问"即蒋陈锡在"序"中所言及程明道先生轶事一则:

> 昔有学于程明道先生者,其人素行不检,又多羸疾,先生乃取黄帝素问一编,令之熟读,其人瞿然警、霍然愈。②

从沈之奇《大清律辑注》一书的学术成就以及后来该书对清代的立法、

---

① （清）沈之奇：《大清律辑注》,蒋陈锡"序"。
② 同上。

司法实践及清代律学的影响等来看，蒋陈锡的赞誉尚嫌不足。而在其所作"后序"中，沈之奇友人许大定赞扬沈氏之书"博采群书，折衷天理"，而沈之奇作成此书之目的在于"俾执法之吏，读律之文，辨律之意，推敲慎重。虽当死者，犹必平反以求其可生，而愚氓闻之，亦凛然于法之不可犯，而纵肆之风息，廉耻之念生，所谓忠厚之至也"。[①] 许大定将清律比作《素问》，而沈氏律书即有助于《素问》实现其目的者也。

除保留沈氏律书中康熙五十四年蒋陈锡"序"之外，洪氏重订《大清律辑注》新增"序"二篇，分别为洪弘绪友人张嗣昌、朱介圭所作。其中张嗣昌盛赞沈之奇律书云：

> 《大清律辑注》一书，固已不胫而走矣。传曰：君子怀刑。是书也，近之可以澍身，远之可以善世，推而行之足以资治，不可谓非无用之书乎哉。……虽然，注是书者，能使观者了然于心，善者资之，恶者锄之，善者止于善，恶者去于恶，由是而家、而国、而天下，无一不善。……[②]

由此可见当时沈氏律书传播之广以及在张嗣昌眼中该书的价值。而朱介圭为洪弘绪重订之《大清律辑注》所作"序"中则有如下言论和赞誉：

> 余自束发后，即有志当世之务。幸躬逢明煬，得于读书之暇，兼读律令，又旁罗《笺释》、《辨疑》等书，以互相参考。窃叹嘉禾沈天易氏之《辑注》，准古酌今，析异归同，为足羽翼盛朝之宪典。……余素爱沈氏之遗书，又喜洪子之能成是书也。因不揣固陋，濡笔而序之。吾知是书也出，不独通籍诸君子藉为谳狱津梁，凡读书之士，有怀利见者，由其讲习之素，以裕夫听断之资，将见唯明克允，刑期无刑，何三代唐虞之治，不即奏于今日哉。[③]

可见朱介圭对明清律书以及沈之奇律书均有相当的理解。

---

① （清）沈之奇：《大清律辑注》，许大定"后序"。
② （清）沈之奇原注，洪弘绪重订：《大清律辑注》，张嗣昌"序"。
③ 同上书，朱介圭"序"。

后来继出的律书如嘉庆十三年刊刻之《大清律例重订辑注通纂》一书纂辑者胡肇楷、周孟邻对沈氏律书更是褒扬有加。如果说前述蒋陈锡等与沈氏、洪氏之间因友谊关系而可能有溢美之词的话，那么距沈氏《大清律辑注》首次刊刻之时相隔近百年之后的《大清律例重订辑注通纂》一书纂辑者对沈氏律书的评价应当更为真实可信。按《大清律例重订辑注通纂》一书"自序"中有如下言论：

> 《辑注》集诸家之说，参以折中之见，不作深刻之论，其于律文逐节疏解，字字精炼，无一言附会游移，遇疑似处引经质史、酌古斟今，归至当而后已，诚律学之津梁也。①

前述诸人主要从该书之功能即资治的角度评价沈氏律书的价值，而胡肇楷等则更注重沈之奇的注律成就，即从学术的角度评价沈氏律书。此外，根据《大清律例汇辑便览》一书"凡例"之"《辑注》、《笺释》等项足俱足补律所未备，今皆照旧登载"之句，又《大清律例会通新纂》一书"凡例"中有"《辑注》似觉太繁，亦略为之删除"之句，我们可以认为，虽以上二律书对《大清律辑注》未作过多评论，但其律注多来自该律书的事实则足以说明此二书对沈氏律注的看重与推崇。而经笔者查核，该二书之律后注系来自洪氏《大清律辑注》。当然，前已论及，洪氏仅对沈氏律后注做了不多的修改。此外，以上二律书中如"充军地方"等条沈氏、洪氏均未作律注者，其律后注等则来自《大清律例重订辑注通纂》一书。

不过，相对于集成类律书纂辑者对《大清律辑注》一书的推崇与赞美，清末薛允升似乎并不认为该书大大超拔于其他律书如《明律笺释》、《大清律目附例示掌》等。如薛允升《唐明律合编》一书"例言"中有如下语句：

> 王明德之《佩觿》、王肯堂之《笺释》、沈之奇之《辑注》、夏敬一之《示掌》，各有成书，均不为无见，且有采其说入于律注者，兹

---

① （清）沈之奇原注，胡肇楷、周孟邻增辑：《大清律例重订辑注通纂》，"自序"。本书所参考之该书系嘉庆十三年刻本，但刊刻者不详。

择其善者，一一录入……①

而从该书对以上各律书的援引次数来看，沈氏《大清律辑注》并不占优势。② 在其《读例存疑》一书"例言"中，薛允升又有以下言论：

解律者多矣，而解例者最少。唯《笺释》、《辑注》二书，颇有论说……因一并采录也。③

薛氏该书因解例之书少而对《大清律辑注》中的例注多有援引。但因沈氏律书中最重要者为其律注，故笔者以为薛氏《读例存疑》一书对沈氏例注的较多援引可能并不能代表薛氏对沈氏律书的总体评价，但是无论如何，显然薛允升是非常看重沈之奇律书的。

除以上评价之外，其他文献中有关清代人对《大清律辑注》的明文评价，笔者目前尚未看到。当然，笔者明了一点，即全面考察清代人对《大清律辑注》的评价自当不应限于当时人的文字评价，而更应看到《大清律辑注》对清代立法、司法乃至清代律学的实际影响。对此，本书后文将会进行详细探讨。

---

① （清）薛允升：《唐明律合编》卷首，"例言"。本书所参考之该书系中国书店 2010 年版。
② 关于这一点，可参阅本书第五章。
③ （清）薛允升：《读例存疑》总论，"例言"。本书所参考之该书系北京琉璃厂翰茂斋光绪三十一年（1905 年）刻本。

第二章 《大清律辑注》注解研究

沈之奇《大清律辑注》的注解包括两部分，即律注和例注。其中律注又可分为两部分。随文附注于律文之后的称为律后注，而列于上栏的称为律上注。根据《说文解字》，"辑"本义为"车舆"，引申义为"敛"、"和"。① 故"辑注"之意便为汇集诸家注解。这正是《大清律辑注》一书注释律例的最大特点。而该书的这一特点在律后注与律上注中表现最为突出。在注解中，沈之奇融汇诸家学说、博采众长，运用多种解释方法，对律意进行解释。目前，笔者所看到的针对《大清律辑注》一书中的律例注释的论著主要有前文提及的王志林博士的《〈大清律辑注〉按语的类型化解析》一文。此外，张晋藩先生的《清代私家注律的解析》、何敏博士的《清代注释律学研究》以及王志林博士的《〈大清律例〉解释学考论》等论文并谢晖教授的《中国古典法律解释的哲学向度》、管伟博士的《中国古代法律解释的学理诠释》等书中也都曾论及清代律学的解释方法、特点或者中国传统律学的解释方法等问题。其中特别值得关注的是何敏博士对清代注律方法的总结，即何敏博士将其分为文理解释、系统解释、逻辑解释、历史解释、互校解释和成案解释等六种。② 此外，在沈之奇的注解中，我们也可不时看到沈之奇对律典的颂扬和些微批评。关于清代律家对律典的态度，王志林博士的博士论文第四部分曾有论述，即作者认为，清代律家对法典的尊崇与批评并存。③ 当然这一论述并非仅针对沈

---

① （汉）许慎撰、（清）段玉裁注：《说文解字注》十四篇上，《车部》，上海古籍出版社1988年第二版第721页。
② 见何敏《清代注释律学研究》，第98—122页。
③ 见王志林《〈大清律例〉解释学考论——以典型律学文本为视域》，博士学位论文，重庆大学，2009年，第124—128页。

之奇及其律书。因此，在第二章中，笔者欲在前人研究的基础上，针对沈之奇《大清律辑注》一书的律注展开更为深入的剖析和研究，具体而言，就是展开对该书的"辑注"特征、注释形式、解释方法以及律注中所反映的沈之奇本人对律典的态度等四个问题的探讨。

第一节　《大清律辑注》的"辑注"特征

根据沈之奇《大清律辑注》一书中的自序，《大清律辑注》采集、参考了多部明代重要律学作品，"如《管见》、《琐言》、《折狱指南》、《刑书据会》、《读法须知》、《辨疑》、《疏议》、《法家衰集》、《律解》、《笺释》诸家。"① 对于所采辑的诸家之说，沈之奇经常并未或不便一一标明。特别是律后注中，应当也是为了行文方便这一原因，沈之奇较少提及其所援引之各律书。不过在律上注中，沈之奇则更多地提及各家律书，其中沈之奇提到各家律书之次数如表 2-1 所示。

表 2-1　《大清律辑注》律上注中明确提及之前人律书的次数

	名例	吏律	户律	礼律	兵律	刑律	工律	总计
律文数	48	30	95	26	76	170	13	458
明确提及各家律书之律文数	12	7	24	1	8	45	2	99
比率(%)	25	23.3	24.95	0.04	10.5	26.47	15.38	21.62

根据表 2-1，以数量言，沈之奇在《刑律》部分中明确提及各家律书的律文数量最多，其次为《户律》和《名例律》。以比率言，《刑律》部分中明确提及各家律书的律文数量占该篇律文数量的比率最高，其次为《名例律》和《户律》。这样的数量与比率也与以上各部分在律典中的地位大致相当。而沈之奇明确提及诸家律书的次数，则以《明律笺释》最多，约82处。《读律琐言》次之，约8处。其余律书如《折狱指

---

① （清）沈之奇：《大清律辑注》，沈之奇自序。

南》约 6 处，《读律管见》约 6 处，《刑书据会》约 6 处，《读法须知》约 3 处，《大明律解》约 2 处，等等。沈之奇明确提及《明律笺释》的次数远超过其他各律书的总和，由此也进一步印证了《明律笺释》一书在诸种律书中无可比拟的卓越地位。而沈之奇在明确提及前人律书时，其意常不在于指明援引之出处，而是对前人律说进行评论。沈之奇的评论中既有对前人律说的支持、赞赏，也有对前人律说的质疑甚至批评。且在提及前人律书时，沈之奇对其中观点表示怀疑或否定的次数要远高于表示肯定、赞同的次数。而对前代律书的怀疑、批驳同时也是沈之奇个人见解的展示。

除明确提及诸种律书之外，《大清律辑注》在提及各家律书时，有时仅指明其中一种，其余各种律书以"诸书"代替。此外，《大清律辑注》中还有仅说明其观点来自他人律书、但又不明确提及任何一种律书者，这样的提及以"或谓""解者""诸家""诸解""诸注""诸注家""各注""诸家解者""诸书""注者"等起首。凡此等未曾明确提及之律书，有的经笔者查证系前代律书如《明律笺释》、《读律琐言》或《明律集解附例》等书，但更多的情形似乎是难以找到其出处。

以下本书将就沈之奇明确提及各家律书的情形并沈之奇以"或谓"等字样不明确提及各家律书的情形分别略举几例以说明之，由此我们也可深入了解沈之奇律书的"辑注"特色与沈之奇独立思考的精神。[①] 当然，瑕不掩瑜，对于沈之奇律注中个别不合律意的解释，笔者也有指出，以便读者更为全面地了解沈之奇律注。

一、明确提及各家律书的情形

前文述及，沈之奇在明确提及前人律书时，经常是为了对其中见解予以评论。而沈之奇对前人观点的评论有赞同、质疑及批评等几种。其中质疑与批评为最多。如果沈之奇就同一问题援引多家律说，那么其中又包含对各家律说的比较。以下试分别举例以说明之。

---

① 至于沈之奇律后注中不提及出处而援引各家律书的情形，后文将在介绍"强盗"条律后注时予以介绍、分析。

1. 《名例律》"共犯罪分首从"律上注对《读律琐言》等四家律说的援引、比较

康熙九年校正律"共犯罪分首从"条正文关于家人共犯有如下规定：

> 凡共犯罪者，以先造意为首，随从者减一等。若一家人共犯，止坐尊长。若尊长年八十以上及笃疾，归罪于共犯罪以次尊长。侵损于人者，以凡人首从论。若共犯罪，而首从本罪各别者，各依本律首从论。仍以一人坐以首罪，余人坐以从罪。①

在该条律上注第七段中，沈之奇援引《读律琐言》、《明律笺释》、《读律管见》、《刑书据会》等四家律书，对夫与妾同谋共殴妻致死当如何处断这一问题进行了讨论：

> 如子为父从谋杀亲叔，父坐谋杀卑幼已杀者，依故杀弟者杖一百、流三千里；子坐谋杀期亲尊长已杀者，凌迟处死。本律言皆，则凌迟亦从罪也。《琐言》云：如夫与妾同谋，共殴妻至死，夫殴妻至死者绞，妾殴正妻至死者斩。然二律皆首罪也，似不当以二命偿之，当以致命伤为重，下手者坐以本律。如夫殴致命，则坐绞，妾为从论；妾殴致命，则坐斩，夫为从论。既曰各依本律首从论，难皆坐以首罪也。人命至重，死者可伤，生者犹可惜。观共殴人及主使之条，一坐下手，一坐主使，致死虽有数人，而究抵不当多及，苟非谋杀，其不欲以二命抵一命可知矣。凡问首从各别，系人命者，律无皆字，则当以首从分之，方得共殴律意。《笺释》之论亦然。而《管见》又云，事关人伦，难同凡论，夫妾同谋殴妻，必缘昵妾之故。若妾殴伤重，拟斩，夫为从论，犹可言也。倘夫殴重、拟绞，妾以从论，则是因妾起祸，而家长与正妻俱死，妾得赎罪全生，非所以弼教也，仍坐本律拟断为是。按两说皆有至义，遇有此等，当因情据理，酌量上请。而《据会》亦云，须审妻之被殴而死也，果否因昵妾所致，就中斟酌。②

---

① （清）沈之奇：《大清律辑注》卷1，《名例》"共犯罪分首从"条。
② （清）沈之奇：《大清律辑注》卷1，《名例》"共犯罪分首从"条下。

夫与妾同谋共殴妻致死属"侵损于人",按"共犯罪分首从"条,夫、妾应以"凡人首从论",即以夫为首、妾为从,妾减夫一等处罚,而不应因系"家人共犯"而"止坐尊长"即仅坐夫而不处罚妾。而按"妻妾殴夫"条,妾殴妻致死,应斩监候;夫殴妻致死,应绞监候。《读律琐言》认为"妻妾殴夫"条中妾殴妻致死应斩监候系指妾为首犯而言,而夫殴妻致死应绞监候亦系指夫为首犯而言。否则如果夫与妾同谋致死妻,无论夫或妾为首,二人均应处死,这样的结果显然与律意不符。因为根据"斗殴"条,同谋共殴人者,以下手伤重者为重罪、元谋减一等。而依"威力制缚人"条,则以主使之人为首、下手之人为从。可见以上二律分别以下手伤重为首或以主使之人为首,其意正不欲一命两抵。因此,如妾主谋或下手伤重致妻死去,则当以妾为首、夫为从;如夫主谋或下手伤重致妻死去,则以夫为首、妾为从。《明律笺释》的观点与此一致。而《读律管见》及《刑书据会》又提出修正意见,即夫与妾同谋殴妻致死必定系由于夫昵妾所致,事关人伦,应与一般同谋共殴人致死之案有所区别,即即便夫下手伤重致妻死去,此时妾也不应仅以从凡论减等、并得赎罪,因夫与正妻之死均由于妾,此时应将妾"坐本律拟断"即以"妻妾殴夫"条中妾殴妻致死者拟绞监候。看来沈之奇既赞同雷梦麟和王肯堂纯粹从法律角度对夫妾同谋殴妻致死如何处断的见解,同时他也支持后二种律书中关于夫妾同谋殴妻中的情感因素即系因夫宠溺妾所致这一原因及其"正人伦"这一考量因素,所以沈之奇认为《读律琐言》与《读律管见》二说均有合理之处,故主张遇有此等情形,"当因情据理,酌量上请"、征求皇帝意见。而《刑书据会》也持相似意见。

2. "泄露军情大事"律上注中对《读律琐言》、《律解指南》、《明律笺释》等各家律书观点的批判

沈之奇在《兵律·军政》"泄露军情大事"条律上注云:

漏泄机密于敌,则敌先有备,我之军机,必有失误之虞,所御至重,故坐斩;而不言先传、传至,亦不言首与从也。漏泄军情,律无"于敌人"字,注曰"以致传闻敌人",而《琐言》、《指南》诸解亦然,谓漏泄于敌,敌虽知备,不知我如何调度,故止坐满徒,而以先传、传至分首从。《笺释》则谓止是漏泄于外,若漏泄于敌,则先传说者,或出无心;后传至者,的为贼党,反为从减等,可乎?军情与

机密有间，漏泄于外人，与漏泄于敌人不同，故止坐徒。仍根究传说之由，将最初传说之人为首，见在漏泄人犯即是传至为从。此解似是而非，所解传至意尤牵强。盖此漏泄下无"于敌人"三字者，蒙上文而言也。若非漏泄于敌，何云传至？先后传说，皆出无心，然无先传之人，则何由漏泄于敌？推此以分首从耳。要知两项漏泄，均是无心之过，机密重，军情轻，故论罪不同。注云"二项犯人，若有心泄于敌人，作奸细论"，最是。[①]

按康熙九年校正律"漏泄军情大事"条正文中有关内容如下：

> 凡闻知朝廷及总兵将军，调兵讨袭外番及收捕反逆贼徒机密大事，而辄漏泄于敌人者，斩。若边将报到军情重事而漏泄者，杖一百、徒三年。仍以先传说者为首，传至者为从，减一等。[②]

"漏泄军情大事"条在明律中被置于《吏律·公式》篇，清律将之更为恰当地移至《兵律·军政》篇。清律该条律文正文与明律该条同，唯于"若边将报到军情重事而漏泄者"一句增加小注两处，一是在"而"字前增加"报于朝廷"四字，二是在"漏泄"后增加"以致传闻敌人"六字。关于是否将军情重事漏泄于敌人，明律正文并未予以规定，因此也给律家留下了自由解释的空间。《读律琐言》《折狱指南》等书论及这一问题时，均将"漏泄"解释为漏泄于敌人，且以上二书等均认为军情重事漏泄于敌人之后，敌人虽因此而得以防备，但却不知我方如何调度，故漏泄之后果尚不至于十分严重，因而以先传说之人为首、以将军情重事传至敌方者为从，分别拟以杖徒。但《明律笺释》则认为所谓漏泄，是指泄露于外，即泄密。如将军情重事漏泄于敌人，其后果更严重，则其罪恐不止于杖徒而已。并且王肯堂认为其最先传说者，可能出于无心，故其处罚仅为满徒。而后来传说之人却必然是贼党，这样的人不能仅被认定为漏泄之从犯而得以减等处罚。王肯堂并认为，正因为军情不同于机密，而漏泄于外人与漏泄于敌人不同，故其传说者罪止拟徒。沈之奇不赞同王肯堂的以上解

---

① （清）沈之奇：《大清律辑注》卷 14，《兵律·军政》"漏泄军情大事"条下。

② （清）沈之奇：《大清律辑注》卷 14，《兵律·军政》"漏泄军情大事"条。

释，认为王氏关于传至者的见解尤其牵强。沈之奇认为，所谓漏泄，即漏泄于敌人，否则何为强调"传至"。而"军情大事"一句之所以不明确提及漏泄于敌人，是因为上文漏泄机密大事一节已经写明，此处毋庸重复而已。而无论是漏泄机密大事或军情重事，均为过失犯罪，机密重而军情轻，故处罚有差异。故雷梦麟等人的解释亦有缺陷。沈之奇认为小注的解释为最合理，即该条中所谓漏泄，无论其内容是机密大事还是军情重事，均指漏泄于敌人，但此等漏泄均为无心之过。若为有心漏泄，则应作奸细论矣。

二、以"或谓""诸家"等形式提及各家律书

1. "犯罪自首"条律上注"或谓"之句

沈之奇在《名例律》"犯罪自首"第二十五段律上注云：

> 或谓事发在逃，若得相容隐之亲属捕获首告，亦得免罪。此说亦是。盖罪人在逃，虽有怙终之心，而亲属捕告，即同告言之意也。存以俟考。①

根据清律"犯罪自首"律，"凡犯罪未发……其遣人代首，若于法得相容隐之亲属为首及相告言，各听如罪人自首法。"② 而根据清律"亲属相为容隐"条，得相容隐之亲属"若漏泄其事，及通报消息，致令罪人隐匿逃避者，亦不坐"，"亦不坐"一句之下有小注云：

> 谓有得相容隐自之亲属犯罪，官司追捕，因而漏泄其事，及暗地通报消息与罪人，使令隐蔽逃走，故亦不坐。③

可见，以上二条中均无犯罪事发在逃而得相容隐之亲属为之首告的规定。而经笔者检查，《律解辨疑》《律条疏议》《大明律释义》《大明律集解附

---

① （清）沈之奇：《大清律辑注》卷1，《名例》"犯罪自首"条下。
② （清）沈之奇：《大清律辑注》卷1，《名例》"犯罪自首"条。
③ 以上两处引文见（清）沈之奇：《大清律辑注》卷1，《名例》"亲属相为容隐"条。

例》《读律琐言》及《明律笺释》等六种律书之"犯罪自首"条、"亲属相为容隐"律注中均无"事发在逃若得相容隐之亲属捕获首告,亦得免罪"一句。可见,该句应系其他律家对律意的阐发。看来沈之奇赞同该无名律家之见解,认为犯罪未发在逃而被亲属捕告,亦同亲属告言,其人亦应照"犯罪自首"条以自首论。不过,按清律"犯罪自首"条,自首成立的必要前提是"犯罪未发",即其犯罪事实未经他人或官府发觉。故若其人犯罪在逃,而其犯罪事实"未发",此时其亲人将之捕获首告,自应以自首论免罪。但若其人在逃而事发,则其亲人捕获首告者应依"犯罪自首"条之"逃而自首者"减轻二等处罚。因此笔者认为这一不知名律家的解释似不合律意。也许正因如此,《明律笺释》等书中才无此等言论。

2. "男女婚姻"条律上注"解者谓"之句

沈之奇在《户律·婚姻》"男女婚姻"条律上注云:

> 按《周礼》有媒氏以司婚姻之事。古制:男女定婚后,即立婚书,报于所司。其不报者,即私约也。今不行此法。解者谓有媒妁、通报写立者为婚书,无媒妁、私下议约者为私约。①

其中"解者谓有媒妁、通报写立者为婚书,无媒妁、私下议约者为私约"一段应来自《大明律集解附例》一书,该书"男女婚姻"条"纂注"中有"婚书,有媒妁、通报写立者;私约,无媒妁、私下议约也"一段。② 而《律解辨疑》《律条疏议》《大明律释义》《明律笺释》《读律琐言》等律书皆无之。按清律"男女婚姻"条中有"男女定婚之初……写立婚书依礼聘嫁。若许嫁女已报婚书及有私约而辄悔者,笞五十。虽无婚书,但曾受聘财者,亦是"等句。③ 可见,报婚书、定私约乃定婚之标志。故沈之奇在律上注中援引《周礼》及他人律说对婚书、私约予以解释。但因明清时已无主管婚姻的官方机构,此即沈之奇所谓"今不行此法"之意,故这位不知名的解者将婚书与私约分

---

① (清)沈之奇:《大清律辑注》卷5,《户律·婚姻》"男女婚姻"条下。
② (明)佚名:《大明律集解附例》卷6,《户律·婚姻》"男女婚姻"条下。本书所参考之该书系台北成文出版社1969年据光绪二十四年(1898年)重刊本影印。
③ (清)沈之奇:《大清律辑注》卷5,《户律·婚姻》"男女婚姻"条。

别作以上解释，而明清时期的婚书与私约其实均相当于《周礼》所谓之私约。

第二节　《大清律辑注》的注释形式

前已提及，沈之奇《大清律辑注》中的注释包括对律文的注释即律注和条例的注释即例注两大部分。其中律注又可分为律后注与律上注两部分。而例注因位于与第一栏的条例相应位置的上栏而被称为例上注。本章此处拟对《大清律辑注》一书中的律后注、律上注及例上注的数量、分布进行统计、分析，并以实例来说明该书中律后注、律上注及例上注的内容及其特点，同时说明其内容的渊源，并由此而窥见沈之奇律注对前人的继承与发展。

一、律后注

自《唐律疏议》以来，我国传统的注释律文的方式便是在律文之后对律文进行注释即随文附注、律后注。随文附注的做法也符合人类思维的一般模式。明代律学家也大多采取律后注的形式来注释律文，不过其律后注之名称与内容则各有不同。如何广《律解辨疑》中之律后注常以"议曰"开始，有时"议曰"之后又有"又曰"及"问答""讲解"等。张楷《律条疏议》之律后注包括三种，即"疏议""疏议"之后的"谨详律意"及"问答"。雷梦麟《读律琐言》之律后注仅一种，均以"琐言曰"起首。《大明律集解附例》之律后注则以"纂注"为名，"纂注"之后偶附"备考"。《明律笺释》之律后注常以"释曰"起首，间有问答。沈之奇沿袭明清多家律书做法，其《大清律辑注》同样采用了随文附注的律后注的形式。但与唐律以及明代多家解律者不同，沈之奇的律后注并未有"议曰""疏曰""释义"等标志性的起首词。

律后注是《大清律辑注》一书中律文注释的主体，该书中绝大部分律文附有律后注，其律后注分布如表2-2所示。

表2-2 《大清律辑注》中律后注的分布情形

	名例	吏律	户律	礼律	兵律	刑律	工律	总计
律文数	48	30	95	26	76	170	13	458
有律后注之律条数	43	30	94	26	76	170	13	452
比率(%)	89.6	100	98.9	100	100	100	100	98.7

　　根据笔者考察,《吏律》《礼律》《兵律》《刑律》及《工律》部分中所有律文均有律后注。而《名例律》无律后注者有五条,即"在京犯罪军民","化外人有犯","断罪依新颁律","徒流迁徙地方","边远充军"等五条。而《户律》中无律后注者仅一条,即康熙九年新增之"隐匿满洲逃亡新旧家人"条。

　　因"强盗"条系普通盗罪中法定刑最重者,在清代司法实践中,强盗案件与杀人案件被合称为"命盗重案",而且清代很多年份都会由刑部对当年各省的应处以斩绞刑的命盗案件进行统计,由此可见"强盗"条在律典中的地位、盗案的多发性、此类案件的社会危害性及其在司法实践中的受重视程度。因此,下文将以"强盗"条律后注为例进行分析,以便读者对《大清律辑注》中律后注的内容、特点及其渊源等进行了解。《大清律辑注》中"强盗"条律后注共两段,其全文如下:

　　　　强盗律全重在"强"上。凡先定有强谋、执有器械、带有火光,公然直至事主之家,攻打门墙者,是谓已行。若为事主所拒,邻保所援,不能得财,虽事主之家无损,而强盗之谋已行,不分首从,皆杖一百、流三千里。但劫得事主家财者,不论多寡,不分首从,皆斩。凡上盗之人,即不分赃亦坐。不拘何物,在事主家皆谓之财,入盗手即谓之赃。劫取而去,谓之得财;各分入己,谓之分赃。强盗之赃虽未分,事主之财则已失。强盗之罪所重在强,故但论财之得与不得,不论赃之分与不分也。观盗贼窝主条内共谋者行而不分赃皆斩可见。药能迷人,必皆毒物,但欲取人之财,不顾伤人之命,其事虽秘,其心实强,故与强盗罪同,但得财者,皆斩;不得财者,皆杖一百、流三千里。律言图财而不言得财者,谓图谋人财,得不得未定也。"图财"二字,即兼得财、不得财在内。"罪同"二字,即兼斩罪与流罪在内。既经迷人,即是已行,得财与否,皆同强盗,其义甚明也。若窃盗有临时拒捕及杀伤人者，皆斩。曰拒捕，曰杀伤人，其始虽窃，临时实强矣。拒捕下有"及"字，则但拒捕而不杀伤人者，亦坐。得财、不得财皆斩之注，止指杀伤人而言。夫窃盗而至杀人、伤人，凶强已极，自不论得财与否。若拒捕，则仍指已得财者。谓行窃之时，已经得财，未离本处即为事主知觉，尚不弃财逃走，而护赃格斗，全不畏惧，与强何异？故与杀伤人同科。注曰"须看'临时'二字"，谓非临时拒捕，则另有下文弃财逃走、事主追逐，因而拒捕之条也。若因盗而奸污人之妻女，近人之身而不畏人之执己，其心与事皆强矣，则与拒捕杀伤人无异，故罪亦如之。不论成奸、不成奸，得财、不得财，皆斩。凡此皆窃盗之事，而附于强盗，以其类于强也。共盗人内，或有在外把风，或有得财先去，临时既未曾助力、同行为窃，原未谋及拒捕等情，而不知他贼有拒捕杀伤人及奸情者，同伴、事主供证明白，止依窃盗本律得财、不得财分首从论。其行窃时被事主知觉，即弃财逃走，犹有畏心，并无强意，事主追逐，因而拒捕，乃不得已而为脱身之计，故止依罪人拒捕律科之。此是窃盗罪人拒捕本律，而附著与此，以见此条因而拒捕与前文临时拒捕者，有毫厘千里之别也。按此条"因而"两字，正与前条"临时"两字对照，已弃财、已逃去，而追逐不已，然后拒之，故曰"因而"也；不弃财、不逃走，而见捕即拒，不俟再计，故曰"临时"也。律贵诛心，推临时拒捕之心，直欲杀伤事主，而得财以去也，故虽未杀伤人亦斩。若尚未得财，而有临时拒捕者，则拒捕之心，仅以求免耳，亦当照罪人拒捕科断。盖强盗已行不得财者，止是流罪，强盗已行，而事主捕之，有不拒者乎？律不言拒捕者，"强"字统之矣。若窃盗不得财而拒捕，即坐斩罪，是反重于强盗矣。彼此对勘，其义自明。

强盗唯窝主有造意、共谋、行与不行、分赃不分赃之律。其共谋为盗已行者，无论已不行者，分赃不分赃，律皆无文，今有照窝主律"不行而分赃者，坐斩；不行不分赃者，坐杖"例而断之，实非律意。盗非窝家，不能藏身聚谋，故窝主之法独严。若共谋之盗，始虽共谋，既而不行，已有悔悟之意；后不分赃，更有畏惧之心，直可宥之，否则科以不应足矣。不行而犹分赃，则当推其共谋之情、不行之故：如谋系造意，不行非其本怀；或与事主识认不便；或约定在窝家等候分赃；或家有上盗之械，与他盗带去，如此等者，可与窝主同科。若谋非造意，悔而不行，他盗得财之后，恐其发觉而强与之，则岂可坐以窝主之斩罪？似当比照窃盗，或盗后分赃，斟酌具请。①

沈之奇"强盗"条律后注第一大段是对"强盗"条律文的解释。按"强盗"条律上注第一段，该条中的不法行为包括以下六项：已行不得财；已行而但得财；以药迷人图财；窃盗临时拒捕杀伤人；因盗而奸；弃财逃走、因追逐而拒捕。②"强盗"条律后注第一大段便是对以上六项的逐一解释，即对律文的文义解释。这一解释方法正是《大清律辑注》中所有律注共同运用的基本解释方法。而律后注第二大段则是对"强盗"条未曾明文规定的不行而分赃之从犯及不行又不分赃之从犯应如何处罚的解释。按"辑注"的特点便是融汇诸家学说、观点，《大清律辑注》律后注正是如此，当然其中也有出自沈之奇本人胸臆者。以下笔者将就《大清律辑注》"强盗"条律后注的内容与唐律以及明代重要律书如《律解辨疑》《律条疏议》《读律琐言》《明律笺释》《大明律集解附例》等相对比，以说明沈之奇律说的渊源及其创新之处。

　　第一，关于强盗"已行"的解释。唐律"强盗"条并未出现"行""不行"这样的字眼。③明律"强盗"条始有对强盗"已行"而不得财的

---

① 以上两段见（清）沈之奇：《大清律辑注》卷18，《刑律·贼盗》"强盗"条下。为了便于读者理解沈氏律注，特将康熙九年校正律"强盗"条抄录于下："凡强盗已行而不得财者，皆杖一百、流三千里。但得（事主）财者，不分首从皆斩（虽不分赃亦坐）。若以药迷人图财者，罪同（但得财皆斩）。若窃盗临时有拒捕及杀伤人者，皆斩（监候。得财、不得财皆斩。须看临时二字）。因盗而奸者，罪亦如之（不论成奸与否、不分首从）。其窃盗，事主知觉、弃财逃走，事主追逐，因而拒捕者（自首者，但免其盗罪，仍依斗殴伤人律），自依罪人拒捕律科断（于窃盗不得财本罪上加二等、杖七十；殴人至折伤以上，绞；杀人者，斩。为从各减一等。凡强盗自首不实、不尽，只宜以《名例》自首律内至死减等科之，不可以不应从重科断）。"见（清）沈之奇：《大清律辑注》卷18，《刑律·贼盗》"强盗"条。括号中的文字为小注。又，该段律后注"其共谋为盗已行者，无论已不行者"一句笔者殊难理解。查光绪三十一年琉璃厂翰茂斋刻本《大清律辑注》中文字亦如此。又，因康熙九年校正律"强盗"条未有对沈之奇所述盗犯的规定，所以后来乾隆五年修律时增添小注如下："其造意不行又不分赃者，杖一百、流三千里。伙盗不行又不分赃者，杖一百。"见（清）薛允升：《读例存疑》卷26，《刑律之二·贼盗上之二》"强盗"条下。

② 见（清）沈之奇《大清律辑注》卷18，《刑律·贼盗》"强盗"条下。

③ 不过，唐律"谋反大逆"条律疏中出现"行"字，而"谋杀人"律条中也出现"不行""行"这样的概念。但是，无论是唐律"谋反大逆"条或"谋杀人"条，其中均未对"行""不行"进行解释。

规定。但是《律解辨疑》《律条疏议》《大明律释义》《大明律集解附例》等书中之"强盗"条律注并未对"行""已行"或"不行"做出解释。《读律琐言》对"已行"有如下解释："强盗已至事主家，是谓已行。"① 《明律笺释》的解释更为具体，并特别指出"已行"行为所彰示的行为人的主观恶意："强盗明火执仗，至于主家，凶器已备，凶性已逞，是谓已行。"② 本来，根据明律"强盗"条，"已行而未得财"与现代刑法中的未遂相似。因此，所谓"行"，应当包括强盗的实行行为。根据沈之奇解释，"凡先定有强谋、执有器械、带有火光，公然直至事主之家，攻打门墙者"为"已行"。③ 由此可见，沈氏律注与前代律书的传承关系。虽然沈氏的解释与前人有所不同，但其解释在今天的我们看来与前人并无本质区别，即在我们看来，沈氏对"已行"的解释仍然是强盗的预备行为而非实行行为。总之，根据《读律琐言》《明律笺释》及《大清律辑注》，似乎"已行"仅指今天我们所称之除预谋之外的强盗的预备行为。不过，综合明清律"强盗"条并各家释文以及"谋杀人"条"谋而已行"这一表述，强盗"已行"既应包括预谋之外的强盗预备行为，也应包括强盗的实行行为。

第二，"强盗"律中的"得财"或"不得财"应如何理解。自唐律以来，"强盗"即被首先认定为共同犯罪，明清律"强盗"条亦同，由此而导致司法实践中可能会产生一个问题，即如果共同强劫者劫得事主财物，但是其中有人并未分赃，或者其中部分共同犯罪人未分赃，那么此时应如何理解"得财"？劫得财物、但未分赃应被认定为得财还是不得财？对此，唐律并未论及。而《律解辨疑》《律条疏议》中亦无解释。查《大明律释义》有以下论述：

> 此谓不得财，谓不得被盗者之财；得财，谓得被盗者之财也。迩来问刑者率以不分赃为不得财，则误甚矣。盗贼窝主条云共谋者行而不分赃、分赃而不行皆斩，虽专为窝主设，其情亦何所异？岂有以其

---

① （明）雷梦麟：《读律琐言》卷18，《刑律·贼盗》"强盗"条下。本书所参考之该书系怀效峰、李俊点校：《读律琐言》，法律出版社2000年版。
② （明）王樵、王肯堂：《明律笺释》卷18，《刑律·贼盗》"强盗"条下。
③ （清）沈之奇：《大清律辑注》卷18，《刑律·贼盗》"强盗"条下。

不分赃为不得财而止于流三千里哉？①

即应槚认为，不分赃并非不得财。同时亦可见，在明代的司法实践中，颇有官员将不得财理解为不分赃。相对于《大明律释义》，《大明律集解附例》中对"得财"的解释更为分明：

> 得财谓得事主之财，非分赃入己之谓。盖强盗所犯之罪，本以强论，不以赃论。故虽未分受亦斩。观下条共谋者行而不分赃皆斩可见。近来皆以不分赃为不得财，误矣。②

《大明律集解附例》不仅将得财与分赃相比较而分析，从而使其区别更为清晰，且特别强调强盗罪所惩罚者不仅在于行为人侵犯他人的财产权，更在于其行为的暴力性，即"强"。《读律琐言》对"得财"的解释与《大明律集解附例》多所相近：

> 但得主家财物者，不分首从，皆斩。虽不分赃，亦坐，盖强盗之罪，本以强论，不以赃论，故不问分赃与不分赃也。观下条窝主共谋者，行而不分赃，皆斩，况共事者乎？况自失者而言，谓之财；自得者而言，谓之赃。律言不得财，与不分赃异矣。③

《明律笺释》继承《大明律集解附例》、《读律琐言》而对"得财"有如下论述：

> 但得事主家财物者，不分首从皆斩，虽不分赃亦坐。盖强盗之罪，本以强论，不以赃论。观下条共谋者行而不分赃皆斩，可见近来多以不得财为不分赃，误矣。在主家谓之财，入盗手谓之赃。强盗律止言得财不得财，而无行不行、分赃不分赃之文。可见但得财则不问行而不分赃，皆斩也。凡盗珠玉宝货之类，据入手隐藏，纵未将行，

---

① （明）应槚：《大明律释义》卷18，《刑律·贼盗》"强盗"条。本书所参考之该书载《续修四库全书》编纂委员会编：《续修四库全书》第863册，上海古籍出版社2002年影印版。
② （明）佚名：《大明律集解附例》卷18，《刑律·贼盗》"强盗"条下。
③ （明）雷梦麟：《读律琐言》卷18，《刑律·贼盗》"强盗"条下。

亦是。强盗但系劫出财物，若未曾分受者，止谓之不分赃，不可谓之
不得财也。故曰虽不分赃亦坐，原不待其各分入己，而后谓之得财。
观窃盗尚且并赃，岂强盗止科入己者哉。①

由此可见，《大清律辑注》中有关"得财"的解释源自《大明律释义》
《大明律集解附例》《读律琐言》及《明律笺释》等律书，但同时又有其
特出之处，即沈氏"强盗之赃虽未分，事主之财则已失"之句明确指出
了在得财而不分赃的情形下对所有盗犯一律处斩的原因，即盗犯的强劫
行为是否导致事主的财产利益受损而非不法行为人是否实际控制赃物、获得
利益。

　　第三，关于"以药迷人"取财。自唐律以来，我国传统律典已将以
药迷人取财行为评价为强盗。但唐律"强盗"条律疏仅指出"若饮人药
酒，或食中加药，令其迷谬而取其财者，亦从强盗之法"，②并未说明其
中原因。《律解辨疑》未对以药迷人图财予以解释。《律条疏议》云以药
迷人者"其情同于强盗，故曰罪同，不分首从皆斩"。③《大明律释义》
云以药迷人者"其情与强盗何以异，故罪同"。④《大明律集解附例》云以药
迷人而图取财物者"其情与强盗无异，故同罪。……以药迷人……非强
盗，而附于其下者，以近于强故也"。⑤以上三书对"以药迷人图财"的
解释大致相同，《大明律集解附例》更指出"以药迷人"并非强盗，其被
规定在"强盗"条的原因是因为其行为类似强盗中的暴力行为即"强"。
根据《读律琐言》，以药迷人取财者同强盗的原因在于"以药迷人取财
者，取人之财，不虑或伤人之命，其术虽秘，其心实强矣，故与强盗罪
同"。⑥《明律笺释》的解释与雷梦麟大致相同，即"但欲取人之财，不顾
伤人之命。其事虽秘，其心实强，故与强盗罪同。"⑦而《大清律辑注》
的解释与《读律琐言》接近而与《明律笺释》完全相同。总之，可见以

---

① （明）王樵、王肯堂：《明律笺释》卷18，《刑律·贼盗》"强盗"条。
② 《唐律疏议·贼盗》"强盗"条下。
③ （明）张楷：《律条疏议》卷18，《刑律·贼盗》"强盗"条下。本书所参考之该书载杨一凡编：
　《中国律学文献》第一辑第二册、第三册，黑龙江人民出版社2004年影印版。
④ （明）应槚：《大明律释义》卷18，《刑律·贼盗》"强盗"条下。
⑤ （明）佚名：《大明律集解附例》卷18，《刑律·贼盗》"强盗"条下。
⑥ （明）雷梦麟：《读律琐言》卷18，《刑律·贼盗》"强盗"条下。
⑦ （明）王樵、王肯堂：《明律笺释》卷18，《刑律·贼盗》"强盗"条下。

上诸律家均已认识到"以药迷人"与强盗的典型样态即公开使用暴力以致受害人受到威胁或受到伤害而劫得财物不同，但是"以药迷人"与典型的外在暴力行为同样可致受害人于反抗不能的境地，即它可以取得与用"强"相同的后果，故而罪同强盗。这样的解释应该说是合理的，故对于前人的解释，沈之奇基本赞同。

第四，关于窃盗临时拒捕及杀伤人。今天不少国家或地区的立法例中将窃盗临时拒捕及杀伤人拟制为强盗。不过，在我国古代，这一行为曾被认定为真正强盗。如按唐律"强盗"条，所谓"强盗"，指"以威若力而取其财"。"以威若力取财"包括两种情形：一为"先强后盗"，即"先加迫胁，然后取财"；二为"先盗后强"，即"先窃其财，事觉之后，始加威力"。[①] 窃盗临时拒捕及杀伤人即唐律所谓"先盗后强"。[②] 而明清律均在"强盗"条规定了窃盗临时拒捕罪同强盗这一特定情形，其实与唐律之意相符。关于窃盗临时拒捕及杀伤人的法定刑何以"皆斩"，《律解辨疑》中并无解释。《律条疏议》"强盗"条"谨详律意"云"窃盗而拒，情岂异强。杀伤与奸，又其甚者"。[③]《大明律释义》云"临时，上盗之时也。或为事主捕获而拒捕，及因拒捕而杀人伤人……即是强盗矣。故不分首从皆斩"。[④] 相对于张楷，应檟更强调"临时"这一特定时间点。后来《大明律集解附例》中的解释在一定程度上可看作是应檟解释的进一步展开：

> 若窃盗临窃之时为事主捕捉而抗拒及杀伤人者，不分首从皆斩。此须看"临时"字。盖临时不逃而敢拒捕即强盗矣。虽不杀伤人亦斩。观"及"字可见。[⑤]

《读律琐言》的解释与《大明律集解附例》略同：

> 既曰拒捕，则其人虽窃，其事实强矣。然须看"临时"二字，

---

① 《唐律疏议·贼盗》"强盗"条下。
② 薛允升曾云："临时拒捕伤人，虽窃盗亦谓之强，即唐律先强后盗，先盗后强之谓也。"见（清）薛允升：《唐明律合编》卷19，《贼盗三》"强盗"条下。
③ （明）张楷：《律条疏议》卷18，《刑律·贼盗》"强盗"条下。
④ （明）应檟：《大明律释义》卷18，《刑律·贼盗》"强盗"条下。
⑤ （明）佚名：《大明律集解附例》，卷18，《刑律·贼盗》"强盗"条下。

盖临窃之时，而为事主所觉，乃不脱走而拒捕焉，非强而何？虽不杀伤人，亦坐。玩"及"字可见。[①]

《明律笺释》的解释与雷梦麟接近：

> 盖曰拒捕，则其人虽窃，其事实强矣。然须看"临时"二字。若已离盗所，因追赶而拒捕，则非临时矣。唯正在行窃之时，为事主所觉，乃不弃财逃走，而护赃格斗，非强而何？此虽不杀伤人亦斩。观"及"字可见。[②]

可见，《大清律辑注》中的有关解释源自《大明律释义》《大明律集解附例》《读律琐言》及《明律笺释》等律书。此外，应该指出的是，窃盗临时拒捕及杀伤人在唐律中被认定为真正强盗，其处罚自应与强盗完全相同。但在清律中，窃盗临时拘捕及杀伤人的处罚则与真正强盗有间，即强盗但得财者不分首从处以斩立决，而窃盗临时拒捕及杀伤人则处以斩监候，不过其中原因《大清律辑注》却并未论及。笔者认为，其中原因应是窃盗临时拒捕及杀伤人虽被视同强盗，但它毕竟与强盗的典型样态不同，因为典型样态的强盗的行为人自始即欲行强，其暴力行为发生的概率很高，而窃盗犯如果非临时遇捕或者遇到阻遏便不会使用暴力，其暴力行为发生的几率较低，所以它与真正强盗有间，故其处罚应有所区别。

　　第五，关于因盗而奸。窃盗而临时拒捕的目的是护赃或湮灭证据等，因此，临时拒捕使用暴力与窃盗行为的完成之间具有手段与目的这样的关系，其发生几率较高，但是窃盗过程中的强奸则很难与窃盗行为之间具有这样的关系，故其发生几率较低。唐律"强盗""窃盗"等条之所以未有对"因盗而奸"的规定，其原因也许即在于此。元朝有"若因盗而奸，同伤人之坐"的规定。[③] 明律"强盗"条加入"因盗而奸"一层，清律因之。对于"因盗而奸"一层，《律解辨疑》中并无解释。《律条疏议》"强盗"条下"谨详律意"云：

---

① （明）雷梦麟：《读律琐言》卷18，《刑律·贼盗》"强盗"条下。
② （明）王樵、王肯堂：《明律笺释》卷18，《刑律·贼盗》"强盗"条下。
③ 《元史·刑法志》。郭成伟点校：《大元通制条格》，法律出版社2000年版第416页。此处之《元史·刑法志》系该点校本《大元通制条格》之附录。

窃盗而拒，情岂异强。杀伤与奸，又其甚者。①

《大明律释义》云：

> 因盗而奸事主之妻女，即是强盗矣，故不分首从皆斩。②

《大明律集解附例》云与前人略同：

> 若因盗而奸污人妻女者，则与临时拒捕杀伤人者无异。故罪亦如
> 拒捕者，不论成奸与否，皆斩。③

较之《大明律释义》，《大明律集解附例》特别指出"不论成奸与否"这
一点。《读律琐言》的解释则指出了因盗而奸者罪同强盗的原因：

> 因窃盗而奸者，近人之身而不畏人之执己，其心与事皆强矣，罪
> 亦如临时拒捕者，皆斩，不论其成奸与否也。④

即因盗而奸这一行为表现出行为人像强盗一样罔顾法纪的心态。《明律笺
释》则有如下释文：

> 若因盗而奸污人妻女者，则与临时拒捕杀伤人无异，故罪亦如拒
> 捕者斩，以其类于强也。⑤

所谓"类于强"即指因盗而奸的行为、临时拒捕行为均与强盗中公开的
暴力行为相似。以上解释均强调窃盗过程中发生的强奸行为的暴力性特
征，并将这一行为与窃盗临时拒捕相提并论，而忽略了二者之间的根本区
别，即窃盗临时拒捕而使用暴力的目的是完成其侵犯财产权的行为，而窃

---

① （明）张楷：《律条疏议》卷 18，《刑律·贼盗》"强盗"条下。
② （明）应槚：《大明律释义》卷 18，《刑律·贼盗》"强盗"条下。
③ （明）佚名：《大明律集解附例》卷 18，《刑律·贼盗》"强盗"条下。
④ （明）雷梦麟：《读律琐言》卷 18，《刑律·贼盗》"强盗"条下。
⑤ （明）王樵、王肯堂：《明律笺释》卷 18，《刑律·贼盗》"强盗"条下。

盗过程中的强奸则与侵犯财产权的行为无此等联系，故因窃盗而强奸非但不能被评价为强盗，也不能被评价为准强盗。但是不仅明代诸律家，连同沈之奇也忽略了其中的分别，而将其解释为类于强盗。

第六，关于窃盗被事主发觉后盗犯弃财逃走、事主追逐而拒捕一节。窃盗临时拒捕及杀伤人这样的行为与窃盗行为本身之间在时空方面具有紧密联系，其发生几率较高，因此将其评价为强盗或准强盗有其合理性。但窃盗被事主发觉、弃财逃走后又被事主追逐因而与事主格斗，其间窃盗行为与格斗行为的时空距离较远，因此显然无法将其评价为强盗或准强盗。除了窃盗行为与格斗行为之间的时空距离较远之外，弃财逃走、因追逐而拒捕这一行为又与窃盗临时拒捕及杀伤人这一行为具有相似之处而须予以区分，故无论唐律，抑或明清律都在"强盗"条中对之予以规定。按唐律"强盗"条及律疏：

> 窃盗发觉，弃财逃走，财主追捕，因相拒捍者非强盗，故自从"斗殴"及"拒捍追捕"之法。①

明律则明确规定此等行为"自依罪人拒捕律科断"，清律因之。② 对此，《律解辨疑》中并无解释。《律条疏议》"强盗"条"谨详律意"云：

> 弃物在逃，是惧法也。逐而有拒，特求脱耳。止依罪人拒捕，孰谓失之轻哉。③

张楷的以上解释其实已经指出了窃盗弃财逃走因被追逐而拒捕者止依罪人拒捕论的原因，即"惧法""求脱"。《大明律集解附例》中的解释更长：

> 若窃盗为事主知觉、弃财逃走，而事主追逐，因而拒捕者，是不过一时规脱之计，与临时拒捕者不同，则亦罪人而已，故止依罪人拒

---

① 《唐律疏议·贼盗》"强盗"条下。所谓从"斗殴"之法，即根据唐律"斗殴"相关律文处断。而从"拒捍追捕"之法，即根据唐律"罪人持仗拒捕"条科断。
② 明律有关律文见《大明律·刑律·贼盗》"强盗"条。本书所参考之该书系怀效锋点校：《大明律》，法律出版社1999年版。清代三部律典中有关内容与明律同。
③ （明）张楷：《律条疏议》卷18，《刑律·贼盗》"强盗"条下。

捕科断。①

可见《大明律集解附例》中的有关解释反不如《律条疏议》周密，即《大明律集解附例》仅强调拒捕乃规脱之计，而未指出盗犯的心理状态即"惧法"。对于强调"律贵诛心"的古人而言，"惧法"这一心理状态显然比仅求规脱的客观行为更值得重视，因此张楷的解释当更合理。后来《读律琐言》的解释也与《律条疏议》更为接近：

> 窃盗被事主知觉，弃财逃走，是有畏心而非强矣。事主追逐因而拒捕，乃不得已而为脱身之计，亦非强矣，自依罪人拒捕条科断……②

而《明律笺释》中有关释文又大致与《读律琐言》一致：

> 是不过一时规脱之计，与临时拒捕者不同。故止依罪人拒捕律科断。……窃非公行，故轻于强。弃财逃走，其心愈知畏惧矣。迫而逐之，不得不拒也。故止依罪人拒捕律。③

沈之奇有关窃盗弃财逃走、被事主追逐而拒捕的解释与《律条疏议》《读律琐言》及《明律笺释》等律书均有相似之处而与《读律琐言》更为接近，可见他也更为看重或强调窃盗弃财逃走的行为所表现出的"惧法"之意，因此其后的为了逃避抓捕的拒捕行为自当与为了护赃、湮灭证据或逃避抓捕等而当场使用暴力的拒捕行为不同，所以窃盗弃财逃走、因被事主追逐而拒捕当然不应以强盗或准强盗论。

最后，关于沈氏"强盗"律后注第二段。前已述及，按清律"强盗"条，强盗被首先认定为共同犯罪。但"强盗"本条并未对共同强盗中的造意者与随从者、行者与不行者以及分赃者与不分赃者等的区别规定。而在清律盗罪各条中，仅"盗贼窝主"条有相关规定。至于各私家律书，

---

① （明）佚名：《大明律集解附例》卷18，《刑律·贼盗》"强盗"条下。
② （明）雷梦麟：《读律琐言》卷18，《刑律·贼盗》"强盗"条下。
③ （明）王樵、王肯堂：《明律笺释》卷18，《刑律·贼盗》"强盗"条下。

其有关解释情形则各异。如《律解辨疑》《律条疏议》《大明律释义》及《读律琐言》均未对共同强盗的各犯罪人予以解释。《明律集解附例》"强盗"条"纂注"后之"备考"有如下解释：

> 强盗共谋不行又不分赃者，坐不应事重。若造意者，仍依窝主论。[1]

《明律笺释》认可《大明律集解附例》以上观点，并认为应联系"盗贼窝主"条进行体系解释以认定如何处断共同盗犯：

> 问强窃盗，要看后条盗贼窝主。共谋为盗，行而不分赃、分赃而不行，不行又不分赃律拟断。强盗共谋，不行又不分赃者，坐不应事重。若造意者，仍依窝主律。[2]

看来当沈之奇所处时代颇有人认可以上解释而认为应对共同强盗之共谋而不行及不行并不分赃者以"盗贼窝主"条中"不行而分赃者，坐斩；不行不分赃者，坐杖"的规定论处，但沈之奇并不完全认同此等理解，而是以为这样做"实非律意"，因为他认为对同谋不行不分赃者最多以不应论即可，而对于同谋不行分赃者则应考察其"不行"的原因而区别论处、不应一律以窝主论处斩。显然沈之奇的这一解释更加合理，因为如果仅是同谋的从犯而不行且不分赃，则其同谋行为本来已难以侦知。况且即便可以侦知，因其仅是同谋的从犯而无任何其他预备和实行行为，故自当减轻其处罚。

二、律上注

本书所谓律上注，指律后注之外又在上栏对律文进行解释的形式，如《大明律附例注解》一书，其下栏为律例正文及注解、分析诸罪要旨，上栏为著者对各该条律文的补充解释，而并非如《大明律例注释祥刑冰鉴》

---

[1] （明）佚名：《大明律集解附例》卷18，《刑律·贼盗》"强盗"条下。

[2] 见（明）王樵、王肯堂：《明律笺释》卷18，《刑律·贼盗》"强盗"条下。

一书其下栏仅有律例条文而无律后注，而是将律例注释悉列入上栏。据沈之奇所言，《大清律辑注》一书中的律上注是律后注言而未尽的内容，即在律后注之外对律文的补充解释。律后注多为"辑注"，而律上注则颇有沈之奇己见。律上注与律后注构成《大清律辑注》注释的基干。该书中律上注的分布情形如表2-3所示。

表 2-3 《大清律辑注》中律上注的分布情形

	名例	吏律	户律	礼律	兵律	刑律	工律	总计
律文数	48	30	95	26	76	170	13	458
有律上注之律条数	45	28	89	18	68	166	7	421
比率(%)	93.8	93.3	93.7	69.2	89.5	97.6	53.8	91.9

根据以上统计，以数量言，有律上注之律文数以《刑律》部分为最多，其次为《户律》，再次为《兵律》。① 以比率言，有律上注之律文比率也以《刑律》部分为最高，其次为《名例律》和《户律》，其中后二者之比率非常接近。总之，以上数量与比率也大致反映了该各部分在律典中的地位。以下笔者仍以"强盗"条律上注为例，对《大清律辑注》律上注的内容、特点及其渊源等进行分析。"强盗"条律上注共十一段，依次如下：

1. 此条分六项：已行不得财；已行而但得财；以药迷人图财；窃盗临时拒捕杀伤人；因盗而奸；弃财逃走，因追逐而拒捕。
2. 凡论盗，须参看盗贼窝主与共谋为盗二条。

---

① 其中《名例律》中无律上注者有3条，即"称乘舆车驾""断罪依新颁律"及"边远充军"；《吏律》中无律上者有2条，即"选用军职"条与"封掌印信"条；《户律》中无律上注者有16条，即"收养孤老"条、"同姓为婚"条、"盐法"11条、"私茶"条、"私矾"条、"私充牙行埠头"条；《礼律》中无律上注者有8条，即"致祭祀典神祇"条、"历代帝王陵寝"条、"御赐衣物"条、"奏对失序"条、"僧道拜父母"条、"失占天象"条、"术士妄言祸福"条、"乡饮酒礼"条；《兵律》中无律上注者有8条，即"内府工作人匠替役"条、"养疗瘦病畜产不如法"条、"官马不调习"条、"铺舍损坏"条、"私役铺兵"条、"占宿驿舍上房"条、"乘驿马私物"条、"孳生马匹"条；《刑律》中无律上注者有4条，即"听讼回避"条、"搬作杂剧"条、"违令"条、"原告人事毕不放回"条；《工律》中无律上注者有6条，即"虚费工力采取不堪用"条、"带造缎匹"条、"织造违禁龙凤纹缎匹"条、"造作过限"条、"失时不修堤防"条、"修理桥梁道路"条。

3. 强盗律最重。叙于监守、常人盗之后者，重官物也。

4. 以药迷人，如蒙汗、闷香之类，但以药迷人图财，非毒药杀人之物。然亦足以杀伤人，故与强盗同科。

5. 若以砒霜等药，与人吃而得财死者，依谋杀人因而得财律；得财不死，依以药迷人律。如不死，又不得财，则依谋杀人伤而不死律。盖砒霜等药，服之必死，与迷人之药不同也。

6. 窃盗拒捕，必持有器械，或自带去，或即取事主家者，与之格斗，方是。

7. 若共谋时，先曰事主拒捕即拒之，有妇女即奸之，则是强盗而非窃盗矣。在旁恐吓助势，亦是助力。先既未有此谋，临时又不助力，所云不知拒捕杀伤人及奸情者，直是不曾见耳。

8. 窃盗二节，律意甚微，须逐字推勘。曰窃盗，则其所谋所行，皆系为窃，未有拒捕杀伤之意也。曰临时，则拒捕杀伤乃临时猝起之事，非预有此谋也。曰有者，独言之也，谓共盗中有拒捕杀伤者，所以别于不拒捕杀伤，如后之不助力、不知情者也。曰及者，分言之也。止拒捕者，亦应坐斩，杀伤即拒捕中事，而复言之者，谓有非拒捕而致杀伤者也。事主捕之，盗者拒之，两相格斗，谓之拒捕。如事主知觉之时，或怯懦畏避不敢捕，或老病妇女不能捕，即被杀伤者，亦情事之常有者。曰皆斩者，或拒捕，或杀人，或伤人，皆坐斩罪，非不分首从之谓也。造意为首，随从为从，此同盗之人，原谋为窃，本罪有首从之分，而拒捕杀伤，在于临时，无首从之可言也。曰因盗而奸者，本谋为盗，因盗而又行奸也。此本强盗之事，而窃或有之，如事主家止妇女，盗者欺而奸之也。奸犹损伤于人，故亦如杀伤人之罪。强盗不言拒捕杀伤人及奸者，统在"强"字之内，不待言也。罪至皆斩立决，无可复加，故条例又有枭示之法也。曰共盗之人者，统言而分别之也，同行为窃，彼则拒捕杀伤人及奸，此则不曾助力，不知其情。助力是临时所为，知情是预谋中事，必先谋有拒捕等情，彼行而此不行，乃可谓之知情。先既未有此谋，临时又未助力，故曰不知也。事止于窃，则罪止于窃也。末节须看"弃财"及"因而"字。弃财逃走，则原未尝拒捕也，因而拒捕，亦非本欲拒捕也，与前临时拒捕者，情势迥异，故得从宽。本律重在强，而论罪重在财，强盗但得财者皆斩，不得财止皆流。此窃盗临时拒捕及杀伤人者，实皆指已得财者言之也。不言得财者，已包在窃盗字内，省文也。两节皆首列窃盗字，末节曰弃财，则先已得财可知。末节是弃财逃走，因追而拒捕；上节是得财不逃走，临时即拒捕。两节对看，其义甚明。论盗莫重于强，持械攻劫，其势岂止于拒捕？然不得财者止流，而窃盗不得财拒捕者皆斩乎？后条例云："若止伤人而未得财，比照抢夺伤人律科断。"而窃盗伤人不得财者，反同强盗已得财者乎？唯杀人与奸者，则不论得财不得财耳。因盗而奸，事在临时，自无首从可分。

9. 因而拒捕，不言杀伤者，以罪人拒捕律有杀伤科法也。注内自首云云，正指拒捕伤人者言之。自首，则盗与拒捕之罪得免，而伤人之罪应科，《名例》所谓侵损于人不免，而得免所因也。既已弃财，是不得财矣。窃盗不得财，本罪是笞五十，罪人拒捕，应于本罪上加二等，是杖七十。折伤与死，分别绞斩，若未至折伤，而内损吐血，应杖八十，重于本罪，亦应从重论。

10. 若窃盗不弃财逃走，虽不拒捕，而事主逐而杀之，勿论。若弃财不拒捕而被杀，则应别论。或曰以罪人不拒捕而杀伤科之，似太过。俟考。

11. 若他人见人盗物而捕之，被杀伤者，虽不系应捕之人，亦照罪人拒捕科之。贼盗罪犯，人人得而捕之也。①

第一段律上注将"强盗"律分为六项。按将律文分节这一做法应始自唐律。明代何广、张楷仿唐律，亦将律文分节予以解释。嘉靖五年刊刻的《大明律直引》将律文以圆圈分节，然后再对律文进行总注。后来的《大明律集解附例》、《大明律释义》、《明律笺释》等律书中的律文无不如此。《大清律辑注》一书的注释对象康熙九年校正律亦如此。但沈之奇本人对律文的分节有时与律文中自有之分节并不一致，且沈之奇常对每节律意予以概括。这种概括有时被沈之奇置于下栏总注中，有时又被置于上栏。具体到"强盗"律，《明律笺释》将其分为五段，即强盗已行而不得财，强盗已行而但得财，以药迷人图财，窃盗临时拒捕，因盗而奸五

---

① 以上各段见（清）沈之奇：《大清律辑注》卷18，《刑律·贼盗》"强盗"条下。正文中各段律上注之前的阿拉伯数字序号为笔者所加。

节。① 康熙九年校正律该条亦为五节。而沈之奇则将"强盗"律重新分为六项，即比《明律笺释》多（窃盗）"弃财逃走，因追逐而拒捕"一层。按唐、明、清"强盗"律中均有窃盗"弃财逃走，因追逐而拒捕"一节，其目的是将窃盗临时拒捕及杀伤人与弃财后因被事主追逐而拒捕二行为相区分。而按明、清律正文，窃盗临时拒捕者与强盗罪同，皆斩，而窃盗弃财逃走而被事主追逐而拒捕并不罪同强盗，而是依罪人拒捕论处。前文亦曾论及二者之不同。故沈之奇将"强盗"律分为六项而增加最后一项即窃盗"弃财逃走，因追逐而拒捕"无疑更为合理。

关于第二段律上注。前已述及，传统上强盗首先被视为共同犯罪，但是，清律"强盗"条并未对其中的造意而不行者、造意但不行且不分赃者、已行而不分赃者、分赃而不行者、不行且不得财者、共谋但未行且不分赃者等作出规定。并且司法实践中也可能出现谋强而行窃、谋窃而行强等情形。此时可参考的条款则有与"强盗"相关的"盗贼窝主"与"共谋为盗"二条。"盗贼窝主"条对造意及系次要的共谋者之窝主其不行、不分赃的各种情形有规定，而"共谋为盗"条则是有关谋强而行窃、谋窃而行强的规定。因此，司法官员理解、适用"强盗"条，自应与"强盗"条密切相关的"盗贼窝主"、"共谋为盗"二条相联系、参照。故沈之奇有此论，而其他律书则未及于此。

第三段律上注说明法定刑最重的强盗律排序在"监守自盗仓库钱粮""常人盗仓库钱粮"二条之后的原因。即一方面，在谋反、大逆、谋叛等之外，以强盗律法定刑为最重，但处罚较之强盗律大为减轻之"监守自盗仓库钱粮"、"常人盗仓库钱粮"等条却被置于强盗律之前，其原因便在于"重官物"即更加注重于对官府财物的保护。因为"监守自盗仓库钱粮"、"常人盗仓库钱粮"系单纯保护官府财物的条款，虽然强盗所盗之物并不限于私人财产，也可能包括官府财物。沈之奇的这一见解应属独创，因笔者目前看到的其他律书均不曾指出这一点。

第四段、第五段律上注是对以药迷人图财的补充解释。本来，沈之奇在"强盗"条律后注中已经对以药迷人图财作了解释。第四段律上注对"药"举例说明即除毒药之外如"蒙汗""闷香"之类，并强调此类药物不仅能使人昏迷也可能杀伤人，其致受害人于无法抗拒境地的作用以及对

---

① 见（明）王樵、王肯堂《明律笺释》卷18，《刑律·贼盗》"强盗"条下。

受害人人身造成的伤害与用"强"相当，因此以药迷人图财与强盗同科。第五段律上注将以药迷人中的"药"与砒霜等必能致死之药相区别。沈之奇认为，砒霜乃致死之药，若以砒霜致死事主而得财者，不应罪同强盗，而应以"谋杀人因而得财"即谋杀人论处，但比一般的谋杀人处罚加重。若得财而未致死事主，则仍以以药迷人图财论。《大明律集解附例》《读律琐言》《明律笺释》等书中均未有此等解释，故此二段似有可能系沈之奇独见。当然，沈之奇的这一观点本身值得商榷。因为如果行为人是为了即时取得财物而对受害人施用砒霜，那么该行为仍应被认定为强盗。假使因为砒霜属于剧毒物质、"用之必死"而将施用砒霜劫取财物以谋杀人论而将以施用未必致死之蒙汗药等劫取人财以强盗论，这样的观点显然是不合理的。而如果行为人并非为了即时取得财物而先将被害人以砒霜或者其他可以致死的药物毒死，那么这一行为自应被认定为谋杀人，即清律"谋杀人"条中所规定的"谋杀人因而图财"。①

第六段、第七段律上注是对窃盗过程中使用暴力的补充解释。第六段律上注强调窃盗徒手拒捕并不能罪同强盗，而是必须当时自己持有器械，或者自己虽未持有器械但自事主家取得器械而与事主格斗，方同强盗。虽然我们不能否认徒手也可能足以抗拒抓捕，但是持有器械本身则无疑使得拒捕行为的暴力性大大增强，因而极有可能造成事主的极大恐惧乃至无力抗拒，因此这一行为可被认定为准强盗，否则便不能同强盗论。这与我们今天强调窃盗因拒捕而使用暴力的程度与抢夺行为中的暴力程度必须足以使得受害人无力抗拒，从而才可以强盗论的理由是相通的。查《大明律集解附例》《读律琐言》《明律笺释》等书中均未有对窃盗徒手拒捕的解释，故第六段律上注似应出自沈之奇胸臆。第七段律上注指出若事先预谋行窃时遇到事主抓捕及抗拒之，或遇到妇女即强奸之，则该行为便是强盗本身而非窃盗临时拒捕者罪同强盗。前文亦曾提出窃盗临时拒捕是一种或然的行为，通常盗犯未必预计。即使行为人事先预谋如遭抓捕即拒之，那么除了能够说明其主观恶意稍强以外，其客观行为应无区别。但因拒捕属事先预谋之事，这一点与强盗暴力行为的事先预谋性相同，所以不少明代

---

① 当然，明清律"谋杀人"条最后一节有对谋杀人因而得财的规定，即谋杀人因而得财者，罪同强盗、不分首从，皆斩决。如此一来，无论是否将施用砒霜而取财之行为认定为强盗或杀人，其处罚则相同。

律学家即认为此应为真强盗、首从皆斩，而非准强盗。如《大明律集解附例》有"不知拒捕杀伤人及奸情者，同伴事主佐证明白，止依窃盗……如谋盗之时，曾有定约，则未行之时，已知其情，乃同恶之人，亦当坐斩……"一段。① 又《读律琐言》中有"若共谋时，或相告曰：事主捕则拒之，有妇女则奸之，是知拒捕、杀伤人及奸情者，则同恶之人，亦皆斩矣"一段。② 而《明律笺释》则无预先共谋拒捕及强奸之之句。看来沈之奇第七段律上注本于《大明律集解附例》与《读律琐言》二律书，故沈之奇也赞同将事先预计拒捕、杀伤及强奸的窃盗认定为真正强盗。

第八段律上注又对窃盗临时拒捕及杀伤人、因盗而奸以及窃盗弃财逃走后被事主追逐而拒捕再次进行长篇剖析。该段律上注强调须对强盗律中有关窃盗之文字认真体会揣摩。首先，强盗律中所言窃盗，必须是开始造意时便为窃盗而并非当预谋窃盗时便议定如被事主发觉时即拒捕及杀伤人，否则便是强盗而非窃盗。而且律文强调窃盗"有"临时拒捕者，则除临时拒捕者以外，他人仍以窃盗论。而致事主被杀、伤，并非必然由于窃盗拒捕，即便事主未曾发觉，或者事主因怯懦畏避而不敢抓捕，或者事主因系老病、妇女而不能抓捕而被窃盗犯杀、伤者，一律与临时拒捕者同样"皆斩"。而窃盗临时拒捕及杀伤人者，均指已得财而言。但对于窃盗未得财而拒捕及杀伤人作何处断这一问题律例并未规定。而强盗律所附条例规定，强盗伤人而未得财者，比照抢夺伤人律科断。则窃盗伤人而未得财，自应较之处罚更轻方为合理。至于因盗而奸一层，沈之奇指出，强盗而强奸事属常有，而窃盗强奸乃间或有之。如共盗之人，不曾拒捕、杀伤人或强奸，当止应科以窃盗之罪，因其"事止于窃，则罪止于窃"。沈之奇还特别指出强盗中也可能会有拒捕、杀伤人及强奸之事，但强盗律所以不言拒捕、杀伤人及强奸者，因其统在"强"字之内，无需多言，且强盗律所附条例中又将强盗杀伤人、奸污妇女等加重至斩决枭示。关于最后一节的窃盗弃财逃走一段，沈之奇指出了窃盗弃财逃走被事主追逐而拒捕的处罚之所以比窃盗临时拒捕大为减轻的原因。他说，关于窃盗弃财逃走，"须看'弃财因而'"四字。弃财逃走，则窃盗犯并未曾打算拒捕，因而拒捕，说明窃盗犯原无拒捕之

① （明）佚名：《大明律集解附例》卷18，《刑律·贼盗》"强盗"条下。
② （明）雷梦麟：《读律琐言》卷18，《刑律·贼盗》"强盗"条下。

意，因此而与前节窃盗临时拒捕相区别，故其处罚也比窃盗拒捕从宽。查《大明律集解附例》《读律琐言》《明律笺释》等书中虽均曾论及窃盗临时拒捕及杀伤人、因盗而奸以及窃盗弃财逃走后被事主追逐而拒捕这三个问题，但并未将这三个问题综合作此论述者，特别是沈之奇对不知同伴临时拒捕、杀伤人、强奸之伙盗承担罪责之界限的概括即"事止于窃，则罪止于窃"一句更为前人所未言。

　　第九段律上注是对窃盗弃财逃走后被事主追逐而拒捕的补充解释，即针对窃盗弃财逃走后被事主追逐而拒捕后又自首应如何处断的阐释。强盗律中并未有窃盗弃财逃走被事主追逐而致杀伤人的规定。但强盗条之所以并未及此，并非出于疏忽，而是因为窃盗弃财逃走而被事主追逐者以罪人拒捕律科断，而罪人拒捕律中有罪人杀伤应捕人等如何处断的规定。如果此等杀伤人之窃盗犯自首，按律中小注，根据犯罪自首律，侵损于人者，得免所因之罪，则自首之窃盗犯应免于窃盗与拒捕之罪，而仅应被科以杀伤人之罪。按《大明律集解附例》"强盗"条"纂注"后之"备考"第四条：

　　　　窃盗拒捕伤人自首者，但免其盗罪，仍依斗殴伤人法。[1]

《明律笺释》"强盗"也有以下释文：

　　　　窃盗拒捕伤人自首者，但免其盗罪，仍以斗殴伤人法。[2]

可见，沈之奇的有关解释与该二书一致。

　　第十段律上注是对窃盗不弃财逃走并不拒捕而被事主追逐杀死的阐释。按《明律笺释》"强盗"条有"若不弃财逃走，事主逐而杀之，勿论"之句。[3] 沈之奇该段律上注第一句与之相同。但若窃盗弃财逃走不拒捕而为事主所杀，则沈之奇认为事主不应勿论。而关于该段律上注"或曰以罪人不拒捕而杀伤科之"一句，查《明律笺释》"强盗"条有"窃盗

---

① （明）佚名：《大明律集解附例》卷18，《刑律·贼盗》"强盗"条下。
② （明）王樵、王肯堂：《明律笺释》卷18，《刑律·贼盗》"强盗"条下。
③ 同上。

弃财而走，或走而不拒捕，被事主杀伤者，俱依罪人不拒捕而擅杀伤律"。① 不过沈之奇认为这样未免对事主处罚过重。但是究竟应如何处罚事主，沈之奇并未有确定见解。故沈之奇最后以"俟考"二字结句。按，我国古代法包括清律中并无对正当防卫的一般规定，但是由于盗罪威胁到人民最基本的财产与生命健康的安全，而且在传统社会那样一个物质财富颇为稀缺的年代，盗案也自然成为最经常发生的刑事案件，所以在清代，命盗案件一直被相提并论，是最受重视的刑案。因此，基于这样的理由，虽然王肯堂未曾明言，但从其解释来看，我们可以见到王氏主张或赞同事主可以对不弃财而逃走的窃盗展开无限防卫。假如盗犯弃财逃走并不拒捕，则此时事主对盗犯展开无限防卫而将其杀死显然大失公正。故王氏主张此时对事主应以罪人不拒捕而擅杀伤者以故杀伤论。但考虑到毕竟盗犯有在先的不法行为，而且也不应忽略"罪人拒捕"条中关于官差杀死不拒捕之罪人以故杀伤论的规定中包含有对公权力的限制这一因素，所以王肯堂的前述主张并不太合理，故沈之奇认为此时将事主以故杀伤论处显然过重。但是究竟应如何处置事主，沈之奇却未曾提出明确的见解。

第十一段律上注是对他人捕盗而被杀伤作何论处的解释。前已提及，虽然我国古代法中并无正当防卫的一般规定，但由于盗罪的严重性，所以唐律中即有"邻里被强盗不告救"及"道路行人追捕罪人"这样条款，要求受害人的邻里和一般民众承担起协助官府和受害人抓捕罪人的义务。明清律中虽无此二条，但也在《刑律·人命》部分规定了"同行知有谋害"这样的类似条款。所以当王肯堂在《明律笺释》"强盗"条下有如下释文即"若他人见人盗物而捕之，被杀伤者，虽不系地方应捕，亦同罪人拒捕，不可以凡斗论"时，② 沈之奇便对之表示赞同。而至于其中以罪人拒捕科处而不以凡斗论的原因，王肯堂并未讲明，沈之奇则明确指出系因"贼盗犯罪，人人得而捕之也"之故，可见沈之奇的阐述比王氏更为周全。当然沈之奇如此解释其渊源可能便是唐律中的前述规定。

---

① （明）王樵、王肯堂：《明律笺释》卷18，《刑律·贼盗》"强盗"条下。
② 同上。

三、例上注

条例出现于明代，故对条例的解释也起自明代。但是，从诸多明代律学著作来看，其中对条例进行解释者并不多。明代较早的律书如《律解辨疑》《律条疏议》等非特为解释条例，而且根本未曾附有条例。然而自嘉靖、万历年间起，条例已经成为一种对律文进行变通、补充的稳定的法律渊源，所以如《大明律释义》等律书中未曾录入条例的做法则可能反映了该著者对条例不应有的不重视态度。另外，如《大明律直引》、《大明律集解附例》等律书中虽附有条例，但未有对条例的解释。不过，雷梦麟、王肯堂等律家则不同，他们当更重视条例这一变更律文、铺陈律意的重要法律形式，因《读律琐言》《明律笺释》等律书不仅解释律文同时也解释条例，虽然以上律书也并非对条例逐一解释，特别是雷梦麟对条例解释更少。清初顺治三年《大清律集解附例》将条例逐条列入律文之后的做法固然是由于该律典有急就章之特点而模仿明代私家律书律例合编之体例而致，但该法典以及此后清代的立法实践却明确地反映出当时人对条例地位和作用的正面认识，特别是康熙年间官方更加重视"则例"的这一态度必然使得更多的官吏和刑名幕友尤其关注条例以及对条例的解释。在此背景下，沈之奇延续雷梦麟、王肯堂等明代律家的做法，也对条例进行解释。不过，沈之奇《大清律辑注》并未在条例原文之后随文附注，而是将对条例的解释列于上栏各条例相对应之位置，故称例上注。《大清律辑注》一书中律例上注分布情形如表2-4所示。

表2-4 《大清律辑注》中例上注分布

	名例	吏律	户律	礼律	兵律	刑律	工律	总计
例文数	63	58	87	34	56	142	5	445
有例注之条例数	50	11	23	5	19	88	0	196
比率(%)	79.4	19.0	26.4	14.7	33.9	62.0	0	43.2

根据以上统计，以比率言，《名例律》中有注解的条例比率最高，其次为《刑律》。而以数量而言，则以《刑律》中有注解的条例数量最多，其次便为《名例律》。这样的比率和数量正是《名例律》和《刑律》在整

部律典中地位的适切体现。以下笔者仍以"强盗"条例上注为例对《大清律辑注》之例上注进行介绍并分析。按《大清律辑注》中"强盗"条共附例六条，每一条例均有注解，兹将该六条附例及例注分列于下：

1. 凡常人捕获强盗一名，窃盗二名，各赏银二十两；强盗五名以上，窃盗十名以上，各与一官。名数不及，折算赏银。应捕人不在此限。强窃盗贼，止追正赃还主。无主者，没官。若诸人典当、收卖盗贼赃物，不知情者，勿论。止追原赃，其价于犯人名下追征给主。

例注三段依次如下：

获盗给赏，及赃少停赏，俱有新例。
追赔赃物，有新例。
此给主，乃典当收赎之主，非失主也。

2. 强窃盗再犯，及侵损于人，不准首。家人共盗，以凡人首从论。

例注二段依次如下：

强盗自首之事不同，各有新例。
强盗伤人不死自首，同伙杀伤人、己不知情、未下手自首，同伙奸淫放火，己未奸淫放火自首，行劫数家、止首一家，俱有新例。

3. 强盗杀伤人，放火烧人房屋，奸污人妻女，打劫牢狱、仓库，及干系城池衙门，并积至百人以上，不分曾否得财，俱照得财律，斩。随即奏请，审决枭示。若止伤人而未得财，比照抢夺伤人律科断。凡六项有一于此，即引枭示，随犯摘引所犯之事。

例注四段依次如下：

强盗杀三人，有新例。
旗人为强盗，在犯事地方正法，有新例。

盐徒拒敌官兵，杀人及伤三人以上者，比照强盗得财律，皆斩；为首者，枭示，有新例。

强盗伤人未死，不得财者，有新例。

4. 响马强盗，执有弓矢、军器，白日邀劫道路，赃证明白，俱不分人数多寡，曾否伤人，依律处决，于行劫去处枭首示众。如伤人不得财，依白昼抢夺伤人，斩。

例注三段依次如下：

响马，谓有响箭为号也。乘马执械，白日公行，其罪重于强盗，故枭示以别之。

此例无弓矢军器不引。有弓矢军器不得财，亦不引。

江上行劫，照响马枭示，有新例。

5. 凡捕获强盗，不许私下擅自拷打，俱送问刑衙门，务要推究得实。若徇情扶同，致有冤枉，一体重罪不饶。

例注二段依次如下：

番役私拷有新例。

推究得实者，推其共谋之情，究其上盗之状，有真正赃证，方得为实。

6. 凡强盗，必须审有赃证明确，及系当时见获者，照例即决。如赃迹未明，招扳续缉涉于疑似者，不妨再审。其问刑衙门，如遇鞫审强盗，务要审有赃证，方拟不时处决。或有被获之时伙贼，供证明白，年久无获，赃亦花费，伙贼已决无证者，俱引监候处决。

例注三段依次如下：

此例乃审盗之令也，宜详玩。

先获之盗，供出盗首拿获，有新例。

十五岁以下为盗，有新例。①

第一条条例中第三段注解"此给主，乃典当收赎之主，非失主也"句中"主"字出现三次，其中前两次均指失主，而第三次则非失主而是"典当收赎之主"，因此沈之奇特意强调条例中第三个"主"字之含义，以免混淆。

第四条条例系对"响马强盗"的特别规定。沈之奇在第一段注解中对于响马之得名以及响马强盗加重处罚的原因予以解释。这一解释便于有关司法人员理解该条例之法意。因响马强盗加重处罚至但得财皆枭示，故条例特别强调响马强盗处以枭示的两个条件，即须有弓矢军器，同时须得财。第二段例注则来自《明律笺释》。按《明律笺释》该条例有注解曰：

此例无弓矢军器不引。虽有弓矢军器，不得财不引。如有弓矢军器伤人不得财，依白昼抢夺伤人斩，不引此例，以其无赃证也。②

其中"如有弓矢军器伤人不得财，依白昼抢夺伤人斩，不引此例，以其无赃证也"一句是对该条例小注"如伤人不得财，依白昼抢夺伤人，斩"的解释。大约沈之奇认为例注、小注已解释明确、毋庸再叙，因此将其删去。

第五条条例中"推究得实"四字如何理解乃一关键，因此沈之奇对这一用语进行了解释，以免歧义。此外，该条例末句"一体重罪不饶"语意不明，不过沈之奇并未对之予以解释。直至顺治十五年才有条例对私行对强盗取供之捕役人等如何处罚予以规定，即枷号一个月、责四十板，并革役。如有得财及诬陷无辜等弊，从重科罪。至康熙九年又制定条例，禁止捕官等私审强盗。如印官发现有私拷刑伤，将捕役照例治罪等。雍正三年将以上三条例合并纂辑，对番役等私拷强盗如何处罚予以明确、详细的规定。③

第六条条例实际上是对审理强盗案件程序的补充规定，因此沈之奇指出该条例"乃审盗之令也，宜详玩"。因强盗案属重案，得财者更一律处

---

① 以上各条例见（清）沈之奇：《大清律辑注》卷18，《刑律·贼盗》"强盗"条下。

② （明）王樵、王肯堂：《明律笺释》卷18，《刑律·贼盗》"强盗"条下。

③ 见（清）吴坛：《大清律例通考》卷23，《刑律·贼盗上》"强盗"条下。

以斩立决，故该条例着意强调审理盗案需要赃证明白，方可将犯人处死。如伙盗供证有赃但赃已花费，以其情节仍有疑似，则应拟以监候。

以上条例注解中许多段落并不是对条例本身的解释，而是对相关条例的提及。这样的条例在《大清律辑注》中屡屡可见。那么何以《大清律辑注》的例注中会经常出现对"新例"的提及？其中原因与顺治、康熙年间律例制定的情形有关。顺治三年律中所附条例系明例。但此后清代又不断制定则例。不过后来制定的则例长时间并未被附入律典。虽然康熙中后期曾再次将则例编入律典，但是这一律例合一的律典并未施行。因此，在顺治、康熙两朝，律典和则例实际上处于分离状态。而沈之奇《大清律辑注》所本者乃康熙九年校正过的顺治律，其中所附条例则系明例，故沈之奇不得不在例注中提及后来本朝制定的相关条例，以便各级官员、刑名幕友等参考。这也成为《大清律辑注》中例注的一个特点或不得已之举。后来的《大清律集解》和《大清律例》两部律典实现了真正的律例合一，故洪弘绪重订《大清律辑注》时，便将沈之奇原书中此等例注概行删去。

第三节 《大清律辑注》的解释方法

前已提及，目前国内学界关于我国传统的法律解释方法已颇有论述，而其中特别值得关注者当属何敏博士的博士论文《清代注释律学研究》一文中对清代律学解释方法的总结。但是目前学界并未有以《大清律辑注》一书的解释方法为研究对象的学术成果。因此，本节拟在前人相关研究的基础上，对《大清律辑注》一书的解释方法进行专门探究。在此必须提及的是，由于传统中国并没有"解释方法"这样的专门术语，因此本章将会借用概念法学的经典法律解释方法并结合《大清律辑注》解释的内容对该书所运用的解释方法进行论述。

一、文义解释

文义解释作为基本的法律解释方法在我国渊源已久。先秦时期成文法的公布在一定程度上可谓反对旧贵族任意解释法律的结果。而后来的法家则一贯主张法律适用的统一性，强调官员应忠于制定法、严格依法裁判，因此法家必然要求法官严格解释法律的规范意义。同时，法家所主张建立的政治制度是中央集权和君主专制的体制。在这一体制下，法自君出、君主不仅是唯一和最终的法源，并且君主也拥有最高司法权、最高和最终的法律解释权。因此，为了维护君权，君主也必然会严格限制臣子对法律的解释。而考察我国传统社会的立法实践，我们发现，自秦以后，开国之初的君主们无不追求制定出一部完美的法典。而为了追求法的稳定性，这部法典通常很少甚至不再进行修改。以上诸种因素的合力致使文义解释这一解释方法必然成为公布成文法之后，特别是法家兴起之后我国古代法律解释的首要方法和基本方法。至汉代，经学兴起，经学的基本解释方法——"章句学"其实便是对经典的文义解释。儒法合流之后，儒家也接受了法家以法治国、维护法律的稳定性和权威性、建立和维护严格的法秩序的主张。同时，在接受了法家思想的儒者看来，法典本身也具有一种类似儒家经典的性格。因此，法家严格解释法律这一内在主张和要求自然也被儒家接受，而"章句学"这样的儒家经典解释方法正与法家要求严格解释法律的主张相切合。因此，当时的儒者便会自然地选择以经学的解释方法解释法典。而此后传统经典的主要解释方法便未再脱出章句学的窠臼。由此，文义解释也随之成为我国古代最重要、最基本的法律解释方法。

在《大清律辑注》一书中，沈之奇所运用的基本解释方法便是文义解释的方法，该书中律注内容多为对律文文义的解释。比如前面已经叙述、分析过的"强盗"条律后注、律上注的主要内容便是对该条律文文义的解释。不过，值得一提的是沈之奇对律文中的一些重要概念的解释，比如前述"强盗"律中的"已行"这一概念。又如"谋杀人"条中有"谋杀""造意""加功"等重要概念。理解这些概念对于确定某一不法行为是否适用该条，如果适用该条，那么其中的共同犯罪人应如何区分、如何处罚等问题至关重要。因此，律注应当对此等重要概念予以解释。如针对"谋杀人"条，其中首先需要解释的，便是"谋杀"这一概念。因为只有首先认定何谓"谋杀"，才能确定某一杀人行为是否适用"谋杀人"条并进而区分其造意者、加功者等以量刑。因此，在"谋杀人"条律后注和律上注中，沈之奇不厌其烦地以各种方式多次对"谋杀"予以解释。如沈氏在律后注中这样解释"谋杀"：

谋者，计也。先设杀人之计，后行杀人之事，谓之谋杀。谋之迹
必诡秘，谋之故亦多端，如有仇恨妒忌、贪图争夺等事情，因思杀害
其人。或自己算计而独谋诸心，或与人商量，而共谋诸人。《名例》
称谋者，二人以上，本注曰"谋状显著明白者，虽一人同二人之
法"，此谋杀人有造意、谋杀之别，正为二人以上言之。①

在"谋杀人"条律上注中，沈之奇继续对"谋杀"予以举例解释：

　　谋杀之事不一，或以金刃，或以毒药，或驱赴水火，或陷害刑
戮，或伺于隐蔽处即时打死。凡处心积虑，设计定谋，立意杀人，而
造出杀人方法者，是谓造意。②

之后，沈之奇继续对"谋杀人"条中的小注"独谋诸心"及《名例律》
"称曰年及众谋"中的小注"谋状显著明白"予以解释，并将单独谋杀与
"故杀"相对比以区别之：

　　注曰"独谋诸心"，则无同谋之人可凭。《名例》称谋下注曰
"谋状显著明白"，必实有仇恨情由，具有造谋显迹；或追出凶器与
伤痕相符；或所用毒药造买有据，方可论谋。盖独谋杀人，同于故
杀，但故杀则起于临杀之时，谋杀则造意于未杀之先也。③

总之，沈之奇反复解释"谋杀"的目的，是为了准确认定"谋杀"。在《大
清律辑注》中，对基本概念的解释构成了沈之奇律注的一个非常重要的内容。

二、体系解释

　　法律解释应以文义解释为先。但是，有时仅文义解释并不足以确定某
一法条的规范意义。因为法典本身是一个系统，某一法条或法条中的某些

---

① （清）沈之奇：《大清律辑注》卷19，《刑律·人命》"谋杀人"条下。
② 同上。
③ 同上。

概念、术语等的含义常需借助于其他法条才能明了。所谓体系解释，是指根据法律条文在法典中的地位，即该法条所在的编、章、节、条、款等的前后关联位置，或者联系该法条与相关法条之法意，阐明该法条规范意旨的一种解释方法。[①] 体系解释还包括扩张解释、限制解释以及当然解释等解释方法。在《大清律辑注》中，沈之奇对今天所谓之体系解释的方法也颇有运用，以下试举两例以说明之。

1. 对各篇、律文在律典中的地位、顺序的解释

在《大清律辑注》一书中，沈之奇对若干篇、律文在律典中的地位、顺序予以解释，不过，这样的情形并不多。以下仅举二例以说明之。

（1）对《名例律》地位的解释

沈之奇在《大清律辑注》一书中《名例》篇名之上即上栏有对《名例律》地位的解释：

> 《名例》为诸律之准则，故列于首。[②]

关于律典总则部分的位置与地位这一问题，先秦、秦汉时期多有参差。在李悝的《法经》中，相当于总则的《具法》被置于最后。汉萧何定汉律时，更将《具律》置于律中。曹魏定律时以《具律》既不在始，又不在终，"非篇章之义"，因此将总则《刑名》置之律首。但目前可见的最早对总则部分地位予以最富创新性阐述者当属西晋张斐：

> 《刑名》所以经略罪法之轻重，正加减之等差，明发众篇之多义，补其章条之不足，校举上下纲领。其犯盗贼、诈伪、请赇者，则求罪于此，作役、说火、畜养、守备之细事，皆求之作本名。《告讯》为之心舌，《断狱》为之定罪，《名例》齐其制。自始及终，往而不穷，变动无常，周流四极，上下无放，不离于法律之中也。[③]

而此后的历代律典中，均将相当于总则的《刑名》、《法例》或《名例律》

---

① 杨仁寿：《法学方法论》，中国政法大学出版社 1999 年版，第 140 页。

② （清）沈之奇：《大清律辑注》卷 1，《名例》。

③ 《晋书·刑法志》。

置之律首。唐《永徽律疏》中再次对《名例律》置于律首之理由予以解释：

> 名者，五刑之罪名；例者，五刑之体例。名训为命，例训为比，命诸篇之刑名，比诸篇之法例。但名因罪立，事由犯生，命名即刑应，比例即事表，故以《名例》为首篇。①

也许因为前人已经对《名例律》的地位与意义多所解说，总之，后来明代各律家少有对《名例律》地位的解释，如《律解辨疑》《律条疏议》《读律琐言》《大明律集解附例》《大明律释义》及《明律笺释》等律书。沈之奇对《名例律》地位的论述虽则简略，但沈氏重拾这一问题的做法至少表示了他对《名例律》地位的理解与重视。而后来雍正三年《大清律集解》"凡例"第四条对《名例律》地位与作用的强调更表明沈之奇的有关解释并非意义不大的泛泛之言。②

（2）对"强盗"条在《刑律·贼盗》篇地位的解释

前文提及，沈之奇在"强盗"条律上注中对"强盗"条排序和地位有以下解释：

> 强盗律最重。叙于监守、常人盗之后者，重官物也。③

所谓"强盗律最重"意指在各种盗罪中，强盗罪的处罚最重。监守自盗、常人盗的对象是官府财物，而强盗罪的侵犯对象既可能是私人财物，也可能是官府财物。虽监守自盗、常人盗的处罚比强盗轻，但为了凸显官府财物的重要性，故将强盗条置于以上二条之后。而《唐律疏议》《律解辨疑》《律条疏议》《大明律释义》《读律琐言》《大明律集解附例》《明律笺释》等律典、律书中均无此等解释。

2. 总则与分则相联系以阐释分则条文之律意

前文提及，沈之奇在《名例》律上注中强调"《名例》为诸律之准则。"

---

① 《唐律疏议·名例》。

② 该段"凡例"内容如下："名例为全律之纲领，用律之法，尽载其中。如折杖、累减、收赎、加减罪例等条，俱经细绎详校，颇无疑议，读者最宜留心。"见《大清律集解》，"凡例"第1条。

③ （清）沈之奇：《大清律辑注》卷18，《刑律·贼盗》"强盗"条下。

而在"给没赃物"条律上注中，沈之奇重申"《名例》乃各律之通例。"① 因此，除非分则部分律文有明确的不同于《名例律》的规定因而各据分则本条之外，其余分则部分律文律意的理解以及该条的适用均应与《名例律》各相关条款保持一致。故阐释分则部分律文的含义时，常须联系《名例律》的相关律条，才不致使得对分则条款的理解及适用出现偏差。以下仅举二例以说明之。

（1）为解释《户律·课程》"盐法"条中"有能自首者，免罪"一句而援引《名例律》"犯罪自首"条

按康熙九年校正律《户律·课程》"盐法"第一条规定：

> 凡贩私盐者，杖一百、徒三年。若有军器者，加一等。诬指平人者，加三等。拒捕者，斩。盐货、车船、头匹，并入官。引领牙人及窝藏、寄顿者，杖九十、徒二年半。挑担、驮载者，杖八十、徒二年。非应捕人告获者，将所获私盐给付告人充赏。同贩中有能自首者，免罪，一体给赏。若一人自犯而自首，止免罪，不赏。仍追原赃……②

为解释律文中"有能自首者，免罪"的含义，沈之奇在"盐法"条律后注中援引《名例律》"犯罪自首"条的相关规定：

> 按《名例》云：犯罪未发而自首者，免其罪，犹征正赃。盖就本犯自首者言之也。此谓数人同犯，于内有一人自首，或因连累致罪，如引领等项之人自首，因得发觉其事，捕获同犯人盐，乃亦给赏其盐货耳。若一人自犯而自首，免罪足矣，何赏之有？故注云云。③

即"犯人未发而自首者，免其罪，仍征正赃"一段中的"犯罪自首"系指犯人首其本身所犯之罪。按"犯罪自首"条，此等人自首后的处遇是免罪而并无给赏之文。因此，"盐法"第一条中"有自首者，免罪，一体给赏"中的自首者其处遇不仅包括免罪，且有给赏，故其所守之罪自然不仅指其人出首其

---

① （清）沈之奇：《大清律辑注》卷1，《名例》。
② （清）沈之奇：《大清律辑注》卷8，《户律·课程》"盐法"条。
③ （清）沈之奇：《大清律辑注》卷8，《户律·课程》"盐法"条下。

本身所犯之罪，还必须出首他人之罪，如此方可"一体给赏"，否则按"犯罪自首"条，其人仅得免罪而不可能获得奖赏。而这正是该条中小注"同贩中……若一人自犯而自首，止免罪，不赏。仍追原赃"之意义。

（2）为解释《刑律·贼盗》"盗内府财物"条附例中"曾否刺字"之意义而援引《名例律》"军官军人犯罪免徒流"条按康熙九年校正律《刑律·贼盗》"盗内府财物"条有附例如下：

> 凡盗内府财物系杂犯，及监守常人盗、窃盗、掏摸、抢夺等项，但三次者，不分所犯各别、曾否刺字，革前革后，俱得并论，比照窃盗三犯律，处绞，奏请定夺。①

因监守盗、常人盗、窃盗、掏摸、抢夺等均刺字，而该条例有"曾否刺字"之言，则"曾否刺字"应作何理解？为此沈之奇援引《名例律》"军官军人犯罪免徒流"条予以解释：

> 按《名例》内"军官军人犯罪免徒流"条云："军官军人，军丁军吏，及校尉，犯徒流者，发卫充军，俱免刺。"则犯罪有不刺者矣，故曰曾否刺字。②

因为军官军人等犯徒流者俱免刺字，故军人犯监守常人盗、窃盗、掏摸、抢夺等应徒流者自当免刺，因此该条例有"曾否刺字"之句，其中不刺字者，便指军官军人等而言。

3. 援引分则部分相关律例以阐释律意等

有时仅从某一律文本身难以确定其中出现的某一概念、术语或某一规定的含义，此时常须联系相关律文以便确定其含义。或者同一概念等可能会出现在不同的律文、条例中，而对该概念等的理解须前后保持一致，此时亦须联系相关律例以确定其含义。这样的解释方法在《大清律辑注》中时有运用，以下仅举二例以说明之。

（1）援引其他律文、条例以解释监守盗、常人盗及抢夺等再犯、三

---

① （清）沈之奇：《大清律辑注》卷18，《刑律·贼盗》"盗内府财物"条下。
② （清）沈之奇：《大清律辑注》卷18，《刑律·贼盗》"盗内府财物"条。

犯是否刺字

沈之奇在《刑律·贼盗》"监守自盗仓库钱粮"条律上注中有对"监守自盗仓库钱粮""常人盗仓库钱粮""抢夺"等条关于再犯、三犯以及再犯、三犯是否刺字的解释。本来，根据"窃盗"条，窃盗得财者俱刺字，初犯刺右小臂膊，再犯刺左小臂膊，三犯者绞监候。而监守自盗、常人盗、抢夺等条均系盗罪，但其律文中仅规定于右小臂膊刺字，而未曾言及再犯是否刺字、三犯是否处绞。沈之奇认为，既然以上各条并未言及于此，则是监守自盗、常人盗、抢夺再犯不刺字，三犯不处绞。在"监守自盗仓库钱粮"条律上注中，为说明自己以上理解的合理性，沈之奇援引"窃盗"条、"盗大祀神御物"条、"盗内府财物"条及其所附条例以及"抢夺"条所附条例等予以说明：

> 按窃盗律，初犯刺右臂，再犯刺左臂，三犯者绞，以曾经刺字为坐。而监守、常人、抢夺三项，止云并于右臂刺字，上无初犯字，下无再犯三犯之文，则此三项，再犯不刺，三犯不绞矣。再按盗大祀神御物及盗内府财物，亦不言再、三犯，唯条例云"盗内府财物，系杂犯"，及监守、常人盗、窃盗、掏摸、抢夺等项三次者，比照窃盗三犯律处绞，奏请定夺。又抢夺后条例云"再犯、屡犯者，枷号充军"。例在律后，则律无再犯、三犯之文者，再犯不刺，三犯不绞，昭然明白矣。盗内府财物三次犹云"比照"，又云"奏请定夺"，不许专拟，况监守、常人乎？抢夺屡犯亦止充军，盖窃盗是本法，非名例也，岂可准科别盗？律意非轻于监守、常人、抢夺，而独重于窃盗也，盖监临主守，一犯坐罪，即离职役，不得再为监守矣，何再犯、三犯之有？常人盗科罪之法重于窃盗，又不分首从；抢夺但犯即徒，又计赃加等，其法倍严，故皆不言再犯、三犯也。故注曰"三犯者，绞，问真犯"，而新例有抢夺三犯之法，常人盗则注与例皆无也。①

总之，沈之奇认为，既然盗罪中的其他条款如"盗大祀神御物""盗内府财物"及"抢夺"本律并未对再犯、三犯者予以规定，可见监守盗、常人盗、抢夺等再犯不刺、三犯不绞。"窃盗"本系盗罪之一，并非名

---

① （清）沈之奇：《大清律辑注》卷18，《刑律·贼盗》"监守自盗仓库钱粮"条下。

例、非盗罪各条款的一般规定，故不能因"窃盗"条对再犯、三犯予以规定而推及监守盗、常人盗及抢夺各条。况且监守自盗一犯即离职并无再犯之可能，而常人盗、抢夺之处罚均重于窃盗，因此亦不言再犯、三犯之处分。因条例系后出，故"盗内府财物"、"抢夺"条所附条例中有对再犯等的规定适足说明各该律文中本无此意。

（2）为解释"谋杀祖父母父母"条中的小功尊长是否包括兄妻而援引他律

按《大清律辑注》正文前"服制"，兄弟之妻服属小功。同时，按清律"谋杀祖父母父母"条：

> 谋杀缌麻以上尊长已行者，杖一百、流二千里；已伤者，绞；已杀者，斩。①

虽然其中并无弟妹谋杀兄妻的明文规定，但如根据前述服制，则弟妹谋杀兄妻者，应依谋杀缌麻以上尊长律已行者，处以杖一百、流二千里；已伤者，绞；已杀者，斩。但《刑律·斗殴》"妻妾与夫亲属相殴"条中对弟妹殴兄妻有明确规定：

> 若弟妹殴兄之妻，加殴凡人一等。……至死者，各依凡人论。②

"服制"并非名例，况且即便"服制"相当于名例，但既然该条明确规定弟妹殴死兄妻以凡人论而不以小功亲论，那么谋杀比殴打更严重，"举重以明轻"，则"谋杀祖父母父母"条中的小功尊长便不应包括兄妻。此外，按清律"殴大功以下尊长"条：

> 凡卑幼殴本宗及外姻缌麻兄姊，杖一百。小功兄姊，杖六十、徒一年。③

按该条小注，小功亲仅指小功兄姊，而不包括兄长之妻。这一小注也可佐

---

① （清）沈之奇：《大清律辑注》卷19，《刑律·人命》"谋杀祖父母父母"条下。
② （清）沈之奇：《大清律辑注》卷20，《刑律·斗殴》"妻妾与夫亲属相殴"条。
③ （清）沈之奇：《大清律辑注》卷20《刑律·斗殴》"殴大功以下尊长"条。

证"谋杀祖父母父母"条中的小功尊长不包括兄妻,因此沈之奇在"谋杀祖父母父母"律上注中认为:

> 按斗殴律弟妹殴兄之妻,不入殴大功以下尊长条内,而在妻妾与夫亲属相殴条内,止比凡人加一等;至死者绞,与凡人同,原不在小功尊长之列也。此谋杀,应以凡人论。①

即殴打兄妻比凡人加一等,而殴死兄妻者与凡人同论。

4. 扩张解释

扩张解释指法律规范的字面含义比立法原意狭窄时所作的比字面含义更广的解释。沈之奇在《大清律辑注》一书中偶会运用此方法,比如沈之奇在"老小废疾收赎"条律上注中对"废疾""笃疾"的解释:

> 废疾者,或折一手,或折一足,或折腰脊,或瞎一目,及侏儒、聋哑、痴呆、疯、患脚瘸之类,皆是。笃疾者,或瞎两目,或折两肢,或折一肢瞎一目,及癫狂、瘫、癞之类,皆是。②

而根据该条律文小注,废疾谓"瞎一目、折一肢之类",而笃疾谓"瞎两目,折两肢"。按"老小废疾收赎"条中小注对废疾、笃疾的解释显然失于狭窄,故沈之奇的解释不无合理之处。此外,根据唐代《户令》:

> 诸一目盲、两耳聋、手无二指、足无三指、手足无大拇指、秃疮无发、久漏.下重、大瘿瘇,如此之类,皆为残疾。痴痖、侏儒、腰脊折、一肢废,如此之类,皆为废疾。恶疾、癫狂、两肢废、两目盲,如此之类,皆为笃疾。③

---

① (清)沈之奇:《大清律辑注》卷19,《刑律·人命》"谋杀祖父母父母"条下。该书中"发冢"条律上注:"按斗殴律内,'殴兄之妻者,加凡人一等,与兄姊不同。至死者,绞。'凡律称尊者,皆尊属;长者,皆兄姊也。嫂不在尊长之列,有发掘嫂冢,毁弃嫂尸者,当以凡论。不然殴杀生者,止得绞罪,而开棺见尸,与残毁弃尸,反是斩罪,非律意矣。发掘毁弃夫之弟者,亦不做卑幼论。"见(清)沈之奇:《大清律辑注》卷18,《刑律·贼盗》"发冢"条下。
② (清)沈之奇:《大清律辑注》卷1,《名例》"老小废疾收赎"条下。
③ [日]仁井田升:《唐令拾遗》,栗劲、霍存福等编译,长春出版社1989年版,第136页。

《宋刑统》所载《户令》①及《庆元条法事类》②亦有相似规定。故沈之奇对废疾、笃疾的解释并非无所本。

5. 限制解释

限制解释是指法律规范的字面含义过于宽泛时所作的较之字面含义更为狭窄的解释。沈之奇在《大清律辑注》中对这一解释方法也偶有运用，比如沈之奇在"谋叛"条律上注中对"祖""孙"的限制解释。

沈之奇在《刑律·贼盗》"谋叛"条律上注中对"祖""孙"有如下解释：

> 止言祖，则不及高、曾。止言孙，则不及曾、元。不得以《名例》"称祖者，高、曾同；称孙者，曾元同"而概坐之也。③

按《名例律》"称期亲祖父母"条：

> 凡律称……祖父母者，曾高同。称孙者，曾元同。④

即祖父母包括曾祖父母、高祖父母，孙包括曾孙、玄孙。"别籍异财""谋杀祖父母父母""殴祖父母父母"等条中的祖父母、孙无不作此解。这一解释显然窄于总则《名例律》中的有关规定，故沈之奇的这一解释与《名例律》相冲突，因此表面看来这一解释似乎是不合法的。但是根据《名例律》"本条别有罪名"条规定：

> 凡本条自有罪名，与《名例》罪不同者，依本条科断。⑤

再查《刑律·贼盗》"谋反大逆"条，其中规定正犯亲属之缘坐者包括"祖父、父、子、孙、兄弟及同居之人不分异姓，及伯叔父、兄弟之子，

---

① 见《宋刑统·户婚律》"脱漏增减户口"门，薛梅卿点校：《宋刑统》，法律出版社1999年版，第214—215页。
② 见《庆元条法事类》卷74，《刑狱门》"老疾犯罪"。该书载《续修四库全书》第861册。
③ （清）沈之奇：《大清律辑注》卷18，《刑律·贼盗》"谋叛"条下。
④ （清）沈之奇：《大清律辑注》卷1，《名例》"称期亲祖父母"条。
⑤ （清）沈之奇：《大清律辑注》卷1，《名例》"本条别有罪名"条。

不限籍之同异"等，而该条中有小注云"余律文不载，并不得株连"。①
可见，该条中祖父仅指父之父而不及于父之祖、父之高祖，孙仅指子之子
而不及于子之孙，子之曾孙。这样的规定并不与总则《名例律》相冲突。
而谋叛本较谋反大逆罪行为轻，故"谋叛"条中的"祖"自应仅指父之父，
"孙"仅指子之子。因而沈之奇在"谋叛"条律上注中对"祖""孙"的限
制解释既合乎总则部分的规定，也与分则部分相关条款一致，因此是合法
的。谋反、谋大逆、谋叛等处罚极重，如果不对"祖""孙"等做比《名
例律》更为狭窄的解释，则如犯此等罪行，受牵连而得罪者必众，因此沈
之奇参照"谋叛"条对"谋反大逆"条的"祖""孙"进行限制性解释的
做法无疑既符合律意，同时也合乎我国传统的慎刑思想。

　　6. 当然解释
　　按唐律"断罪无正条"规定：

　　　　诸断罪而无正条者，其应出罪者，则举重以明轻；其应入罪者，
则举轻以明重。②

该条的规定其实便是当然解释之法理。沈之奇在《大清律辑注》中也曾
运用当然解释这一解释方法，以下略举二例以说明之。
　　（1）《刑律·贼盗》"谋反大逆"条有如下规定："子孙过房与人者，
俱不追坐。"沈之奇在《刑律·贼盗》"谋反大逆"条有律上注如下：

　　　　子孙过房犹不坐，则兄弟、伯叔父、兄弟之子、姊妹等有过房
者，俱不待言。③

按己身为子、嫡孙、兄弟、伯叔父、兄弟之子、未嫁之姊妹均服属期年，
为众孙则服属小功。但是，子孙与父祖这样的直系亲属之间的恩义通常并
非旁系亲属如兄弟之间、伯叔父与侄之间、姊妹于己身之恩义可比，律典
中所规定的孙之于祖父母的义务也非弟之于兄姊、侄之于伯叔父可比，即

---

① （清）沈之奇：《大清律辑注》卷18，《刑律·贼盗》"谋反大逆"条。
② 《唐律疏议·名例》。
③ （清）沈之奇：《大清律辑注》卷18，《刑律·贼盗》"谋反大逆"条下。

父祖对子孙恩情最深，而子孙对父祖义务最重。因此，沈之奇认为，既然谋反大逆之正犯之子孙过房且不追坐，则正犯之兄弟、伯叔父、兄弟之子、姊妹等如过房，自应不坐。这一解释符合"举重以明轻"之当然解释原理。

（2）《刑律·人命》"造畜蛊毒杀人"条有如下规定：

> 若造魇魅符书咒诅……欲止令人疾苦无杀人之心者，减谋杀已行未伤二等。其子孙于祖父母、父母，不言妻妾于夫之祖父母、父母，举子孙以见义。奴婢、雇工人于家长者，各不减。仍以谋杀已行问斩。①

即凡人欲造魇魅符书咒诅等致人疾苦而无杀人之心者，减谋杀已行未伤二等，即应杖八十、徒二年。但若子孙于祖父母父母、子孙之妻妾于夫之祖父母父母、奴婢雇工人之于家长而造畜蛊毒魇魅欲致之疾苦者，"各不减"即与谋杀已行未伤处罚相等即杖一百、徒三年。此外，"造畜蛊毒杀人"条律文并未言及其他卑亲属之于尊亲属造魇魅符书咒诅欲致之疾苦应如何处罚。对此，沈之奇"造畜蛊毒杀人"条律上注云：

> 按谋杀祖父母父母及期亲尊长、外祖父母、夫、夫之祖父母、父母，其罪同。奴婢、雇工人谋杀家长，亦同。此律止言子孙于祖父母、父母，奴、雇于家长，注止补出"妻妾于夫之祖父母父母"，而卑幼之于期亲尊长，外孙之于外祖父母，妻妾之于夫，俱不言及，则但令疾苦者，亦得减二等，不在各不减之限。盖止欲令人疾苦，则与谋杀不同，而期亲尊长等，亦与祖父等有间也。②

按沈之奇解释，除律文及小注明确规定之子孙于祖父母父母、子孙之妻妾于夫之祖父母父母、奴雇于家长造魇魅符书咒诅均不得比谋杀已行未伤减等处罚之外，其他卑亲属于尊亲属造魇魅符书咒诅应比谋杀已行未伤减轻二等处罚，其中原因有二：一为造魇魅符书咒诅令人疾苦本身较谋杀人为轻，二为祖父母父母、家长之名分较之其他尊亲属为重。故造魇魅符书咒

---

① （清）沈之奇：《大清律辑注》卷19，《刑律·人命》"造畜蛊毒杀人"条。

② （清）沈之奇：《大清律辑注》卷19，《刑律·人命》"造畜蛊毒杀人"条下。

诅欲令祖父母父母家长等人疾苦不得减轻处罚，而欲令其他尊亲属疾苦者，自应减轻二等。沈之奇的这一解释亦应属"举重以明轻"之当然解释。

三、律条辨析的方法

我国现行《刑法》第266条、第264条、第267条分别规定了三项财产性犯罪，即盗窃罪、诈骗罪和抢夺罪。以上各罪具有相似性，即各行为所侵犯的法益均为财产权，而它们之间的主要不同则在于其行为方式的差异，由此而产生了三个罪名。清律中也存在若干与以上各项相似的条款，如本书此处即将论及的"造妖书妖言""禁止师巫邪术"及"私藏禁书及私习天文"律。该三条所规定者均可谓思想言论犯罪，但其中各行为人的主观意图及行为方式却各有差异。因此，对于此等相似罪名而言，区分此罪与彼罪的关键便是通过律条辨析、比较以找出其间差异所在。在《大清律辑注》中，沈之奇曾屡次运用比较的方法对相似律条进行辨析，以下仅举二例以说明之。

1. 沈之奇对"造妖书妖言""禁止师巫邪术"及"私藏禁书及私习天文"三条的区分

前已提及，"造妖书妖言""禁止师巫邪术"及"私藏禁书及私习天文"条均可谓思想言论犯罪，但又各有差异。因此，对于以上相似罪名而言，区分此罪与彼罪的关键便是通过律条的比较以找出其间差异所在。沈之奇在《刑律·贼盗》"造妖书妖言"条律后注最后一段对以上三条予以比较：

> 此条在《贼盗》律内者，专为奸究不逞之徒而设。至于《礼律》所载"禁止师巫邪术"条内"左道邪教，至于煽惑人民，为首者绞，为从者杖、流"，与此似同而实异。盖彼诓于神道佛事，意在诓骗愚民之财物，其始未必遽有贼盗之志也。故彼在《礼律》，此在盗律，其原不同，其罪差异也。又按"私藏禁书私习天文"条内言，凡私家收藏元象器物、天文图谶应禁之书及历代帝王图像、金玉符玺等物者，杖一百。盖元象器物天文等项，谓之禁书，但谓私家不得收藏耳，非妖书之比也，故其罪轻。至于图谶，即此条谶纬，然彼是前代流传、原有此书，此则奸人造作妄言，假托之以惑众，亦不同也。[①]

————————————

① （清）沈之奇：《大清律辑注》卷18，《刑律·贼盗》"造妖书妖言"条下。

在这条律后注中，沈之奇运用体系解释的方法，将"造妖书妖言"条与其所在的《刑律·贼盗》篇名相联系，又将"禁止师巫邪术"与其所在之分则部分《礼律·祭祀》篇相联系，说明"妖书妖言"与"师巫邪术"虽似同属异端邪说，但造妖书妖言者有"盗贼之志"，其将不利于社稷、君主，故其罪最重，而师巫邪术的参与者常假托神道、佛事以诓骗财物，最初未必有"盗贼之志"。此外，"私藏禁书及私习天文"条亦属《礼律》之《仪制》部分，这说明私家收藏玄象器物、天文图谶等本来仅系违反国家制度之较轻不法行为而已。另，与"造妖书妖言"相同，"私藏禁书"条亦有"图谶"之语，但"私藏禁书"中的图谶乃前代流传之书，当事人仅持有而已，而"造妖书妖言"条的图谶则系犯罪人自造而假托前代流传以惑众。通过运用体系解释的方法，将以上各律条与其所在各该分则部分之各该篇名相联系，沈之奇指出了"造妖书妖言""禁止师巫邪术"及"私藏禁书及私习天文"等相似条款之间的差异，从而将此三条较为清晰地区分开来。

2. 沈之奇对"同谋共殴人""聚众殴打人""威力主使人"的区分

康熙九年校正律《刑律·贼盗》"劫囚"条有律上注云：

> 按同谋共殴人、聚众殴打人、威力主使人，此三律须参看。①

所谓"同谋共殴人"律指《刑律·斗殴》"斗殴"条中有关同谋共殴人的规定，"威力主使人"律指《刑律·斗殴》"威力制缚人"条中关于"威力主使人"的规定，而"聚众殴打人"律则指"劫囚"条中有关聚众打夺的规定。以上三者之行为主体均为二人以上，其行为样态也有相同之处，即多人共同殴打（被害人）。那么如何区分以上三者并其中各行为人的刑事责任？对此，沈之奇"劫囚"条律上注有如下解释：

> 同谋共殴，则重在下手致命之人；聚众打夺，则重在为首率领之人；威力主使，则重在主使之人。盖同谋者，势均力敌之词也；曰聚众率领，则力能号召乎人矣；曰威力主使人殴打，则力能制人，使人不敢不从矣。其情不同。故同一殴人致死，彼之元谋得减于下手者一

---

① （清）沈之奇：《大清律辑注》卷18，《刑律·贼盗》"劫囚"条下。

等，此之下手得减于率领主使者一等也。①

沈之奇从其"情"即主观方面的差别而将此三种行为区分开来，即同谋共殴人者因其"同谋"，故各行为人在主观恶意方面处于平等地位、"势均力敌"，因此，为了区分责任，便不能根据其主观意图而需根据其客观行为及其后果即以下手致命者处罚最重。而聚众打夺及威力主使之行为人中各有率领之人或主使之人，因此，当以率领之人及主使之人为首，余并为从减等处罚。但聚众殴打与威力主使人之间还有差异，即威力主使之人"力能制人""使人不敢不从"，即胁迫他人为危害行为，而聚众殴打者之首犯则系号召者，其他从犯并无被胁迫之情。故聚众殴打之首犯斩监候，其间又区分下手致命者、处以绞监候，其余的从犯则各减一等即杖一百、流三千里。而威力主使人者，一律以主使之人为首，下手之人均为从犯，而从犯则一律比首犯减一等处罚。总之，沈之奇指出了"同谋共殴人""聚众殴打人""威力主使人"三者其当事人主观方面以及客观行为方面的差异，从而使得人们更易理解以上三种行为及其中当事人处罚不同之原因。

四、案例解释

法律解释的目的是为了准确理解并适用法律。较之文字解释，有时具体案件能够更加生动、准确地解释法律的含义。由于长期作幕，因此案例之于解释法律的重要性沈之奇当有较为深刻的认识。故在《大清律辑注》中，沈之奇或者假设案例、或者通过真实案件以解释律文、阐明律意。以下分别举例以说明之。

1. 假设案例

（1）为说明监临主守等虚出通关朱钞如何计所虚出之数并赃论罪而假设案例

根据康熙九年校正律《户律·仓库》"虚出通关朱钞"条：

> 凡仓库收受一应系官钱粮等物原数本不足，而监临主守通同有司

---

① （清）沈之奇：《大清律辑注》卷18，《刑律·贼盗》"劫囚"条下。

提调官吏虚出通关发给者，计所虚出之数，并赃不分摊各犯皆以监守自盗论。①

为了说明何谓监临、主守、提调官吏等"并赃皆以监守自盗论"，沈之奇在"虚出通关朱钞"条律上注中做了如下假设：

> 如甲为监临，乙为主守，应收受银一百两，丙为提调官，丁为吏，止交纳银六十两，甲、乙通同丙、丁，虚出通关，则计所虚出之四十两，以监守自盗论；甲、乙、丙、丁皆坐斩，系杂犯，准徒五年。如一次虚出二十两，又一次虚出二十两，则并为一处，作四十两论罪。其二次交纳者，系一提调官吏，亦坐四十两之罪。若系二人，则各坐二十两之罪。至于提调官吏征收纳户者，亦然。②

假如甲、乙、丙、丁通同虚出银四十两，即四人均应以监守自盗四十两银论，处以杂犯斩罪、准徒五年。如四人分次虚出，则并赃论罪即总计各次虚出之数，并皆以监守自盗论。如一人二次虚出，则总计所有虚出之赃数论罪。如二人及二人以上各自虚出，则各自计算，不并赃论罪。通过这样的假设，"并赃皆以监守自盗论"之意义自明。

（2）为说明捕人受财故纵罪人如何处罚而假设案例

按康熙九年校正律《刑律·捕亡》"应捕人追捕罪人"条：

> 受财故纵者，不给捕限，各与囚同罪。③

又按该条律后注：

> 按罪人者，犯罪而未经定拟之称；囚者，已招定罪而未经论决之称。④

---

① （清）沈之奇：《大清律辑注》卷7，《户律·仓库》"虚出通关朱钞"条。
② （清）沈之奇：《大清律辑注》卷7，《户律·仓库》"虚出通关朱钞"条下。
③ （清）沈之奇：《大清律辑注》卷27，《刑律·捕亡》"应捕人追捕罪人"条。
④ （清）沈之奇：《大清律辑注》卷27，《刑律·捕亡》"应捕人追捕罪人"条下。

故"罪人"与"囚"本不同。捕人受财故纵囚者，按律与囚同罪。但若捕人受财故纵罪人者，因罪人未获到官，则其罪之真假难知，此时难以将受财故纵之捕人科以同罪。沈之奇为此举例：

> 如甲、乙、丙三人，同谋杀人，甲造意不行，令乙、丙往杀，乙下手杀死，丙不加功，止获甲、乙。捕人受财，将丙故纵，甲不行未见，乙称丙杀，己不加功，则丙本流罪，而捕人坐绞矣。①

据《名例律》"犯罪事发在逃"条：

> 若犯罪事发而在逃者，众证明白，即同狱成，不须对问。②

甲不行未见，乙称丙杀，则丙可能被认定为从而加功者。按"谋杀人"条，谋杀人造意者斩，从而加功者绞，不加功者杖一百、流三千里。而受财故纵之捕人如与丙同罪，则亦应处绞。又据"称与同罪"条：

> 凡称与同罪者，止坐其罪，至死者，减一等，罪止杖一百、流三千里，不在刺字、斩、绞之律。若受财故纵与同罪者，全科。③

故捕人与丙同罪，应真处绞。但据"称与同罪"条所附之例：

> 凡受财故纵与囚同罪人犯，该凌迟、斩、绞、依律止拟绞者，俱要固监缓决，候逃囚得获，审豁。④

既然条例已经对律文规定做出了修正，而条例的规定更有利于案件的公正处理，故沈之奇认为，不应将捕人依律处绞而应依条例将其监禁，以俟捕获丙之后再行定拟。而前述案例无疑有助于读者理解律意及其不合理之处。

---

① （清）沈之奇：《大清律辑注》卷27，《刑律·捕亡》"应捕人追捕罪人"条下。
② （清）沈之奇：《大清律辑注》卷1，《名例》"犯罪事发在逃"条。
③ （清）沈之奇：《大清律辑注》卷1，《名例》"称与同罪"条。
④ （清）沈之奇：《大清律辑注》卷1，《名例》"称与同罪"条下。

2. 援引真实案例

在《大清律辑注》中，沈之奇虚拟的案件较多，而援引的真实案件较少。据笔者所见，《大清律辑注》中援引真实案件以解释律文者，仅有三例，以下将就其中一例予以介绍，另外二例则分别为"戏杀误杀过失杀伤人"条律上注所引之距离沈之奇写作《大清律辑注》一书不久之前的杏核掷人一案以及"主守不觉失囚"条所引康熙十一年马和春受财故纵罪囚一案。①

按康熙九年校正律《刑律·人命》"杀死奸夫"条对奸妇、奸夫杀死本夫的规定如下：

> 其妻妾因奸同谋杀死亲夫者，凌迟处死，奸夫处斩监候。若奸夫自杀其夫者，奸妇虽不知情，绞监候。②

推原律意，奸夫自杀其夫，亦当为因奸而起。关于这一点，沈之奇在"杀死奸夫"条律后注已有说明：

> 盖奸夫之杀、亲夫之死，实因奸而起。③

即奸夫杀死本夫的原因，不外乎"因奸"，其目的通常是为了排除通奸的障碍。当然，本夫也可能因图财而纵容其妻妾与人通奸。不过，即便本夫知情纵容，奸夫也有可能为了与奸妇长相聚首而将亲夫杀死。但如本夫知情纵容，奸夫因别故而非"因奸"而将奸夫杀死，此时之奸妇自不能依"若奸夫自杀其夫者，奸妇虽不知情，绞监候"律被处绞监候。为发明这一律意，沈之奇在"杀死奸夫"条律后注中援引了他本人所亲历的山东宁阳县张大被奸夫杀死一案：

> 宁阳人张大素闇弱，妻杜氏有淫行。其父令卖于娼家。宁阳令追断完聚。大携杜氏别居王洪仁家。杜氏与洪仁通奸，大实知之，纵容

---

① 前案见（清）沈之奇：《大清律辑注》卷19，《刑律·人命》"戏杀误杀过失杀伤人"条下。后案见沈之奇书卷27，《刑律·捕亡》"主守不觉失囚"条下。

② （清）沈之奇：《大清律辑注》卷19，《刑律·人命》"杀死奸夫"条。

③ （清）沈之奇：《大清律辑注》卷19，《刑律·人命》"杀死奸夫"条下。

不问。洪仁又欲略卖杜氏，诱大于山间杀之，杜氏不知也。事发，杜氏按律坐绞，已定爰书，由司达院矣。因洪仁病死于途，驳讯解人。余见是案，窃谓杜氏情虽可恨，法不应死。本律奸夫自杀其夫，奸妇虽不知情，绞。律文谨严，此加"虽"字，实有微意。盖杀夫非妇之所知，而致死由妇之犯奸。夫为妻纲，恩义并重，因妻犯奸致夫于死，由纲常恩义推之，于法应绞，不得以不知情而宽之也。然奸夫之欲杀其夫者，恐其夫知之也。今洪仁与杜氏通奸，其夫既纵容不问，奸夫奸妇皆无所惮。洪仁之杀大，为略卖杜氏而杀之，非为不便于奸而杀之也。大先卖杜氏为娼，后纵杜氏通奸，已失夫纲矣。既失夫妇之伦，即不得律以夫妇之法。将杜氏改照纵容律，问拟杖罪，得允结案。此亦发明律意之一端也。因附记其略。①

本案中张大知情纵容其妻杜氏与王洪仁通奸。后王洪仁并非因畏惧张大得知奸情、又非因欲与杜氏长相聚首而是因欲将杜氏略卖而将其夫张大杀死，即王洪仁并非"因奸"而杀死本夫。因此，推究律意，杜氏本不应依"若奸夫自杀其夫者，奸妇虽不知情，绞监候"律被拟处绞。但经办该案之官员却忽略王洪仁略卖杜氏的目的而将王杜二人之通奸与杀人相联系，因此而一路将此案依"奸夫自杀其本夫，奸妇虽不知情，绞监候"律将杜氏处绞。显然沈之奇认为王杜二人的通奸行为与王洪仁杀死张大的结果之间不具有直接因果关系。所以，通过此案沈之奇意在强调"奸夫自杀其夫，奸妇虽不知情，绞监候"一节中奸夫杀死亲夫的目的必须与奸情有关而非其他。关于这一点，在"杀死奸夫"律上注中沈之奇再次重申：

奸夫自杀其夫，亦是谋杀，必须因奸而起，则奸妇坐绞。或系旧曾通奸，后已断绝，奸夫又为别事而自杀其夫，则又当别论。不得追论从前之奸，文致现在之杀也。②

通过叙述和分析张大一案，无疑沈之奇的以上见解更易被人理解。

---

① （清）沈之奇：《大清律辑注》卷19，《刑律·人命》"杀死奸夫"条下。
② 同上。

五、结构分析法

本书所谓结构分析法，是指沈之奇在《大清律辑注》一书中将律文分节并总括其大意这一做法。将律文分节并非沈之奇首创，如《唐律疏议》即将律文分节解释。明代的多家律书如《大明律直引》、《明律集解附例》及《刑台法律》等书中之明律皆有以圆圈分节者。《康熙会典》所载《大清律》亦常以圆圈将律文分为若干节。《大清律辑注》中有分节之律文及其分节数与之相同。同时，沈之奇又时对有分节之律文其各节大意予以概括。而对于原未分节之律文，沈之奇有时也会在律注中将其分节，并总结各节大意。此外，对于原曾分节之律文，沈之奇有时也会根据律意将其另分为若干项或段。总之，将律文予以分节以及对各节律意予以概这一做法应有助于人们理解律意。前文中曾述及沈之奇将"强盗"条分为六节之情形。此处笔者拟再略具二例，以便我们能够对《大清律辑注》一书中对结构分析法运用之情形有更为全面的了解。

1. 《名例律》"徒流人又犯罪"条

康熙九年校正律该条律文并未分节。而在《大清律辑注》一书中，沈之奇在该条律上注第一段中有如下文字：

> 此条分三段看。首言已发未结而又犯罪者，法当从重科断；次言已徒已流而又犯罪者，法当再科后犯，下则分疏重犯流、重犯徒、又犯杖以下者之法；末言应加杖者又犯罪，当各如本法科之。①

即沈之奇将"徒流人又犯罪"条分为三段。至于该条如何分段，根据前述律注，沈之奇应以律文首句"犯罪已发又犯罪者，从重科断"为第一段，以律文中段"已徒、已流又犯罪者，依律再科后犯之罪。其重犯流者，依留住法，三流并决杖一百，于配所拘役四年。若犯徒者，依所犯杖数、该徒年限决讫应役，亦总不得过四年。其杖罪以下者，亦各依数决之"为第二段，以律文最末"其应加杖者，亦如之"一句为末段。即沈之奇将律文分为已发未结而又犯罪、已结又犯罪及应加杖者又犯罪三层。

---

① （清）沈之奇：《大清律辑注》卷1，《名例》"徒流人又犯罪"条下。

如此当有助于人们理解律意。

2. 《刑律·人命》"谋杀祖父母父母"条

康熙九年校正律中将"谋杀祖父母父母"条以圆圈分为三节。其中第一节为"凡谋杀祖父母父母及期亲尊长、外祖父母、夫之祖父母父母，已行者，皆斩；已杀者，皆凌迟处死。谋杀缌麻以上尊长，已行者，杖一百流二千里；已伤者，绞；已杀者，皆斩"一段，第二节为"其尊长谋杀卑幼，已行者，各依故杀罪减二等；已伤者，减一等；已杀者，依故杀法"一段，第三节为"若奴婢及雇工人谋杀家长及家长之期亲、外祖父母，若缌麻以上亲者，罪与子孙同"一段。① 而沈之奇该条律上注第一段则将"谋杀祖父母父母"条分为四项：

> 一曰谋杀祖父母父母，及期亲尊长，外祖父母，夫之祖父母父母；二曰谋杀缌麻以上尊长；三曰尊长谋杀卑幼；四曰奴婢、雇工人谋杀家长及家长之亲属。②

即沈之奇将律文中第一节析为二节。按祖父母父母等与缌麻以上尊长均为尊长，其处罚均较谋杀卑幼为重，故"谋杀祖父母父母"律将谋杀祖父母父母等与谋杀尊长均列为第一节，其中自有其根据。不过，谋杀祖父母等已行者皆斩、已杀者皆凌迟处死，而谋杀缌麻以上尊长即缌麻至大功尊长之处罚各较谋杀祖父母父母等为轻，故沈之奇将其单列一项也不无道理。并且沈之奇进而将以上每项分为三小项：

> 而四项之中，又分已行、已伤、已杀三项。唯谋杀祖父母父母等无已伤之文，不论伤否，不分首从。③

这一解释使得"谋杀祖父母父母"条律意更为分明。

---

① （清）沈之奇：《大清律辑注》卷19，《刑律·人命》"谋杀祖父母父母"条。法律出版社2000年版点校本《大清律辑注》中将沈之奇原书律文中标志分节的圆圈略去。因此此处所援引之律文来自笔者所见中国政法大学图书馆所藏清刻本《大清律辑注》。从纸质来看，该书应为清末刻本。
② （清）沈之奇：《大清律辑注》卷19，《刑律·人命》"谋杀祖父母父母"条下。
③ 同上。

六、对立法理由与立法目的的说明

在中国古人看来，法律是治国之"术"的一种，当然也是其中最有效、最重要的一种。法家坚信，只要君臣上下贵贱皆从法，便可以实现"法治"即法的无为而治。作为治国之术之一，法律的首要作用便是惩治"盗贼"、维护君权和政权安全。自儒法合流之后，法律更成为推行、维护和巩固正统价值观念、意识形态的工具。这也成为我国古代立法的出发点和根本目的。《大清律辑注》所注释的清律458条自不外于此。不过，具体到各律条，在服从于法律总的出发点与根本目的即维护君权、保障政权安全及推行、维护和巩固正统价值观念、意识形态二者的前提下，其立法理由、立法目的又各有其特殊性、针对性。对立法理由的解释可见于《明律笺释》等书，沈之奇也延续这一做法，对清律中许多律文的立法理由、立法目的进行阐释。以下分别略举几例以说明之。

1. 对立法理由的阐释

（1）《名例律》"本条别有罪名"的立法理由

唐律总则《名例律》有"本条别有制"条。明律改之为"本条别有罪名"，清律因之。按康熙九年校正律"本条别有罪名"条中有以下规定：

> 凡本条自有罪名，与《名例》罪不同者，依本条科断。若本条虽有罪名，其有所规避罪重者，自从重论。其本应罪重而犯时不知者，依凡人论。本应轻者，听从本法。①

其中首句"本条自有罪名，与《名例》罪不同者，依本条科断"系该条最重要的规范内容。

关于律典总则的地位与作用，前已述及，西晋张斐曾做过富有理论性的解释，即"《刑名》所以经略罪法之轻重，正加减之等差，明发众篇之多义，补其章条之不足，校举上下纲领"。沈之奇也曾有"《名例》为诸律之准则，故列于首"之语。事实上，《名例》虽然统领诸律，但作为一

---

① （清）沈之奇：《大清律辑注》卷1，《名例》"本条别有罪名"条。

般性条款，《名例》又不可能概括分则条款可能的特别规定，由此而出现总则与分则不统一的局面。为协调这一矛盾，唐律中有"本条别有制"条，明清律中则有"本条别有罪名"条。沈之奇在"本条别有罪名"律后注中采王肯堂观点，对分则的具体条款即"本条"与《名例》不同之原因进行叙述，并举例说明"本条"与《名例》不同之处：

> 《名例》者，诸律之凡例；本条者，断罪之正法。律文简要，不欲重述，凡本条有缺而不载者，皆统于《名例》也。然后权衡于轻重之间，变《名例》之例，而自有罪名者，则又不拘《名例》。故本条有与《名例》不同者，自依本条科断。如《名例》文武官犯公罪，该笞者不必附过；《吏律》讲读律令，则笞四十附过；《名例》逃叛自首者，减罪二等，《兵律》官军在逃，则一百日内出首者，免罪；《名例》共犯罪以造意为首，而《刑律》同谋共殴人致死，则下手伤重者为重罪、原谋减一等。凡此皆应依本条者。余可类推。①

然后沈之奇又在该条律上注中对"本条别有罪名"的立法理由做总括性说明：

> 诸律本条与《名例》不同者多，恐无所适从，故特立本条。②

总之，"本条别有罪名"的作用便在于弥合总则与分则之间的参差，使得分则可与总则保持表面上的一致。

（2）《吏律·公式》"讲读律令"条的立法理由

"讲读律令"条为明律新增而为唐律所无，明代并置之于《吏律·公式》之首，清律因之。按康熙九年校正律"讲读律令"条对官吏讲读律令的要求及处罚措施有以下规定：

> 凡国家律令，参酌事情轻重，定立罪名，颁行天下，永为遵守。百司官吏务要熟读，讲明律意，剖决事务。每遇年终，在内从察院，

---

① （清）沈之奇：《大清律辑注》卷1，《名例》"本条别有罪名"条下。
② 同上。

在外从分巡御史、提刑按察司官，按治去处考校。若有不能讲解、不晓律意者，初犯罚俸钱一月，再犯笞四十、附过，三犯于本衙门递降叙用。①

沈之奇在该条律后注中有以下论述：

> 律令既定，天下永为遵守。百司官吏，若不熟读讲明，何以剖决事物？故立考校之法。②

此即沈之奇对"讲读律令"条立法理由的解释。

从"讲读律令"条在《吏律》部分的排序来看，明清时期很重视官员的法律专业素养。当然官员们最重要的公务便是"刑名""钱谷"二项。同时，律典之所以特别强调"讲读律令"的重要性，其中也有自幼接受经典教育的官员们本来甚少谙熟律令这一原因。但是，虽然明清律典对官员不通晓律令者处罚甚严，但该条实际上类于具文。因为堂官们对律令茫无所知，而在明清时期的州县衙门中，最重要的公职人员如处理刑名事务者常常缺编，由此而产生官府对刑名幕友的需求。而刑名幕友承担审断案件的主要职能之后，官员们更大可不必再细研《大清律》了。因此，终清之世，科举出身而通晓律令的官员其数量当不为多。

2. 对立法宗旨/目的的阐释

（1）《名例律》"亲属相为容隐"条的立法宗旨

按康熙九年校正律《刑律·捕亡》"知情藏匿罪人"条正文有如下规定：

> 凡知人犯罪事发，官司差人追唤而藏匿在家不行捕告，及指引道路、资给衣粮，送令隐避者，各减罪人罪一等。其展转相送而隐藏罪人，知情者，皆坐。不知者，勿论。若知官司追捕罪人，而漏泄其事，致令罪人得以逃避者，减罪人罪一等。③

---

① （清）沈之奇：《大清律辑注》卷3，《吏律·公式》"讲读律令"条。
② （清）沈之奇：《大清律辑注》卷3，《吏律·公式》"讲读律令"条下。
③ （清）沈之奇：《大清律辑注》卷27，《刑律·捕亡》"知情藏匿罪人"条。

又按康熙九年校正律《名例律》"亲属相为容隐"条正文如下：

> 凡同居若大功以上亲，及外祖父母、外孙、妻之父母、女婿、若孙之妇、夫之兄弟及兄弟妻，有罪相为容隐。奴婢、雇工人为家长隐者，皆勿论。若漏泄其事及通报消息，致令罪人隐匿逃避者，亦不坐。其小功以下相容隐，及漏泄其事者，减凡人三等。无服之亲减一等。若犯谋叛以上者，不用此律。①

即按清律，藏匿罪人等本为犯罪行为。但其中又有例外，即除谋反、谋大逆、谋叛三罪以外，如犯他罪，则同居之人及亲属之间均可相为容隐等而"不坐"或减等处罚。亲属相为容隐是我国古代法包括清律中"曲法伸情"的一项重要制度。而统治者之所以容忍人们以"曲法"为代价而"伸情"，是因为他们希望借此"以孝劝忠"。正因为如此，为"求忠臣于孝子之门"，我国古代法包括清律中更严厉惩处卑幼告发尊长、奴雇告发家长这样以下犯上的行为。此即《刑律·诉讼》"干名犯义"条中的相关规定：

> 凡子孙告祖父母父母，妻妾告夫及告夫之祖父母父母者，杖一百、徒三年。但诬告者，绞。若告期亲尊长、外祖父母，虽得实，杖一百；大功，杖九十；小功，杖八十；缌麻，杖七十。其被告期亲、大功尊长及祖父母，若妻之父母，并同自首免罪。小功缌麻尊长，得减本罪三等……若奴婢告家长及家长缌麻以上亲者，罪与子孙同。若雇工人告家长及家长之亲者，各减奴婢一等……②

"亲属相为容隐"条如此重要，它承载着我国传统法律的基本精神和价值追求，故沈之奇在该条律后注以颇长的文字阐释其律意与立法宗旨：

> 按《捕亡律》"知情藏匿罪人"条内，凡知人犯罪而藏匿在家，与指引资给、展转隐藏及知官司追捕而泄露其事、致令逃避者，各减

---

① （清）沈之奇：《大清律辑注》卷1，《名例》"亲属相为容隐"条。
② （清）沈之奇：《大清律辑注》卷22，《刑律·诉讼》"干名犯义"条。

犯罪人一等。此谓凡人而言也。若其犯罪之人系同财共居亲属，不限籍之同异，不论服之有无，其恩与义兼重，若各居大功以上本宗外姻之亲，则其服重。外祖父母、外孙、妻之父母、女婿、孙之妇、夫之兄弟、兄弟之妻，则其恩重于服；奴婢、雇工人于家长，则其义重于服，除谋叛以上不得容隐外，其余皆许相为容隐，有容隐者弗论。若侦知官司追捕而泄露其事，或暗地通报消息，致令罪人隐匿近地、逃避远方者，亦不坐罪。若各居小功以下本宗外姻之亲，其服既轻，其分渐疏，故减凡人三等。无服之亲，亦减凡人一等。亲属言相为容隐，则不分尊卑长幼矣。奴婢、雇工，止言为家长容隐，则家长不许为奴婢、雇工容隐矣，盖以义相临，当治其罪，不当隐其过矣。若谋叛、谋反、谋大逆，恶极罪大，不首者法当缘坐，大义灭亲，岂得为容隐哉？凡此皆本乎人情，原乎天理，所以厚风俗而敦伦纪，律之精义也。①

沈之奇在此指出"亲属相为容隐"条的立法目的在于"厚风俗而敦伦纪"，而并特别声明此正"律之精义也"，即"亲属相为容隐"条的内容与精神正合乎我国传统法律维护伦理纲常并进而维护君权这一根本出发点和最终目的。

（2）《礼律·祭祀》"禁止师巫邪术"条的立法目的

"禁止师巫邪术"条为明律新增之思想言论犯罪，清律因之。按康熙九年校正律《礼律·祭祀》"禁止师巫邪术"条正文如下：

凡师巫假降邪神，书符咒水，扶鸾祷圣，自号端公、太保、师婆及妄称弥勒佛、白莲社、明尊教、白云宗等会，一应左道乱正之术，或隐藏图像，烧香集众，夜聚晓散，佯修善事，煽惑人民，为首者，绞；为从者，杖一百、流三千里。若军民装扮神像，鸣锣击鼓，迎神赛会者，杖一百，罪坐为首之人。里长知而不首者，各笞四十。其民间春秋义社，不在此限。②

---

① （清）沈之奇：《大清律辑注》卷1，《名例》"亲属相为容隐"条下。
② （清）沈之奇：《大清律辑注》卷11，《礼律·祭祀》"禁止师巫邪术"条。

前已述及，师巫邪术的参与者常假托神道、佛事以诓骗财物，其最初未必有"盗贼之志"。但是该条中各种左道乱正之术也可能是"盗贼"之举的前奏或幕障。故沈之奇在"禁止师巫邪术"条律上注中有以下释文：

> 本律重在煽惑人民。盖以邪乱正，愚民易为摇动，恐致蔓延生乱，故立此重典，所以防微杜渐也。①

笔者以为，其中"防微杜渐"四字正是对该条立法目的的阐述。虽然清律对"左道乱政"之术防范甚严，但是清代的各种秘密宗教则不断发展壮大，嘉庆年间天理教徒攻入紫禁城以及清末的义和团运动即系其中最具震撼者。

七、对律意的概括解释

《明律笺释》中有对律意的概括性语句，如《名例律》"加减罪例"条下"释曰"云：

> 此条括凡言加言减之通例。②

即该条为刑罚加重减轻的一般性规定。沈之奇《大清律辑注》仿效之而在律后注或律上注中时有对律意的总结。除概括律意之外，沈之奇有时也对例意予以概括。这样的概括有助于人们从总体上把握律意、例意。而后来的《大清律集解》更在每条律文总注之首便对律意予以总括解释。以下分别略举二例以说明之。

1. 概括律意

（1）对《名例律》"工乐户及妇人犯罪"条律意的概括

康熙九年校正律《名例律》"工乐户及妇人犯罪"条正文如下：

> 凡工匠、乐户犯流罪者，三流并决杖一百，留住拘役四年。若钦

---

① （清）沈之奇：《大清律辑注》卷11，《礼律·祭祀》"禁止师巫邪术"条下。
② （明）王樵、王肯堂：《明律笺释》卷1，《名例》"加减罪例"条下。

天监天文生习业已成、能专其事，犯流及徒者，各决杖一百，余罪收赎。其妇人犯罪应决杖者，奸罪去衣受刑，余罪单衣决罚，皆免刺字。若犯徒流者，决杖一百，余罪收赎。①

该条律上注第一段即对该条律意之概括：

此工匠、乐户、天文生、妇人断罪之通例。②

即该条是有关工匠、乐户、天文生及妇女犯罪如何处罚的一般规定，举凡律中有关此等人犯罪应如何处罚悉以该条为据。雍正三年修律时，将该条中"天文生"一节析出另设专条，其"天文生有犯"及"工乐户及妇人有犯"条下总注第一句均为对该条律意之概括，即"此是断天文生罪之通例也"，③"此是工乐户及妇人断罪之通例也。"④ 总注中对该二条律意的概括显然来自包括沈之奇律书在内的前人律书。而因《大清律集解》总注之法律效力在清代一直得到认可，故沈之奇等人对"工乐户及妇人犯罪"条律意的概括也随之具有法律效力。

（2）对《户律·婚姻》"嫁娶违律主婚媒人罪"条律意的概括

康熙九年校正律《户律·婚姻》"嫁娶违律主婚媒人罪"条正文如下：

凡嫁娶违律，若由祖父母、父母、伯叔父母、姑、兄、姊及外祖父母主婚者，独坐主婚。余亲主婚者，事由主婚，主婚为首，男女为从；事由男女，男女为首，主婚为从。至死者，主婚人并减一等。其男女被主婚人威逼，事不由己，若男年二十岁以下，及在室之女，亦独坐主婚，男女俱不坐。未成婚者，各减已成婚罪五等。若媒人知情者，各减犯人罪一等。不知者，不坐。其违律为婚，各条称离异、改正者，虽会赦，犹离异、改正。离异者，妇女并归宗。财礼，若娶者

---

① （清）沈之奇：《大清律辑注》卷1，《名例》"工乐户及妇人犯罪"条。
② （清）沈之奇：《大清律辑注》卷1，《名例》"工乐户及妇人犯罪"条下。
③ 《大清律集解·名例》"天文生有犯"条下。
④ 《大清律集解·名例》"工乐户及妇人犯罪"条下。

知情，则追入官。不知者，则追还主。①

该条律后注起首句即"此条乃断婚姻事情之通例"。② 而该条律上注第一段又进一步解释道：

> 此条所言，在嫁娶各条内皆当有之，以不能条条俱载，故如《名例》之体，特著于末，以为通例，统谓之嫁娶违律。凡问婚姻之罪，必先详核此条，与本律参拟定之。③

总之，"嫁娶违律"条属《户律·婚姻》篇的通则性规定，举凡有关婚姻缔结、解除等项，除本条外，均须同时以该条为参考。而后来《大清律集解》该条总注第一句也有相似语句：

> 此是以上婚姻诸条之通例也。④

虽然《大清律例》删去总注，但《大清律集解》总注的法律效力在清代始终得到承认，因此，源自此前律家包括沈之奇律注的"此是以上婚姻诸条之通例也"一句也同样因此有了正式立法的效力。

2. 概括例意

（1）对《名例律》"文武官犯私罪"所附第一条条例例意的概括

康熙九年校正律《名例律》"文武官犯私罪"所附第一条条例例文如下：

> 文职官吏、举人、监生、生员、冠带官、义官、知印、承差、阴阳生、医生，但有职役者，犯赃、犯奸并一应行止有亏，俱发为民。⑤

---

① （清）沈之奇：《大清律辑注》卷6，《户律·婚姻》"嫁娶违律主婚媒人罪"条。
② （清）沈之奇：《大清律辑注》卷6，《户律·婚姻》"嫁娶违律主婚媒人罪"条下。
③ 同上。
④ 《大清律集解·户律·婚姻》"嫁娶违律主婚媒人罪"条下。
⑤ （清）沈之奇：《大清律辑注》卷1，《名例》"文武官犯私罪"条下。

其例注第二段云：

> 此条乃论有职役之通例。凡别条称例该革去职役者，即此例也。①

即该条例适用于所有文武官吏及一切有科举功名者并所有在官有职役者，举凡以上人等犯赃、犯奸并一应行止有亏者如官吏宿娼等，一律照此例罢职为民。按此条例在清末修律之前一直保留，而沈之奇对该条例意的概括也屡为后人所援引。

（2）对《刑律·斗殴》"殴祖父母父母"条第二条条例例意的概括

康熙九年校正律《刑律·斗殴》"殴祖父母父母"条所附条例正文如下：

> 凡义子过房，在十五岁以下，恩养年久，或十六岁以上，曾分有财产，配有室家，若于义父母及义父之祖父母、父母，有犯殴骂、侵盗、恐吓、诈欺、诬告等情，即同子孙，取问如律。若义父母及义父之祖父母、父母殴杀、故杀者，并以殴、故杀乞养异姓子孙论。若过房虽在十五及于义父之期亲并外祖父母有违犯者，并以雇工人论。义子之妇，亦依前拟岁数，如律科断。其义子后因本宗绝嗣，或应继军伍等项，有故归宗，而义父母与义父之祖父母、父母无义绝之状，原分家产、原配妻室，不曾拘留，遇有违犯，仍以雇工人论。若犯义绝及夺其财产、妻室，与其余亲属，不分义绝与否，并同凡人论。②

沈之奇《大清律辑注》该条例注云：

> 此例乃论乞养异姓子孙之通例。凡断乞养子孙之事，须先看此例。③

---

① （清）沈之奇：《大清律辑注》卷1，《名例》"文武官犯私罪"条下。
② （清）沈之奇：《大清律辑注》卷20，《刑律·斗殴》"殴祖父母父母"条。
③ （清）沈之奇：《大清律辑注》卷20，《刑律·斗殴》"殴祖父母父母"条下。

即该条例是有关乞养子孙与义父母等有犯如何处断的通则性规定，所有有关此类案件均须依此条处理。

按康熙九年校正律"殴祖父母父母"条中有对养父母等与养子女互相杀伤的规定，即养母非理殴杀、故杀养子女者，较之亲母各加一等。致令养子绝嗣者，绞监候。养母非理殴乞养异姓子孙致令废疾者，杖八十；笃疾者，加一等，并令归宗等。①显然"殴祖父母父母"律文对养父母等与养子女之间有所杀伤的规定并不完整，即其中仅对养母杀伤养子女有规定，故后来有此条例对律文予以补充。该条例本系明代定例，顺治三年曾添入小注，至雍正三年、乾隆二十一年曾迭次修改，至嘉庆六年改定。在《大清现行刑律》中，该条例仍依嘉庆六年改定原文保留。由此可见终清之世该条例一直是有关养父母与乞养子女有犯杀伤如何处断的基本法则，而沈之奇对该条例意的概括也始终受到重视。

八、对篇名、制度等历史沿革的解释

与更倾向于实用性的明代诸多律家以及沈之奇之后的清代诸多律家不同，沈之奇在《大清律辑注》中不时追溯律典中各篇篇名以及有关制度的渊源。对于敬祖崇宗的古人而言，久远性便意味着权威性与合理性，因此这样的追溯自当有助于人们对律典崇高地位的体认。同时，这一做法也可使人们可知其所以然而有助于人们理解律典的规范意义。以下分别略举二例以说明之。

1. 对篇名渊源的追溯

（1）对总则《名例》沿革的解释

沈之奇在上栏对《名例》沿革的叙述如下：

> 李悝造《法经》，其六曰《具法》。汉曰《具律》，魏改为《刑名》，晋分为《刑名》《法例》。沿至北齐，乃曰《名例》。隋唐以后因之，至今不改。其义例以唐律为准，分合损益，至今不改。②

---

① 见（清）沈之奇：《大清律辑注》卷20，《刑律·斗殴》"殴祖父母父母"条下。
② （清）沈之奇：《大清律辑注》卷1，《名例》。

即《名例律》源自李悝《法经》之最末一篇《具法》。至北齐始有《名例》篇。之后隋唐至明清因循不改，而其中律文则代有损益。沈之奇这样的解释可使人们了解《名例律》的历史。而《名例律》的悠久渊源则当有助于人们理解《名例律》在法典中的地位。

（2）对《兵律·邮驿》篇渊源的追溯

沈之奇在上栏对《兵律·邮驿》篇名由来的解释如下：

> 按秦有厩置、乘传、副车、食厨，汉初承秦不改。后汉但设骑置而除厩律，此后无考。唐律皆散见于各条，至明类而为一曰厩牧。国朝因之。步递曰邮，马递曰驿，兼有车船及廪给。①

按沈之奇以上释文中"秦有厩置、乘传、副车、食厨，汉初承秦不改。后汉但设骑置而除厩律"一句应来自《晋书·刑法志》。根据《晋书·刑法志》，后汉有《邮驿令》。而现存最早的古代法典唐律中并无《邮驿》篇。明清律中《邮驿》篇律文在唐律中多见于《职制律》及《厩库律》《杂律》等篇。明律集中有关条款为《邮驿》篇，清律因之。清律《邮驿》篇来自先秦时期，则清律所继承和体现的，当然是古老的华夏法律文明。

2. 对律文中有关制度渊源的追溯

（1）对"中盐"来历的叙述

沈之奇在《户律·课程》"监临势要中盐"条律上注第一段对"中盐"来历的叙述如下：

> 按宋朝以用兵乏馈饷，初令商人负刍粟于塞下，继听输粟京师，皆优其直而给以盐，谓之折中，此中纳之名所由始也。今唯办课纳引，而犹仍中盐之名。②

按，我国古代食盐专卖之法时兴时废。唐中期之后食盐官产官销遂成定制。至宋太宗时，为应对沿边军需，曾令商人向边郡输纳粮草，由官府发

① （清）沈之奇：《大清律辑注》卷17，《兵律·邮驿》。
② （清）沈之奇：《大清律辑注》卷8，《户律·课程》"监临势要中盐"条下。

给交引取盐以为抵偿。后又许令商人纳金帛粮米入于政府，称为"入中""中纳"或"入纳"。对于商人"中纳"之货物，由政府高昂其值、以盐引折合以为抵偿。此即"中盐"之来历。明朝仿此行"开中法"。至明末，"开中法"废，"纲法"兴。至清代，则长期行明末的"纲法"，实行食盐官督商销。因清代已不实行"开中法"，但律文中的"中盐"等字仍保留未改，由此而可能会造成读律者理解律文的一个小小障碍，故沈之奇有此解释。

（2）对谋反大逆不株连出嫁之女缘由的追溯

沈之奇在《刑律·贼盗》"谋反大逆"条律上注第九段对谋反大逆不株连出嫁之女缘由的追溯如下：

> 女嫁不坐法始于魏正始中。毌丘俭既伏诛，其孙女已适刘氏，以孕系廷尉。司隶主簿程咸议曰："女适人者，已产则为他人之母。今戮于二门，非所以矜女弱而均法制也。"从之，著为令。后由已嫁之孙女，推广及于许嫁之女也。[①]

按汉律，犯大逆不道者，其父母妻子同产皆弃市。所谓同产，即同胞兄弟姊妹，其中姊妹则无论适人与否。至魏正始年间，毌丘俭谋反，株连及其已适刘氏之孙女毌丘芝。因毌丘俭一案而与其子毌丘甸离异之毌丘芝之母荀氏恳求司隶校尉何曾，表示自己愿没为官奴婢，以赎其女之命。何曾哀怜之，遂使其下属司隶主簿程咸有此议。之后，魏帝下诏改定律令，而自此之后，谋反大逆等罪不再株连已适之女。唐律"谋反大逆"条规定，凡女已许人亦皆归其夫、不受母家之株，后代因之。沈之奇对"谋反大逆"条不株连出嫁之女的解释特别是其中所援引的程咸的议论，不仅可使读律者了解这一制度的渊源，更可了解谋反大逆罪不株连出嫁之女的理由，从而有助于人们更深刻地理解该条律意。

九、援引经典解释律文

众所周知，自汉代以来，我国即有援引经典解释律文的传统。这一做

---

① （清）沈之奇：《大清律辑注》卷18，《刑律·贼盗》"谋反大逆"条下。

法的文本典范当属《唐律疏议》。自唐代以后，儒学取得了意识形态中的绝对优势地位，而通过儒家经典诠释的律文意义也应当已深入人心，故自宋代以后，或者律文之后不再附加律疏如《大明律》，或者即便附加律疏如《大清律集解》但其中并未明确提及任何经典。沈之奇的《大清律辑注》虽然不像唐律那样对儒家经典等广征博引，也不像后来的薛允升那样频繁援引各类文献，但是相对于《读律琐言》《明律笺释》等律书，该沈之奇律仍然较多地援引儒家经典以及其他典籍以阐释某些制度的渊源或某些概念的含义等。沈之奇的这一做法正可谓我国传统的引经解律之遗绪或者对唐代律疏的补充。同时，因为经典是我国传统知识和智慧的主要载体，援引经典的做法无疑可使作者的解释更具权威性、更易被人们接受，并在一定程度上可能避免私家律书因缺乏经典的支撑而流于单纯器用层面的弊端。以下略举几例以说明之。

1. 援引《周礼》以解释"得遗失物"条之渊源

按康熙九年校正律《户律·钱债》"得遗失物"条正文如下：

> 凡得遗失之物，限五日内送官。官物还官，私物召人认识。于内一半给与得物人充赏，一半还遗失物人。如三十日内，无人认识者，全给。限外不送官者，官物坐赃论，私物减二等，其物一半入官，一半给主。若于官私地内掘得埋藏之物者，并听收用。若有古器、钟鼎、符印异常之物，限三十日内送官。违者，杖八十，其物入官。①

沈之奇"得遗失物"条第一段律上注云：

> 按《周礼》，凡获货贿，告于士，旬而举之，大者公之，小者庶民私之。此其遗意也。②

查《周礼·秋官·朝士》有"凡得获货贿、人民、六畜者，委于朝，告于士，旬而举之，大者公之，小者庶民私之"之句。③此即"得遗失

---

① （清）沈之奇：《大清律辑注》卷9，《户律·钱债》"得遗失物"条。
② （清）沈之奇：《大清律辑注》卷9，《户律·钱债》"得遗失物"条下。
③ （清）孙诒让：《周礼正义》卷68，中华书局编辑部编：《清人注疏十三经》第二册，中华书局1998年版，第742页。

物"条之渊源。唐律以及明代诸多律家均未有此解释。故沈之奇的这一解释可被视为对前人的补充。同时，沈之奇通过援引《周礼》，其意当不仅在于说明清律"得遗失物"条远绍自《周礼》这一古老的儒家经典的事实本身，其中应更有这样一层含义，即对于持退化论历史观的中国古人而言，在一定程度上，古老的便是神圣的、合乎正义的，故这一援引也可说明清律"得遗失物"条毋庸置疑的合理与公正。

2. 援引《春秋公羊传》以解释"共谋为盗"条中有关规定

按康熙九年校正律《刑律·贼盗》"共谋为盗"条正文如下：

> 凡共谋为强盗，临时不行，而行者却为窃盗，共谋者分赃，造意者为窃盗首，余人并为窃盗从。若不分赃，造意者，即为窃盗从；余人并笞五十，以临时主意上盗者为窃盗首。其共谋为窃盗，临时不行，而行者为强盗，其不行之人造意者，分赃，知情不知情，并为窃盗首；造意者不分赃，及余人分赃，俱为窃盗从。以临时主意及共为强盗者，不分首从论。①

为了说明"共谋为盗"之所以如此规定的原因，沈之奇在该条第六段律上注中援引了《春秋公羊传》中的一段话：

> 公羊子曰：君子之恶恶也，疾始；其善善也，乐终。②

该句出自《春秋公羊传·僖公十七年》。③查唐律以及明代诸多律书中均未有此等解释。沈之奇在《大清律辑注》中不断强调"律贵诛心"。而强盗罪本重于窃盗，故谋强而行窃，其造意者自应从重处断，即便不分赃之余人亦应因其参与谋划之行为受到笞五十这样的处罚，此正《春秋公羊传》中所谓"疾始"或沈之奇所谓"谨其始"之体现。反之，窃盗轻于强盗，故则其参与谋划而不行之人自应从轻，不分赃之余人更不受处罚，

---

① （清）沈之奇：《大清律辑注》卷 18，《刑律·贼盗》"共谋为盗"条。

② 同上条。

③ 见（清）陈立《公羊义疏》卷 68，中华书局编辑部编：《清人注疏十三经》第四册，中华书局 1998 年版，《公羊义疏》部分第 277 页。

此正《春秋公羊传》所谓"乐终"或沈之奇所谓"与其终"之体现。因为《春秋公羊传》这一儒家经典的支持，"共谋为盗"条中的有关规定显得更具合理性。同时，由于清代的知识分子自幼即接受经典教育，而明清时期的很多律学家在解律时并不援引儒家经典，因此沈之奇以《公羊传》等经典解律的做法无疑可在一定程度上拉近他们与律典的距离，并更深刻地理解律意。

第四节　沈之奇对律典的态度

律典被称为典，可以说这就意味着它已经取得了类似经典的地位。之所以如此，首先是因为在中国古代社会早期，法律被看作上天意志的体现，法律因此而具有接近于自然规律的属性。法律的神权色彩减弱之后，法家法自君出的主张又进一步强化了法律本身所具有的俗世最高命令的属性。而自儒法合流之后，律典本身也成为正统价值观念和意识形态的载体，它承担着维护正统价值观念和意识形态的职能，清律亦然。同时，传统中国敬祖崇宗的保守主义思想又使得法律本身因其久远性而有了完美、自足的特征，并由此而决定了文义解释的方法成为我国传统社会最重要、最基本的注律方法。而古代律家之所以恪守文义解释这一基本的解释方法，在很大程度上也是他们将律典视为崇高、圆满的文本体系这一态度的反映。沈之奇也不例外。因此，沈之奇在《大清律辑注》中不吝其辞、对清律屡加颂扬，其心态不应仅出于对君主绝对权威的服从，也应出自对法典所体现的正统价值观念和意识形态的尊崇。同时，沈之奇的颂扬之词也是对律典所承载的制度传统以及律典所体现的古老立法智慧的致敬。当然，本章此处关于沈之奇对律典态度的评析并非仅限于其本人，通过《大清律辑注》一书，我们可以了解到以沈之奇为代表的传统社会律家对律典的一般态度。

一、对律典的颂扬

作为一名自幼浸淫于儒家经典的传统知识分子，加之清初的思想高压，身为一介幕友的沈之奇不可能挑战、质疑律典所承载的正统价值观念、意识形态乃至明清律典中浓厚的重刑主义色彩。所以，在《大清律辑注》中，沈之奇对律典的颂扬时有所见。总的来说，沈之奇对律典的颂扬包括两方面：一是对律典价值层面的颂扬，一是对律典技术层面的颂扬。对律典价值层面的颂扬常体现为赞叹律文所体现的"仁""义"等精神，而技术层面的颂扬则是对律文所体现的立法严密性的推崇。以下分别略举几例以说明之。

1. 对律典价值层面的颂扬

（1）对"谋反大逆"条律意之称颂

沈之奇在《刑律·贼盗》"谋反大逆"条律后注末云：

> 按此条立法至严密，而实至宽仁，原其本意，正欲使人望而知惧，交相戒畏，所以遏恶于初萌，悔悟于未发耳。盖反逆之人，必然依凭众力，结党聚徒，其事虽秘，其迹难掩，同居亲属，岂有不知？本律有缘坐之条当避，《名例》有自首之法当趋，能于未行之前为之出首，均得免罪，乃隐忍不举，便同党恶，斩之何恤？故九十以上及笃疾之人，死罪所不加者，而亦斩之，谓老病之人，犹可婉转发露也。唯十五以下，则幼稚无知，得以不死耳。同居亲属，虽异姓而必诛；许嫁过房，虽亲子而不坐，严密之至，实宽仁之至也。①

及该条律上注"许嫁之女，不待过门，即不缘坐；聘定之妻，若未过门，亦不缘坐，仁之至也"一段。② 以上两段文字是对"谋反大逆"条律意之称颂。按康熙九年校正律"谋反大逆"条正文有关正犯之处罚及其亲属株连之规定如下：

> 凡谋反及大逆，但共谋者，不分首从，皆凌迟处死。祖父、父、子、孙、兄弟及同居之人，不分异姓，及伯叔父、兄弟之子，不限籍之同异，年十六以上，不论笃疾、废疾、皆斩。其十五以下及母、

---

① （清）沈之奇：《大清律辑注》卷18，《刑律·贼盗》"谋反大逆"条下。

② 同上。

女、妻、妾、姊、妹，若子之妻妾，给付功臣之家为奴。财产入官。若女许嫁已定，归其夫；子孙过房与人好及聘妻未成者，俱不追坐。①

而唐律"谋反大逆"条正文相应有关正犯之处罚及其亲属株连之规定如下：

> 诸谋反及大逆者，皆斩；父子年十六以上皆绞，十五以下及母女、妻妾、祖孙、兄弟、姊妹若部曲、资财、田宅并没官，男夫年八十及笃疾、妇人年六十及废疾者并免。伯叔父、兄弟之子皆流二千里，不限籍之同异。②

与唐律相比，清律"谋反大逆"条之处罚大为加重，其加重之主要表现有以下三点：其一，正犯之处罚由唐律的斩加重为凌迟处死；其二，被株连而应处死刑之男性亲属其范围从唐律中的正犯之父、子等三代以内之直系血亲亲属而扩大为正犯之祖父、父、己身、子、孙等五代以内之直系血亲亲属以及正犯之伯叔父、兄弟、兄弟之子等旁系血亲亲属；其三，清律中受株连而应处死之人包括与正犯同居之人，而唐律则无。由此可见，清律"谋反大逆"条之法定刑远较唐律为重，而沈之奇却能读出其中"宽仁之至"之意，这样的评价除了能够反映沈之奇对绝对君权的完全臣服以及对明清时期重刑主义刑事政策的认同以外，实在难有其他合理的解释。

（2）对"干名犯义"条律意之称颂

沈之奇在《刑律·诉讼》"干名犯义"条律上注云：

> 亲属得相容隐，又准为首免罪，而告则干名犯义，盖名分所关，恩义为重。若不许容隐，则恐有以伤其恩；若不许为首，则恐无以救其亲。首则欲其亲之免罪，本乎亲爱之意而出之也；告则欲其亲之正法，本乎贼害之意而出之也。故既著容隐为首之例，又严干名犯义之

---

① （清）沈之奇：《大清律辑注》卷18，《刑律·贼盗》"谋反大逆"条。
② 《唐律疏议·贼盗》"谋反大逆"条。

法，真天理、人情之至也。①

此即沈之奇"干名犯义"条律意之颂扬。

按，清律中与"干名犯义"条相关的律文有二：其一为《刑律·捕亡》"知情藏匿罪人"条，其二为《名例律》"亲属相为容隐"条。康熙九年校正律"知情藏匿罪人"条正文如下：

> 凡知人犯罪事发，官司差人追唤而藏匿在家不行捕告，及指引道路、资给衣粮，送令隐避者，各减罪人罪一等。其展转相送而隐藏罪人，知情者，皆坐；不知者，勿论。若知官司追捕罪人，而漏泄其事，致令罪人得以逃避者，减罪人罪一等。②

而康熙九年校正律"亲属相为容隐"条正文如下：

> 凡同居若大功以上亲，及外祖父母、外孙、妻之父母、女婿、若孙之妇、夫之兄弟及兄弟妻，有罪相为容隐。奴婢、雇工人为家长隐者，皆勿论。若漏泄其事及通报消息，致令罪人隐匿逃避者，亦不坐。其小功以下相容隐，及漏泄其事者，减凡人三等。无服之亲减一等。若犯谋叛以上者，不用此律。③

可见清律禁止凡人之间的互相容隐。但若亲属非犯谋反、谋大逆、谋叛等重罪者，则亲属可为之包庇、隐瞒等而不受处罚或可较之凡人减轻处罚。但若卑亲属揭露告发尊亲属，则须受到处罚；如系诬告，处罚更重。此即《刑律·诉讼》"干名犯义"条中的相关规定：

> 凡子孙告祖父母父母，妻妾告夫及告夫之祖父母父母者，杖一百、徒三年。但诬告者，绞。若告期亲尊长、外祖父母，虽得实，杖一百；大功，杖九十；小功，杖八十；缌麻，杖七十。其被告期亲、

---

① （清）沈之奇：《大清律辑注》卷22，《刑律·诉讼》"干名犯义"条下。
② （清）沈之奇：《大清律辑注》卷27，《刑律·捕亡》"知情藏匿罪人"条。
③ （清）沈之奇：《大清律辑注》卷1，《名例》"亲属相为容隐"条。

大功尊长及祖父母，若妻之父母，并同自首免罪。小功缌麻尊长，得减本罪三等。①

《礼记》有"子之事亲，有隐无犯"之语。孔子亦云"孝慈则忠。"而孔子弟子有子的"其为人也孝弟，而好犯上者，鲜矣；不好犯上，而好作乱者，未之有也"一段话亦为人所熟知。东晋卫展在批判当时"考子正父死刑，或鞭父母问子所在"的做法时有"相隐之道离，则君臣之义废；君臣之义废，则犯上之奸生矣"这样的议论。② 因此，为了求得忠臣，必先培育孝子，"干名犯义"条的律意正在于此。而沈之奇在《大清律辑注》中对清律中类似"干名犯义"这样保护伦理纲常的条款不吝其辞、大加赞颂，称其中规定"真天理、人情之至"，正是出于对传统社会这一正统价值观念、意识形态的尊崇。

2. 赞扬立法严密者

（1）赞扬"谋杀人"条立法之严密

沈之奇在《刑律·人命》"谋杀人"条律上注第十一段云：

> 律无谋而不行之文，盖谋本隐微秘密之事，若尚未行，即无凭据，故不著其法。唯同谋者有已行之人，及已伤人、杀人，斯有凭据矣，故复有造意不行仍为首论，为从不行减行者一等之法。律意精微如此。③

此即沈之奇对"谋杀人"条中相关规定之赞扬。

按康熙九年校正律"谋杀人"条正文如下：

> 凡谋杀人造意者，斩；从而加功者，绞；不加功者，杖一百、流三千里。杀讫乃坐。若伤而不死，造意者，绞；从而加功者，杖一百、流三千里；不加功者，杖一百、徒三年。若谋而已行，未曾伤人者，杖一百、徒三年；为从者，各杖一百。但同谋者皆坐。其造意者，身虽不行，仍为首论。从而不行，减行者一等。若因而得财者，

---

① （清）沈之奇：《大清律辑注》卷22，《刑律·诉讼》"干名犯义"条。

② 《晋书·刑法志》。

③ （清）沈之奇：《大清律辑注》卷19，《刑律·人命》"谋杀人"条下。

同强盗不分首从论，皆斩。①

其中并无"谋而不行"之规定。按前文已经述及，清律中的"已行"系指预谋之外的预备行为以及实行行为。故"谋而不行"仅指预谋而已。这样的预谋者仅有犯罪意图、犯罪计划。即便古人看重对犯罪主观恶性的遏制比如沈之奇便不断强调"律贵诛心"而相对不太看重行为的客观危害性，但是，因"谋"通常难以侦知，故即便"谋杀人"条对此予以规定，其可能也会流于具文。故沈之奇对律文中未曾就"谋而不行"予以规定的做法表示赞赏。当然，如果谋者已行乃至伤人杀人者，则其预谋已有外在表征乃至客观危害后果，即此时便具备惩罚行为人的客观依据，此即沈之奇所云"斯有凭据矣"。至于其中造意而不行者以及预谋之从犯而不行者，虽其人未有预谋之外的预备行为及加功行为，但已行之他人实乃未行之人的间接实行人，故对其仍应处罚之。由此可见清律"谋杀人"条立法之严密。故沈之奇对此予以褒扬，称"律意精微如此"。

（2）赞扬"夜无故入人家"条立法之严密

沈之奇在《刑律·贼盗》"夜无故入人家"条律后注云：

> 按"罪人拒捕"条内，已就拘执而擅杀者，以斗殴杀论，不减等，与此不同。彼是在官罪人，逃走拘执，事已定矣，何故复有杀伤？必是捕人凌虐所致，故不减等。此无故入人家内，虽已拘执，而主家疑虑彷徨，莫测其故，因有杀伤，其情可原，故稍宽其杀伤之罪。律意精微，毫厘即有间也。②

此即沈之奇对"夜无故入人家"条中有关主家擅杀已就拘执之进入者规定的赞扬。

按康熙九年校正律《刑律·贼盗》"夜无故入人家"条正文如下：

> 凡夜无故入人家内者，杖百十。主家登时杀死者，勿论。其已就

---

① （清）沈之奇：《大清律辑注》卷19，《刑律·人命》"谋杀人"条。
② （清）沈之奇：《大清律辑注》卷18，《刑律·贼盗》"夜无故入人家"条下。

拘执而擅杀者，减斗殴伤罪二等。至死者，杖一百、徒三年。①

而按康熙九年校正律《刑律·捕亡》"罪人拒捕"条，如果不应死之罪囚已就拘执而捕者擅杀之或致之折伤者，主家各以斗杀伤论。夜无故入人家本系杖罪，与不应重者处罚相同，故进入者自属不应死之人。主家擅杀已就拘执之进入者，比斗杀伤减轻二等处罚，而捕者擅杀不应死之罪囚则以斗杀伤论。② 可见，清律对捕者处罚更重。至于其中的原因，沈之奇则指出罪囚之死伤可能出于捕者凌虐。而主家杀死已就拘执之进入者，其原因则可能不是出于凌虐之故，而是出于保护自己而"疑虑彷徨，莫测其故"，故其处罚减轻。清律"夜无故入人家"条的这一规定实际上等于加重对公职人员滥用职权的处罚。因此，沈之奇称赞这一规定"律意精微"。

二、对律文的些微批评

清末薛允升在《读例存疑》《唐明律合编》等书中对清律多所批评。但是，由于薛允升本系进士出身，又官至刑部尚书，且曾参与同治九年修例，其《读例存疑》一书即为将来修例而作，所以他对清律中条例与律文的抵牾、条例之间的参差乃至以唐律为参照批判明律（实即批判清律）这样的做法均可谓其职责所致或与其地位有关。但是明清时期的许多律家如沈之奇等均系刑名幕友，而且他们在科举考试中仅获得较低的功名，加之清初的思想高压，因此沈之奇们自然更惮于对律典进行批评，即便有批评，那么其言辞也必然相当委婉。经笔者检查，沈之奇对律文予以批评的数量很少，且其所针对者均为立法技术层面的问题，并未对律典进行价值层面的挑战。以下略举几例以说明之。

1. 对"文武官犯私罪"条律文的批评

沈之奇在《名例律》"文武官犯私罪"条律上注云：

前有品级官曰笞四十以下，则一、二、三十者，皆附过。此未入

---

① （清）沈之奇：《大清律辑注》卷18，《刑律·贼盗》"夜无故入人家"条。
② 见（清）沈之奇：《大清律辑注》卷27，《刑律·贼捕亡》"罪人拒捕"条。

流与吏典但曰笞四十，无"以下"字，则三十以下不附过矣。岂以其微而厚之耶？①

此即沈之奇对该条律文对未入流之低级官员及吏典等犯罪笞三十以下者不附过未作规定的批评。

按康熙九年校正律"文武官犯私罪"条有关规定如下：

凡文武官犯私罪，笞四十以下，赎完附过还职；五十，赎完解现任送吏部于原官流品另处叙用……若未入流及吏典有犯私罪笞四十者，决讫，附过，各还职役；五十，官犹附过还职，吏罢现役，别叙；杖六十以上罪，并罢职役不叙。②

按该条以上规定，文官有品级者犯私罪应笞四十以下者附过还职，因此如果文官有品级者应笞一十、二十、三十者，自当附过还职。但下文在提及文官未入流者及吏典时，仅规定文官未入流者与吏典犯私罪应笞四十者附过还职，而无"以下"二字，故文官之未入流者及吏典等犯私罪应笞一十、二十、三十者，似当不附过。前后相对比，这似乎是律文的一个疏漏，故沈之奇提出质疑，即不能仅因笞三十以下为微过而不处罚文官之未入流者及吏典等人。

2. 对"关防内使出入"条律文的批评

沈之奇在《兵律·宫卫》"关防内使出入"条律上注第二段云：

门官、守卫官与同罪，则入皇城门者，同发边远充军；入宫殿门者，同绞，照《名例》减一等，流三千里。则失搜捡而入宫殿者，反轻于入皇城矣。俟考。③

此即沈之奇对该条末关于门官、守卫官等失于搜检致人私带兵器进入宫殿门内之处罚比进入皇城门处罚轻这一规定的批评。

① （清）沈之奇：《大清律辑注》卷1，《名例》"文武官犯私罪"条下。
② （清）沈之奇：《大清律辑注》卷1，《名例》"文武官犯私罪"条。
③ （清）沈之奇：《大清律辑注》卷13，《兵律·宫卫》"关防内使出入"条下。

按康熙九年校正律"关防内使出入"条：

> 凡内使、监官并奉御内使，但遇出外，各门官须要收留本人在身关防牌面，于簿上印记姓名字号明白，附写前去某处干办，是何事务，其门官与守卫官军搜捡沿身，别无夹带，方许放出。回还一体搜捡，给牌入内，以凭逐月稽考出外次数。但搜出应干杂药，就令自吃。若不服搜捡者，杖一百，充军。若非奉旨，私将兵器进入皇城门内者，杖一百，发边远充军。入宫殿门内者，绞。门官及守卫官失于搜捡者，与犯人同罪。①

按康熙九年校正律《名例律》之"称与同罪"条：

> 凡称与同罪者，止坐其罪。至死者，减一等，罪止杖一百、流三千里，不在刺字、绞、斩之律。②

因此，如门官等失于搜检致使有人私带兵器进入宫殿门内者，其人拟绞，而失于搜捡之门官、守卫官与犯人同罪，即至死者减一等即杖一百、流三千里。而按"关防内使出入"条，门官等失于搜捡而致有人将兵器带入宫殿门的处罚为边远充军，由此而产生失于搜检致人携带兵器进入宫殿门反比失于搜捡致人携带兵器进入皇城门的处罚为轻这一不合理情形。故沈之奇在此提出"俟考"，其实是对律文及小注规定不合理的一种委婉的批评。

3. 对"主将不固守"律文的批评

沈之奇在《兵律·军政》"主将不固守"条律上注云：

> 失于飞报，虽是哨望人之过，然令不谨严，人不选择，固将帅之罪也。失机大事，岂得诿于若辈哉？③

---

① （清）沈之奇：《大清律辑注》卷13，《兵律·宫卫》"关防内使出入"条。
② （清）沈之奇：《大清律辑注》卷1，《名例》"称与同罪"条。该律文句末本有小注"至死减一等。内使例不拟充军，唯此须依本律"一句。但其中"至死减一等"与《名例律》"称与同罪"条对"同罪"的解释一致，故出于行文方便，本书此处不欲在正文中提及之。
③ （清）沈之奇：《大清律辑注》卷14，《兵律·军政》"主将不固守"条下。

此即沈之奇对该条中对望高巡哨之人失于飞报处罚的批评。

根据康熙九年校正律"主将不固守"条：

> 若官兵与贼临境，其望高巡哨之人，失于飞报，以致陷城损军者，亦斩监候。①

其中并未有因望高巡哨之人失于飞报而对其上司如将帅处罚的规定。望高巡哨之人固然是失于飞报的直接责任人，但如其失职，则其上司难逃制度不严、用人不当的连带责任。故沈之奇对"主将不固守"条的有关规定提出批评，认为失于飞报以致陷城损军的罪责并不应仅由望高巡哨之人承担，其上司如将帅等须承担"令不谨严，人不选择"的领导责任。而这一批评大概可算是沈之奇最为严厉的措辞了。

---

① （清）沈之奇：《大清律辑注》卷14，《兵律·军政》"主将不固守"条。

第三章 《大清律辑注》对清代立法的影响

　　本章所谓《大清律辑注》对清代立法的影响，是指清代律典对沈之奇律注的采辑，即将这一私家律书的解释转变为法律规范。

　　何敏博士在其于 1994 年完成的博士论文《清代注释律学研究》第六章中曾对清代注律成果对本朝立法的影响进行过研究。① 何敏博士认为，清代注律成果对立法的影响表现为两个方面，即将私注释文纂为法条和将私注释文纂为律注两种。虽然何敏博士论文中该部分内容并非针对《大清律辑注》而展开，但对笔者却颇多启发。同时也正因为何敏博士的这一研究并非针对《大清律辑注》而展开，故在此笔者更有必要在前人研究的基础上，针对《大清律辑注》一书对清代立法的影响这一问题进行更加全面和深入的探讨。为此，笔者将顺治三年《大清律集解附例》、雍正三年《大清律集解》、乾隆五年《大清律例》三部律典与《大清律辑注》以及明代的重要律学著作如《律条疏议》《读律琐言》《大明律集解附例》《明律笺释》等相对比，并参考《大清律例通考》《读例存疑》等书，辅之以清代修订律例的文献，对《大清律辑注》一书对清代立法的影响进行研究。经过考察，笔者认为，《大清律辑注》对清代立法的影响主要表现为以下四个方面：一是《大清律集解》总注对《大清律辑注》律注的采录；二是《大清律集解》及《大清律例》小注对《大清律辑注》律注的吸收；三是《大清律集解》及《大清律例》条例之来自《大清律辑注》律注者；四是其他情形。以下将展开对这四个方面的研究。

---

① 见何敏《清代注释律学研究》，第 158—178 页。

第一节 《大清律集解》总注对
《大清律辑注》律注的采录

按乾隆五年《大清律例》"凡例"有"雍正三年律文后大字总注，虽亦原本《笺释》《辑注》等书……"之句。既然该"凡例"中明确提及之律书为《明律笺释》与《大清律辑注》二种，那么《大清律集解》的总注当应以采自以上二书者为最。但与《明律笺释》《大清律辑注》等书相比，《大清律集解》的总注相对简洁，且其中并未明确指出何处文字系来自何种律书而是将各律书注释融汇一体，而沈之奇律注本身又是汇集诸家律书之作，故找出《大清律集解》总注之来自沈之奇注解者颇为不易。不过，经笔者将总注与沈之奇律注以及其他律书如《律条疏议》《读律琐言》《大明律集解附例》《明律笺释》等的释文互相对比并参考《大清律例通考》《读例存疑》等书之后，笔者发现，其中仍可找出《大清律集解》总注之来自或可能来自沈之奇之独家创见者。以下仅就笔者找到的个案予以论述。

1. 《名例律》"老小废疾收赎"条总注
《大清律集解》"老小废疾收赎"条总注全文如下：

> 此是恤老慈幼矜不成人之义也。杀人，谓谋故及斗殴杀人应抵偿之罪。应死，谓一切应斩应绞之死罪。此律分三等：年七十以上、十五以下及废疾之人，流罪以下一切所犯罪名，皆得依律收赎。此一等也。年八十以上、十岁以下及笃疾之人，除杀人应抵者上请，盗及伤人者收赎，余皆不坐罪。此一等也。年九十以上、七岁以下，虽犯杀人及一应死罪，皆不加刑，仍以不加刑缘由奏闻。唯犯反逆者，九十仍科其罪。盖以力虽不能任事，智犹可以与谋。至七岁以下，则智与力皆不及此，故虽反逆亦不加刑，而止照本律缘坐之法。若九十以上、七岁以下有人教令而犯非出己意者，则罪坐教令之人。如有赃应偿，原系老小自用，则仍令老小偿之；系教令者得受，则教令者偿之。此又一等也。再如有人教七岁小儿殴打父母者，坐教令者以凡人

之罪；有教九十老人故杀子孙者，亦坐教令者以杀凡人之罪。①

而沈之奇《大清律辑注》该条律后注如下：

> 此条分三等。七十以上、十五以下，及废疾瞎一目、折一肢之类，此为一等。除真犯死罪外，流罪以下，并听收赎。八十以上、十岁以下，及笃疾瞎二目、折二肢之类，此为一等。犯谋故殴杀人之罪，法应抵偿拟死者，拟议奏闻，取自上裁。法行乎下，而恩出乎上也。若犯盗不分强窃，伤人不论轻重，亦听收赎，以其侵损于人，故不全免。除此以外，则一切弗论矣。九十以上、七岁以下，又为一等。虽有杀人若盗及伤人，虽犯应死之罪，不加刑焉，谓不在上请及收赎之限。注云："九十以上，犯反逆者，不用此律"，应仍科其罪。而不及七岁以下者，以九十者力虽不任其事，智或能预其谋，若七岁以下，智与力皆不及此，此虽反逆，亦不加刑，止照本条缘坐之法。若九十以上、七岁以下，所犯之事，不出己意，有人教令为之者，罪坐教令之人。其有赃应偿者，老小自用，则老小偿之，罪虽不加，而赃应追还也；系教令者得受，则坐罪之外，仍追其赃。②

又沈之奇《大清律辑注》该条有律上注如下：

> 此条义重敬老慈幼、矜不成人，乃法中之恩也。
> 侵损于人，即盗及伤人也……杀人专指谋杀、故杀、斗杀言，谓除反逆等项之外，应死之罪，唯杀人为重，故特下此二字。不言犯罪至死，以杀人例之也，谓杀人应死，尚当议拟奏请，则其他一应死罪，自应议奏，不待言也……
> 盗兼强、窃……
> 若教令犯罪，而老小之人干犯有亲属服制者，其罪有轻重，自照凡人本法。设有教令九十老人故杀子孙，教令者自坐杀凡人之罪，不得照故杀子孙律也。如教令七岁小儿殴打父母，教令者自坐以杀凡人

---

① 《大清律集解·名例》"老小废疾收赎"条下。
② （清）沈之奇：《大清律辑注》卷1，《名例》"老小废疾收赎"条下。

之罪，不得照殴父母律也。①

对比总注与沈之奇律后注及律上注，我们可以发现，其间行文颇多相同或相似者。特别是总注中将"老小废疾收赎"分为三等之做法，应即参考或来自《大清律辑注》。因为其他律书如《律条疏议》《大明律释义》《大明律集解附例》《读律琐言》中均未有此等表述，而《明律笺释》中仅有"此条老小分三等，当与犯罪存留养亲条并看"一句。② 按《大清律集解》中的"老小废疾收赎"条律文并未分节。为了便于理解律意，沈之奇等律家仿唐律而将老小等以年龄为标准分为三等，每一等次的老小等均有不同的处遇。这样的做法当然有助于读律者把握律意并进而用律适当。

2.《名例律》"给没赃物"条总注
《大清律集解》该条总注有如下内容：

> 首节言赃物入官给主之例，二节言入官财产赦免不赦免之例，三节言赃物应征勿征之例，四、五节言估赃追赃之例。③

查《明律笺释》该条将律文分为五节，依次予以解释，但并未概括各节内容。康熙九年校正律该条也以圆圈分为五节。而《大清律辑注》该条律上注第二段则将律文分为六节，并对各节律文总括其义。该段律上注内容如下：

> 此条分六节看，一言入官之赃；二言给主之赃；三言籍没家产遇赦者，以本犯已、未正法，家产已、未入官，应放免、不放免之法；四言以赃入罪者，有免征、不免征之法；五言估计赃物之法；六言追征赃罚金银成色之法。④

---

① （清）沈之奇：《大清律辑注》卷1，《名例》"老小废疾收赎"条下。
② （明）王樵、王肯堂：《明律笺释》卷1，《名例》"老小废疾收赎"条。
③ 《大清律集解·名例》"给没赃物"条下。
④ （清）沈之奇：《大清律辑注》卷1，《名例》"给没赃物"条。

该段律上注对各节内容的概括与前述《大清律集解》总注不尽一致。但查其他律书如《律解辨疑》《律条疏议》《大清律释义》《读律琐言》《大明律集解附例》及《明律笺释》等，其中并未将该条分节概括。故笔者认为《大清律集解》该条总注与《大清律辑注》该条律上注之间可能存在一定的渊源关系，即《大清律集解》对每节内容的概括可能参考了《大清律辑注》。

3. 《名例律》"犯罪自首"条总注

《大清律集解》该条总注起首有以下内容：

> 此律首二节言犯罪准自首，所以开人自新之路；三节分别不准首，所以绝人幸免之心；末节则推广自首之法，使人知免于罪也。①

查《明律笺释》中也将该律分为四节并依次对各节律文予以解释，但并未总结各节大意。而沈之奇《大清律辑注》该条律上注第一段内容如下：

> 此条分三大目。首二节言犯罪得准自首之事，凡六项……第三节言不准首之事，凡六项……末节言不经官自首及盗捕同伴自首之事，凡四项……②

该段律上注同样将"犯罪自首"律分为四节，并对各节内容予以概括。而以上所引《大清律集解》该条总注与《大清律辑注》该律上注内容不同者有二：一是总注中有对各节意旨的说明，而《大清律辑注》该条律注中无此内容；二是总注中对第四节内容的概括与律上注不同。再查笔者目前所看到的其他律书如《律解辨疑》《律条疏议》《大清律释义》《读律琐言》《大明律集解附例》及《明律笺释》等，其中并未有如此内容。因此，笔者认为《大清律集解》中该段总注可能修改自《大清律辑注》该条律上注。而以上总注之与沈之奇律注不同者在于总注更指出了各该节的规范目的。

---

① 《大清律集解·名例》"犯罪自首"条下。
② （清）沈之奇：《大清律辑注》卷1，《名例》"犯罪自首"条下。

4. 《名例律》"称道士女冠"条总注

《大清律集解》该条总注全文如下：

> 此专为道士女冠僧尼而言也。凡出家之人，师弟之恩义最重，故于其受业师，义与伯叔父母同。于其弟子，义与兄弟之子同。凡相殴骂等项，并依犯期亲尊长及卑幼律科断。其同师僧道相犯者，仍照常人论。①

沈之奇《大清律辑注》该条律注全文如下：

> 【律后注】道士、女冠与僧尼虽不同，而皆系出家之人，故犯罪者同论。幼蒙养育，受业为师，则不特名分，兼有恩义，故有犯于师者，与伯叔父母同；有犯于弟子者，与兄弟之子同也。称子者，男女同，而尼与女冠该之矣。
>
> 【律上注】按常人殴受业师，止加凡人二等。道冠尼僧，直同期亲尊长，盖教而兼养，终身不离，衣钵相承，恩义并重也。然必审其师非挟私，徒真负义，乃可坐也。
>
> 或云同师之子弟相犯，当依堂兄弟。非也。虽同受业于师，实凡人也，本无天亲，岂得分长幼为兄弟？律止言师与弟子，既无正文，岂可附会？以凡论为是。②

可见，《大清律集解》该条总注的主要内容与《大清律辑注》律注大致相同。特别需要指出的是总注最后一句"其同师僧道相犯者，仍照常人论"，除《大清律辑注》与《大明律集解附例》③中的解释与此相同以外，《读律琐言》《明律笺释》并其他律书如《律解辨疑》《律条疏议》《大明律释义》等皆无对此问题的解释。相对于《大明律集解附例》，《大清律辑注》距离雍正三年更为接近，且该书注释的对象为清律，故

---

① 《大清律集解·名例》"称道士女冠"条下。
② （清）沈之奇：《大清律辑注》卷1，《名例》"称道士女冠"条下。以上引文中【律后注】、【律上注】字样为笔者所加。
③ 《大明律集解附例》该条"纂注"最后一句为"其同师僧道相犯者，原非血属，仍依常人论"。见（明）佚名：《大明律集解附例》卷1，《名例》"称道士女冠"条。

虽然《大明律集解附例》中有与总注相同之文字，但当时修律时参考沈之奇书的可能性应该更大，故笔者认为该句总注可能来自《大清律辑注》。"称道士女冠"条对道士女冠的师徒关系予以界定，即将其拟制为伯叔父母与侄之关系，但是同师道的弟子之间其关系应如何处理，该条并未规定。而沈之奇的律注正可对之予以补充，故《大清律集解》将其纳入总注。

5.《户律·婚姻》"娶亲属妻妾"条总注

按《大清律集解》"娶亲属妻妾"条总注文字颇长，且似非必要，故本文此处不拟抄录。需要指出的是，《大清律集解》该条总注与《大明律集解附例》《明律笺释》《大清律辑注》等律书之该条律注大意基本一致，而其中"若原系妻而娶为妾，仍以妻论；原系妾而娶为妻，仍以妾论"①一段更与《大清律辑注》该条律上注第七段文字②完全相同。查《律解辨疑》《律条疏议》《大明律释义》《读律琐言》等律书该条并无此等解释。而《大明律集解附例》与《明律笺释》二律书中相应解释相同，其文如下：

> 若原系妻而娶为妾，当从妻论；原系妾而娶为妻，仍从妾减科。③

虽然《大清律辑注》中以上文字之意义与《大明律集解附例》《明律笺释》二律书一致而文字本身亦相似，但因《大清律集解》总注之相应文字与《大清律辑注》完全相同，由此可见，"娶亲属妻妾"条总注中该段文字应采自《大清律辑注》。清律"娶亲属妻妾"条本来只规定了娶亲属妻为妻、娶亲属妾为妾两种情形，而不及于娶妾为妻、娶妻为妾二项。而沈之奇等人的解释似可弥补之，故《大清律集解》采之以为总注。

---

① 《大清律集解·户律·婚姻》"娶亲属妻妾"条。
② 见（清）沈之奇：《大清律辑注》卷6，《户律·婚姻》"娶亲属妻妾"条下。
③ （明）佚名：《大明律集解附例》卷6，《户律·婚姻》"娶亲属妻妾"条下。又见（明）王樵、王肯堂：《明律笺释》卷6，《户律·婚姻》"娶亲属妻妾"条。乾隆五年修律时，将该二律书中以上文字增为小注。

6. 《刑律·贼盗》"盗城门钥"条总注

《大清律集解》"盗城门钥"条总注有"盗监狱门钥,比仓库"① 之语。查沈之奇《大清律辑注》"盗城门钥"条有以下律上注:

> 盗各衙门门及监狱门钥,律无文,应依仓库门钥科断。②

而《律解辨疑》《律条疏议》《大明律释义》《读律琐言》《大明律集解附例》《明律笺释》等律书并未有此语句。故该小注应来自《大清律辑注》。查雍正三年律"盗城门钥"条律文中明确提及的"城门"包括京城门、府州县镇城关门及仓库门三种,律末又有小注"盗皇城门钥,律无文,当以盗内府财物论"。③ 以上各门无法被解释为包括监狱门、衙门门,而此二处又系关系紧要之处,故沈之奇认为应将之比照仓库门处理。这样的解释弥补了法无明文的漏洞,故总注采纳之。乾隆五年总注被删,而沈之奇的这一解释又被纂为小注。沈之奇的这一类推解释应即总注所谓"推广律意而尽其类"者。

7. 《刑律·人命》"斗殴及故杀人"条总注

雍正三年律"斗殴及故杀人"条总注中有对"故杀"的解释如下:

> 若于斗殴时,忽起杀心,欲致人于死,是谓故杀。④

而该律典"谋杀人"条总注则未有对"故杀"或"故"的解释。查《读律琐言》,其中仅"斗殴及故杀人"条"琐言"有对"故杀"解释如下:

> 言故杀者,故意杀人,意动于心,非人之所能知,亦非人之所能从……故杀出于一人之意,此故杀之不可以从论也。⑤

《大明律集解附例》"谋杀人"条"纂注"对"故"有如下解释:"有意

---

① 《大清律集解·刑律·贼盗》"盗城门钥"条。
② (清)沈之奇:《大清律辑注》卷18,《刑律·贼盗》"盗城门钥"条。
③ 见《大清律集解·刑律·贼盗》"盗城门钥"条。
④ 《大清律集解》卷19,《刑律·人命》"斗殴及故杀人"条下。
⑤ (明)雷梦麟:《读律琐言》卷19,《刑律·人命》"斗殴及故杀人"条下。

谓之故"，① 而"斗殴与故杀人"条对"故杀"则有如下解释：

> 有意而杀之曰故意，非人所知……先持杀人之心，乃与人相殴而杀之，则曰故杀。②

《明律笺释》"谋杀人"条对"故杀"有如下解释：

> 临时虽有意，而先未尝有谋者，谓之故杀。③

而"斗殴及故杀人"条对"故杀"解释如下：

> 两相殴即欲其死曰故杀……言故杀者，意动于心，非人之所能知，亦非人之所能从……故杀出于一人之意，此故杀之不可以从论也。④

查《大清律辑注》"谋杀人"条有律上注对"故杀"的解释如下：

> 盖独谋杀人，同于故杀，但故杀则起意于临杀之时，谋杀则造意于未杀之先也。⑤

而"斗殴与故杀人"条中对"故杀"的解释有如下几处：

> 如一时逞凶，欲致其死，而逞情杀之，则谓之故杀……故杀之法，列于斗殴之下、同谋共殴之上者，盖故杀之事，即在此两项中看出也。或斗殴之人，当相殴之时，忽然有意杀之；或共殴人内，有一人于共殴之时，忽然有意杀之……然必当场杀讫，果出有意杀之者，方可拟以故杀……"临时有意欲杀，非人所知"，此十字，乃故杀之

---

① （明）佚名：《大明律集解附例》卷19，《刑律·人命》"谋杀人"条下。
② （明）佚名：《大明律集解附例》卷19，《刑律·人命》"斗殴及故杀人"条下。
③ （明）王樵、王肯堂：《明律笺释》卷19，《刑律·人命》"谋杀人"条下。
④ （明）王樵、王肯堂：《明律笺释》卷19，《刑律·人命》"斗殴及故杀人"条下。
⑤ （清）沈之奇：《大清律辑注》卷19，《刑律·人命》"谋杀人"条下。

铁板注脚，一字不可移，一字不可少。有意欲杀乃谓故杀。若先前有意，不在临时，则是独谋于心矣……临时，谓斗殴、共殴之时也。故杀之心，必起于殴时，故杀之事，即在于殴内，故列于斗殴、共殴之中。除凡人之外，其他故杀，皆附于殴律，其义可见。①

与其他律家相比，沈之奇对"故杀"的解释最为详尽，而且沈之奇不断强调故杀发生于斗殴过程中。关于这一点，除王肯堂之外，其他律家并未特别强调或指出这一点。当然，王肯堂"两相殴即欲其死曰故杀"这一解释的意义与沈之奇强调故杀生于斗殴过程中的阐述一致。而《大清律集解》"斗殴与故杀人"总注中对"故杀"的解释不仅意义与沈之奇的解释一致，而且其文字也与沈之奇的解释最为接近。故笔者认为总注中对"故杀"的解释很有可能来自《大清律辑注》。

8.《刑律·人命》"夫殴死有罪妻妾"条总注

《大清律集解》"夫殴死有罪妻妾"条律文如下：

> 凡妻妾因殴骂夫之祖父母父母而夫不告官擅杀者，杖一百。若夫殴骂妻妾因而自尽身死者，勿论。祖父母父母亲告乃坐。若祖父母父母已亡或妻有他罪不至死而夫擅杀，仍绞。②

但如妻妾无罪被夫殴因而自尽，则显然不应援引此律。此时可资援引者有"妻妾殴夫"条，然而该条又未规定夫殴无罪妻妾而致其自尽应如何处断。由此可能导致读律者及谳狱者的困惑。对此，《大清律集解》"夫殴死有罪妻妾"条有总注如下：

> 至妻妾无罪而殴至折伤以上者，虽有自尽实迹，仍依夫殴妻妾至折伤本律科罪。③

查《律条疏议》《大明律释义》《读律琐言》《大明律集解附例》等律书

---

① （清）沈之奇：《大清律辑注》卷19，《刑律·人命》"斗殴及故杀人"条下。
② 《大清律集解·刑律·人命》"夫殴死有罪妻妾"条。
③ 同上。

并无类似解释。而《明律笺释》该条有释文如下：

> 若无罪而殴，自有夫殴妻妾律……按后条夫殴妻非折伤勿论，至折伤以上减凡人二等，妾又减一等。然则殴至折伤以上者，虽有自尽实迹，亦当依律科断，不得勿论矣。①

又《大清律辑注》该条第四段律上注如下：

> 按斗殴律夫殴妻非折伤弗论，至折伤以上减凡人二等，妾又减一等。则殴至折伤以上者，虽有自尽实迹，亦当依律科断。然又当论妻妾之有罪无罪以定之。②

《明律笺释》与《大清律辑注》中的有关解释大致相同。因此，《大清律集解》中前述总注可能来自此二书。这一总注又于乾隆五年被纂为条例。在《读例存疑》一书中该条例下，薛允升曾援引前述《明律笺释》释文，并认为"总注盖本于此"。既然薛允升并不肯定，而且沈氏与王氏律注大致相同，因此，前述总注也有来自《大清律辑注》的可能性。

9. 《刑律·斗殴》"良贱相殴"条总注

《大清律集解》该条总注将律文分为三节并概括每节律意："首节言奴婢殴良人及良人殴伤他人奴婢之罪，二节言殴缌麻小功亲大功亲奴婢之罪，三节言殴缌麻小功亲大功亲雇工人之罪。"③ 查《律解辨疑》《律条疏议》《大明律释义》《读律琐言》《明律集解附例》及《明律笺释》等律书，其中或未分节，或未概括。而《大清律辑注》该条则有如下律上注：

> 此条首节言良人与奴婢相殴，次节言良人殴缌功亲之奴婢，三节言殴缌功亲之雇工人。④

---

① （明）王肯堂：《明律笺释》卷19，《刑律·人命》"夫殴死有罪妻妾"条下。

② （清）沈之奇：《大清律辑注》卷19，《刑律·人命》"夫殴死有罪妻妾"条下。

③ 《大清律集解·刑律·斗殴》"良贱相殴"条下。

④ （清）沈之奇：《大清律辑注》卷20，《刑律·斗殴》"良贱相殴"条下。

可见，《大清律集解》"良贱相殴"条总注对每节律意的概括与《大清律辑注》该条律上注比较接近，所以也许总注中有关文字即该律上注修改而来。

10. 《刑律·斗殴》"妻妾殴夫"条总注

《大清律集解》该条总注将律文分为四节，"首节言妻殴夫之罪"，"次节言妾殴夫及正妻之罪"，"三节定夫殴妻妾及妻殴妾之罪"，"末节定殴妻父母之罪"。① 按《律解辨疑》《律条疏议》《大明律释义》《读律琐言》与《大明律集解附例》等律书或未分节，或未概括。《明律笺释》将该条分为六段：

> 此律应分作六段看：妻殴夫，妾殴夫及正妻，夫殴妻，夫殴妾，妻殴伤妾，殴妻之父母。②

《大清律辑注》所本之康熙九年校正律中该条以圆圈分为四节，沈之奇并将该条四节律意概括如下：

> 首节言妻殴夫，次节言妾殴夫及正妻，三节言夫殴妻妾及妻殴妾，四节言殴妻之父母。③

可见，《大清律集解》该条总注中各节律意之概括与《大清律辑注》同。由此，我们可以认为总注中相应内容应来自《大清律辑注》。

在清代的三部正式律典中，仅《大清律集解》有律注即总注。而且该律典仅有律注而无例注。关于总注的作用，《大清律集解》"凡例"有说明，即总注"或大意略举，或逐条分疏，或释正文而兼及小注，或诠本条而旁通别义"，其目的在于"务期异同条贯，不致引用伪讹"。④ 虽然乾隆五年将总注删去，但是终清之世，总注的法律效力一直得到认可。同时，与沈之奇律注一样，总注仍然是"辑注"。但作为正式立法的一部分，总注自然不可能像私人律书那样不断提及律注渊源或对前人律注加以

---

① 见《大清律集解·刑律·斗殴》"良贱相殴"条下。
② （明）王樵、王肯堂：《明律笺释》卷20，《刑律·斗殴》"妻妾殴夫"条下。
③ （清）沈之奇：《大清律辑注》卷20，《刑律·斗殴》"妻妾殴夫"条下。
④ 《大清律集解》，"凡例"第9条。

评说。至于总注所运用的解释方法，则仍以文义解释为主。同时又因总注是正式立法，所以在沈之奇律注中时常见到的对篇名等来源的叙述以及援引案例、援引经典等解释律意的做法在总注中不复再见，而沈之奇等律家为了容纳更多注解内容而采用的上下栏甚至多栏结构也不被《大清律集解》所沿用。不过，沈之奇等律家习用的结构分析法以及对律意的概括解释则在《大清律集解》中广为采用。可以说，与《大清律辑注》等私家律书相比，《大清律集解》的总注最突出的特点便在于此，即一方面尽可能将更多的律文分节解释并概括每节律意；同时在每条律文总注的开始便概括律文大意。这也是雍正三年律对沈之奇的律文分节和律意概括多有采用的原因。

第二节 《大清律例》小注之采自 《大清律辑注》者

按《大清律集解》总注既有采自《大清律辑注》者，则其小注亦可能有采自《大清律辑注》者。笔者将顺治三年《大清律集解附例》小注与《大清律集解》小注相比较，并参考《大清律例通考》《读例存疑》二书中对小注修改的说明，结果极少发现《大清律集解》小注之来自《大清律辑注》者。其中可能来自《大清律辑注》者似乎仅有一例，即"徒流人又犯罪"条末小注于雍正三年增入的"天文生"三字。按《大清律例通考》《读例存疑》二书均未指明此三字来自何处。但查《大清律辑注》该条律上注：

注虽不言天文生，而曰依律，则天文生亦在其内矣。①

而《明律笺释》该条亦有释文曰：

注不及天文生，而天文生在其中矣。②

---

① （清）沈之奇：《大清律辑注》卷1，《名例》"徒流人又犯罪"条下。
② （明）王樵、王肯堂：《明律笺释》卷1，《名例》"徒流人又犯罪"条下。

因此，雍正三年"徒流人又犯罪"条小注所增"天文生"三字可能来自《明律笺释》或《大清律辑注》。相对于《大清律集解》，《大清律例》小注采自或可能采自《大清律辑注》者则相对较多，下文即将笔者所找到者顺次列出，以便了解。

1. 《名例律》"应议者之父祖有犯"条小注

按乾隆五年修律时，于该条律文第四节"其余亲属、奴仆、管庄、佃甲，倚势虐害良民陵犯官府者，加常人罪一等"句下增加小注"非倚势而犯，不得概行加等"一段。查该小注并非来自《大清律集解》总注，而《读律琐言》《明律笺释》等律书中亦无相似释文。而查《大清律辑注》"应议者之父祖有犯"条有律上注"必实倚勋戚之势，而有虐民凌官之事，方坐加等之罪"① 一句。虽然乾隆五年所加小注与此段律上注文字并不相同，而意义一致。故该小注似有可能改自沈之奇书之律上注。按清律"应议者之父祖有犯"条，应议者之父祖妻子等之外的其余亲属如房族兄弟等及奴仆等倚势虐害良民、凌犯官府者，一律加常人罪一等。故沈之奇律注以及乾隆五年律小注有此解释，以免用法冤滥。

2. 《名例律》"职官有犯"条小注

根据《大清律例通考》，乾隆五年修律时，于该条第一节"奏闻区处"句下增加小注"分别事情曰区，议拟罪名曰处"以解释"区处"，又于"奏闻区处"后"方许判决"句下分别增加小注"断定其事曰判，发落其罪曰决"以解释"判决"二字。② 此二处小注分别为《大清律辑注》"职官有犯"条律上注第七段、第十三段原文。而查《律解辨疑》《律条疏议》《大明律释义》《读律琐言》及《明律笺释》诸书该条下均无此等释文，仅《大明律集解附例》"职官有犯"条有如下解释：

> 区是分别事情，处是决断其罪。③

故沈之奇的有关解释可能参考《大明律集解附例》一书，但乾隆五年修律所增加以上小注则应来自《大清律辑注》。不过，根据《大清律例通

---

① （清）沈之奇：《大清律辑注》卷1，《名例》"应议者之父祖有犯"条下。
② （清）吴坛：《大清律例通考》卷4，《名例律上》"职官有犯"条。
③ （明）佚名：《大明律集解附例》卷1，《名例》"职官有犯"条。

考》，该小注嗣后又被删去。① 经笔者检查，乾隆三十二年大修之后该律文中已无此小注，② 故删去该小注可能即在此次或在此之前。

3. 《名例律》"流犯在道会赦"条小注

乾隆五年修律时在该条首句"凡流犯在道会赦"七字下增加小注"赦以奉旨之日为期"一句。查《律解辨疑》《律条疏议》《大明律释义》《读律琐言》《明律笺释》等律书以及顺治三年《大清律集解附例》、康熙九年校正律及《大清律集解》该条总注中并无此语句。而《大清律辑注》该条律上注第三段有"赦以旨下之日为限，不论颁到地头之期"一句。③ 因此，笔者猜测乾隆五年该条所增小注可能来自《大清律辑注》。又，《大清律例通考》曾言及增此小注之原因：

> 再，律首小注内未将"赦以奉旨之日为限"注明，则地有远近，会赦亦无定期，并应增注明白。④

而《读例存疑》则未论及"流犯在道会赦"条小注增删情形。由于恩赦时间的确定关系到许多犯人的罪刑能否减轻乃至生死，而以沈之奇所处年代的通信方式而言，如以赦书到达之日为始乃行赦免，恐许多徒流遣犯等已因长徒困苦或劳作不堪而病、死。而且徒流遣犯的服役地点不一，如以恩旨送达之日为赦免之时，也会导致赦免时间的参差。也许官员们会因此上下其手而致使犯人不能蒙恩。故沈之奇认为恩赦应以颁发之日为期，而乾隆初年修律也由是增此小注。

4. 《名例律》"老小废疾收赎"条小注

该条于乾隆五年修律时共增加四处小注，一即"八十以上、十岁以下，及笃疾，犯杀人应死者，议拟奏闻，取自上裁"一句中"杀人"后增加小注"谋故斗殴四字"四字，二即"应死"后增加小注"一应斩绞"四字，三即"议拟奏闻"后增加小注"犯反逆者不用此律"一句，四即"盗及伤人"后增加"罪不至死"四字。按《大清律例通考》，小注"谋

---

① 见（清）吴坛：《大清律例通考》卷4，《名例律上》"职官有犯"条下。

② 见《大清律例·名例律上》。海南出版社2000年版。该书所载清律为乾隆三十一年开馆、乾隆三十三年完成纂修之后的律例文本。

③ （清）沈之奇：《大清律辑注》卷1，《名例》"流犯在道会赦"条下。

④ （清）吴坛：《大清律例通考》卷4之下，《名例上之下》"流犯在道会赦"条下。

故斗殴"四字系来自《大清律集解》之总注:

> 又以雍正三年律总注称"杀人,谓谋故及斗殴杀人应抵偿之罪。应死,谓一切应斩、应绞之罪"等语。是杀人、应死原属两项,因将律文"杀人"下增注"谋故斗殴"四字,"应死"下增注"一应斩绞"四字。①

而《读例存疑》该条则并未言及小注增删情形。按"杀人"作"谋故斗殴"解即杀人包括三项即谋杀、故杀与斗殴杀之句可见于《大清律辑注》"老小废疾收赎"条律后注:

> 犯谋、故、殴杀人之罪,法应抵偿拟死者,拟议奏闻,取自上裁。②

《大清律辑注》该条律上注又云:

> 杀人专指谋杀、故杀、斗杀言。③

《明律笺释》该条亦有释文如下:

> 犯谋杀、故杀、斗殴杀,法应抵偿者,所司议拟罪名,取自上裁。④

《大明律集解附例》该条也有"纂注"如下:

> 杀人谓谋杀、故杀、斗殴杀抵偿之罪也。⑤

---

① (清)吴坛:《大清律例通考》卷5,《名例律下》"老小废疾收赎"条下。
② (清)沈之奇:《大清律辑注》卷1,《名例》"老小废疾收赎"条下。
③ (清)沈之奇:《大清律辑注》卷1,《名例》"老小废疾收赎"条下。
④ (明)王樵、王肯堂:《明律笺释》卷1,《名例》"老小废疾收赎"条下。
⑤ (明)佚名:《大明律集解附例》卷1,《名例》"老小废疾收赎"条下。

而《律解辨疑》《律条疏议》《大明律释义》及《读律琐言》诸律书均无此等解释。可见，《大清律辑注》中对"杀人"解释可能来自《大明律集解附例》或《明律笺释》。而《大清律集解》中对"杀人"的解释则可能来自以上三律书之一。清律中有"六杀"，即谋杀、故杀、斗杀、戏杀、误杀、过失杀。其中以前三者行为人的主观恶意为最重，如果对"杀人"不予以限制，则势必使"老小"的法律地位恶化、不能充分体现法律的"恤老慈幼"之意，故明清律家包括沈之奇有以上解释。而后来的《大清律集解》及《大清律例》均将之吸纳为律注。况且戏杀、误杀过失杀原不处死，所以如果对"杀人"不做限制解释，则"杀人"与后文之"应死"互相抵牾。清律总则《名例律》"五刑"条规定的死刑"正刑"即斩绞二种，而凌迟、戮尸等仅在分则中出现。况且一般的谋故斗杀的死罪为斩绞二种，只有杀一家三人、杀祖父母父母、杀死亲夫等才处以凌迟，而此等犯罪属于"十恶""老小"自不应减免，故沈之奇等将"应死"解释为"一应斩绞"，应当是为律文前后呼应起见。

5.《名例律》"二罪俱发以重论"条小注

乾隆五年修律时，该条原有小注"谓如二次犯窃盗……更科全罪，徒三年"句下增加小注"不枉法赃及坐赃，不通计全科"一句。按《大清律例通考》《读例存疑》二书均未提及该小注出处。而查《律解辨疑》《律条疏议》《大明律释义》《读律琐言》《明律笺释》《大明律集解附例》及《大清律集解》，其中均未有相关释文。唯《大清律辑注》该条第四段律上注如下：

> 或谓注内止引枉法为例，若不枉法与坐赃之各有主者，亦应通算；监守、常人盗之有数次者，则应并赃，先发论决，将后发者并算其罪，通计充数，亦如枉法之例。按枉法律下注有先发论决、后发并论；不枉法不注，坐赃及监守、常人盗皆无，似应照重者更论，轻若等者，勿论，止追其赃。俟考。①

按沈之奇不主不枉法赃与坐赃应"通算"论罪，其义与乾隆五年所增小注意思接近，则或许该小注即由此律上注而来。按"二罪俱发以重论"

---

① （清）沈之奇：《大清律辑注》卷1，《名例》"二罪俱发以重论"条下。

条有律文如下：

> 若一罪先发，已经论决，余罪后发，其轻若等，勿论。重者更论之，通计前所论决之罪，以充后发之数。①

其后又有小注如下：

> 谓如二次犯窃盗，一次先发，计赃一十两，已杖七十；一次后发，计赃四十两，该杖一百，合贴杖三十。如有禄人节次受人枉法赃四十两，内二十两先发，已杖六十、徒一年，二十两后发，合并取前赃通计四十两，更科全罪徒三年。②

该小注之后，是"不枉法赃及坐赃，不通计全科"一句。按上文小注，二犯窃盗的科罪原则其实仍是重罪吸收轻罪。但是，如果是"有禄人"即国家公职人员犯枉法赃，则须将前后赃合计科罪，因此导致其最终处罚比同样赃数的窃盗为重。官员受财枉法会导致国家权力被滥用，而如受财不枉法则不会有此后果，坐赃则是非因枉法或不枉法之事如多收少征等致罪，所以受财枉法的处罚较后二者为重。因此，二次以上受财枉法的处罚也应较不枉法、坐赃为重才能体现罪刑均衡的原则。故沈之奇等主张受财不枉法及坐赃者应同窃盗一样不通计全科，而守财枉法则应通计全科。

6. 《兵律·军政》"纵放军人歇役"条小注

按清律"纵放军人歇役"条"本营专管官吏知情容隐，不行举问，及虚作逃亡，扶同报官者，与犯人同罪"一句下原有小注"至死减一等"一句，乾隆初年修律时被改为"罪止杖一百，发边远充军"。按《大清律律例通考》，该小注修改缘由如下：

> 乾隆五年馆修，以知情容隐，军则同问充军，统则减等拟流，是容隐致死三名者之科拟，反轻于容隐致死一名者，殊未平允。应于"与犯人同罪"下增注"罪止杖一百，发边远充军"，将原注"至死

---

① 《大清律例·名例律下》"二罪俱发以重论"条。
② 《大清律例·名例律下》"二罪俱发以重论"条。

减一等"五字删除，庶为妥洽。①

《读例存疑》则未说明该小注修改缘由。查《明律笺释》该条有释文如下：

> 或谓此与同罪，若杖一百、罢职充军，则至死减一等，但罪止杖一百、流三千里，似乎反轻矣。殊不知军官军人犯徒流者，照依地里远近卫分皆充军，非直徒流焉而已也。②

再查《大清律辑注》该条有如下律上注：

> 本管官吏知情同罪，至死减流，则本犯应边远充军者同充，本犯应绞者止流，是反轻矣。军官犯徒流者，照依地里远近卫分充军，而三千里未必如边远矣。俟考。③

按修改后的小注与《明律笺释》意见相左而与《大清律辑注》同。虽然《大清律例通考》中并未明确提及该小注修改系参考沈之奇的观点，但是笔者认为似乎不能完全排除这一可能性。

按清律"纵放军人歇役"条有律文如下：

> 凡管军千总、把总及管队军吏，纵放军人出百里之外买卖……若私使出境，因而致死，或被贼拘执者，杖一百、罢职，发边远充军。至三名者，绞监候。本营专管官吏知情容隐，不行举问，及虚作逃亡，扶同报官者，与犯人同罪。④

根据清律《名例律》"称与同罪"条：

> 凡称与同罪，止坐其罪。至死者，减一等，罪止杖一百、徒三年。⑤

---

① （清）吴坛：《大清律例通考》卷19，《兵律·军政》"纵放军人歇役"条下。
② （明）王樵、王肯堂：《明律笺释》卷14，《兵律·军政》"纵放军人歇役"条下。
③ （清）沈之奇：《大清律辑注》卷14，《兵律·军政》"纵放军人歇役"条下。
④ 《大清律例·兵律·军政》"纵放军人歇役"条。
⑤ 《大清律例·名例律下》"称与同罪"条。

而根据清律《名例律》"加减罪例"条，死罪减一等即为流放三千里。所以，若私使军人出境因而致死一名军人者，管军千总等与知情容隐之本营专管官吏同罪，即一律杖一百、罢职，并发边远充军。而若私使军人出境因而致死三名军人者，管军千总等应处绞监候，而此时知情容隐之本营专管军吏与管军千总等"同罪"，即在绞监候上减一等即杖一百、流三千里。此即吴坛所谓"容隐致死三名者之科拟，反轻于容隐致死一名者"有失平允。故沈之奇有前述议论。而乾隆初年修律时则将原小注"至死减一等"改为"罪止杖一百，发边远充军"。

7. 《兵律·军政》"从征守御官军逃"条小注

乾隆五年修律时，于"从征守御官军逃"条"里长知而不首者，各减二等"句下增加小注"从杖罪减科，罪止杖八十"一句。按《大清律例通考》：

> 查逃军以从征为重，令照窝藏减等，则窝藏三犯者，罪止充军，减二等尚属杖九十、徒二年半，反重于从征私逃知情不首之里长矣。《辑注》云："照杖八十、九十、一百上减等，再犯、三犯亦然。"应注明，以便引用。增如前注。①

而《读例存疑》该条下援引《大清律辑注》中相关解释更长：

> 《辑注》云：里长知而不首，非窝藏之比，故减二等。前从征私逃者，里长知而不首，不问初犯、再犯，止杖一百。逃军内以从征为重，此减二等，止照杖八十、九十、一百上科减，罪止杖八十，再犯、三犯亦然。若照充军绞罪上减，则反重于出征者矣。按律内小注似本于此。②

《读例存疑》以上所引乃《大清律辑注》该条律上注第七段原文，故此处不再赘述。查《大明律集解附例》该条有如下"纂注"：

---

① （清）吴坛：《大清律例通考》卷19，《兵律·军政》"从征守御官军逃"条下。
② （清）薛允升：《读例存疑》卷21，《兵律之二·军政》"从征守御官军逃"条。

里长知而不首者，各减逃军之罪二等，罪止杖八十。①

而《明律笺释》该条则有释文如下：

其里长知情不首者，各减窝藏之罪二等，罪止杖八十。②

按《大明律集解附例》与《明律笺释》皆云里长知而不首者，罪至杖八
十，唯一则言从窝藏科减，一则言从逃军科减。沈之奇则认为应从知情窝
藏之杖罪上科减，因官军从征私逃而里长知而不首止杖一百，如守御之官
军私逃而里长知而不首反从知情窝藏之罪充军、绞罪上减等，如此显然情
罪不协，故沈之奇叙明缘由后，认为应将知守御军人私逃之情而不首之里
长从知情窝藏之杖罪上科减、罪至杖八十。因此，笔者认为吴坛、薛允升
认为该条所增小注"从杖罪科减，罪止杖八十"应来自《大清律辑注》
之理由是颇充分的。

8.《兵律·军政》"夜禁"条小注

乾隆五年修律时，于"夜禁"条末小注"拒捕者，指犯夜人。打夺
者，旁人也"后再增小注"若巡夜人诬执犯夜因而拒捕互殴致死者，以
凡斗殴论"一句。该小注系《大清律辑注》"夜禁"条律上注之原文。查
《律解辨疑》《律条疏议》《大明律释义》《大明律集解附例》《读律琐言》
《明律笺释》并《大清律集解》该条总注中并无此等释文。故笔者认为该
小注应来自《大清律辑注》。按清律"夜禁"条有如下规定：

若犯夜拒捕及打夺者，杖一百。因而殴巡夜人至折伤以上者，绞
监候。死者，斩监候。③

前述小注"拒捕者，指犯夜人。打夺者，旁人也"即在此句之下。其意
在解释拒捕者与打夺者，以免生歧义。犯夜者本有罪在先，乃敢殴巡夜
人，故其法定刑较之一般的斗殴及斗杀为重。但如并非犯夜而被巡夜人诬

---

① （明）佚名：《大明律集解附例》卷14，《兵律·军政》"从征守御官军逃"条。
② （明）王樵、王肯堂：《明律笺释》卷14，《兵律·军政》"从征守御官军逃"条。
③ 《大清律例·兵律·军政》"犯夜"条。

·127·

执犯夜，那么此时被诬之行人因拒捕而与巡夜人互殴致死者，则其法定刑自不能与真正犯夜者一体。故沈之奇有前述解释，乾隆初年修律则将其吸收为小注。

9.《兵律·关津》"递送逃军妻女出城"条小注

乾隆五年修律时，于"递送逃军妻女出城"条"其逃军买求者，罪同"句下增加小注"若逃军罪重者，仍从本罪论"一句。按从征、守御之官军私逃有本条即"从征守御官军逃"条，根据该条规定，从征官军私逃，初犯者，杖一百，仍发出征；再犯即绞监候。而在京、在外守御之军人私逃，初犯者，分别杖九十、杖八十，并发充军；再犯，则不分在京、在外，一律杖一百、发边远充军；三犯者，即绞监候。而根据"递送逃军妻女出城"条，官军递送逃军妻女出城者，最重的处罚是杂犯绞罪。如递送之官军受财者，计赃以枉法从重论。若逃军本人买求官军递送其妻女出城者，与受财之官军罪同。按"官吏受财"条，有禄人受枉法赃至八十两者，处实犯绞监候；无禄人受枉法赃至一百二十两者，实犯绞监候。故逃军买求官军递送妻女出城之处罚未必比其本人私逃之罪处罚为重，如将逃军本人按律处以与其买求之罪相同之处罚并不合理，因此乾隆五年方增加小注"若逃军罪重者，仍从本罪论"一段。查《大清律辑注》该条小注有律上注如下：

> 逃军有本罪，初犯、再犯、三犯不同。若本罪重于买求，自当从重论。[1]

而《律解辨疑》《律条疏议》《大明律释义》《读律琐言》《大明律集解附例》《明律笺释》诸律书及《大清律集解》该条总注并无此等解释。故虽《大清律例通考》《读例存疑》二书均未指明该小注系来自《大清律辑注》，但笔者仍认为此处小注可能是参考《大清律辑注》而增加。

10.《刑律·贼盗》"盗城门钥"条小注

乾隆五年修律时，于"盗城门钥"条末尾小注"盗皇城门钥，律无文，当以盗内府财物论"之后又增加小注"盗监狱门钥，比仓库"一句。按《大清律例通考》，该小注"系乾隆五年馆修，以监狱关系甚重，查系

---

[1] （清）沈之奇：《大清律辑注》卷15，《兵律·关津》"递送逃军妻女出城"条下。

雍正三年律总注语增入"。① 前已述及，《大清律集解》"盗城门钥"条总注有"盗监狱门钥，比仓库"之语。而《大清律辑注》"盗城门钥"条有律上注"盗各衙门门及监狱门钥，律无文，应依仓库门钥科断"一段。此外《律解辨疑》《律条疏议》《大明律释义》《读律琐言》《大明律集解附例》《明律笺释》等律书并未有此语句。故该小注应来自沈之奇律书。

11. 《刑律·斗殴》"殴大功以下尊长"条小注

《大清律集解》"殴大功以下尊长"条"凡卑幼殴本宗及外姻缌麻兄姊……死者，斩"中之"死者，斩"句下原有小注"绞、斩，在本宗小功、大功兄姊及尊属则决，余俱监候"一段。② 乾隆五年修律时，在该段小注后又增加小注"不言故杀者，亦止于斩"一句。按《大清律例通考》该条下有"谨按"云：

> 再，卑幼殴死缌麻兄姊，律止斩候，而不言故杀。查雍正三年《钦定集解》注云"不言故杀，亦止于斩"等语。现在内外问刑衙门，俱遵照办理。拟于律注"尊属则决，余俱监候"下增入"不言故杀，亦止于斩"二语，以便引用。③

按根据吴坛的解释，小注"不言故杀，亦止于斩"来自《大清律集解》该条总注"不言故杀，亦止于斩也"。④ 查《明律笺释》该条下有释文"其不言故杀，罪止于斩矣"一句。⑤ 《大清律辑注》该条律后注有"不言故杀，亦止于斩"之句。⑥ 而其他律书如《律解辨疑》《律条疏议》《大明律释义》《读律琐言》及《大明律集解附例》均无此等解释。故《大清律集解》该条总注中"不言故杀，亦止于斩也"之句应来自《明律笺释》或《大清律辑注》，而该句与《大清律辑注》中相应律后注文字更为接近。按《大清律集解》"殴大功以下尊长"条有以下规定：

---

① （清）吴坛：《大清律例通考》卷23，《刑律·贼盗上》"盗城门钥"条下。
② 《大清律集解·刑律·斗殴》"殴大功以下尊长"条。
③ （清）吴坛：《大清律例通考》卷28，《刑律·斗殴下》"殴大功以下尊长"条下。
④ 《大清律集解·刑律·斗殴》"殴大功以下尊长"条下。
⑤ （明）王樵、王肯堂：《明律笺释》卷20，《刑律·斗殴》"殴大功以下尊长"条下。
⑥ （清）沈之奇：《大清律辑注》卷20，《刑律·斗殴》"殴大功以下尊长"条下。

　　凡卑幼殴本宗外姻缌麻兄姊，但殴即坐，杖一百；小功兄姊，杖六十、徒一年；大功兄姊，杖七十、徒一年半。尊属又各加一等。折伤以上，各递加凡斗伤一等，罪止杖一百、流三千里。笃疾者，不问大功以下尊属，并绞；死者，斩。绞、斩，在本宗小功、大功兄姊及尊属则决，余俱监候。若族兄过继、族姊出嫁，仍依缌麻，不可作无服。①

乾隆五年所增小注即在上述小注"绞、斩，在本宗小功、大功兄姊及尊属则决，余俱监候"一段之后。按雍正三年"殴大功以下尊长"律及小注，卑幼殴本宗小功、大功兄姊及尊属至笃疾、至死者，皆应绞决、斩决。此外，殴其他亲属包括本宗小功兄姊、外姻缌麻、小功尊长、尊属至笃疾、至死者，以此等人服制既轻，故皆应绞候、斩候。在清律中，谋杀各种亲属规定在《刑律·人命》部分，斗殴及故杀各种亲属则一律规定在《刑律·斗殴》部分。比如卑幼殴打、故杀期亲尊长规定在"殴期亲尊长"条中。而按"殴祖父母父母"条，子孙但殴祖父母父母者即斩，杀者一律凌迟处死。其中的"杀"自然包括故杀。但是，"殴大功以下尊长"条对大功以下尊长、尊属故杀卑幼明确规定，而卑幼故杀大功以下尊长等则无明文。这不可谓非律文的一个重要疏漏。所以沈之奇等人在律注中有对这一问题的补充解释，即卑幼故杀大功以下尊属者，其罪亦止于斩。何以罪止于斩，是因为卑幼故杀期亲尊长等的法定刑为凌迟处死，大功以下尊长等服制既轻，则其罪也轻，故止于斩而不至于凌迟也。既然"殴大功以下尊长"条存在这一较大疏漏，那么我们不难理解《大清律集解》何以将沈氏律注增为总注，而《大清律例》又将该总注增为小注。

　　12.《刑律·骂詈》"骂尊长"条小注

　　根据《大清律例通考》，乾隆五年修律时，于"骂尊长"条末句"并须亲告乃坐"后增加小注"弟骂兄妻，比照殴律加凡人一等"一句。按《大清律例通考》该条下"谨按"云：

　　　　其"亲告乃坐"句下小注，系乾隆五年馆修，以斗殴律开：弟妹殴兄之妻，加殴凡人一等。独无骂詈之文。查《辑注》，仍照殴律

---

① 《大清律集解·刑律·斗殴》"殴大功以下尊长"条。

加凡人一等科之，因增入。①

即因"骂尊长"条未明确规定弟妹骂兄妻应如何处置，故增此小注以补律文之不足。吴坛认为这一小注系来自《大清律辑注》。查《大清律辑注》"骂尊长"条律上注第二段云：

> 弟骂兄妻者，律无文，或谓坐不应笞罪。按弟妹殴兄妻，加凡人一等，则殴不成伤者，笞三十，岂有骂罪反重于殴乎？应照凡人律，比照殴律加一等科之。②

又《大明律集解附例》该条有"纂注"如下：

> 然律无骂嫂之条，又不可与凡人同论，但从别拟可也。③

而《明律笺释》该条则有以下释文：

> 或以弟骂兄妻，律无明文，但坐不应笞罪。然以弟妹殴兄妻，加殴凡人一等论之，则以手足殴嫂不成伤者，加凡一等，止笞三十。若论骂罪，不致反重于殴。况骂嫂无亲告之律，则不当于骂上坐罪，又不可与凡人同论，但从别拟可也。④

虽然论述更为详细，但王肯堂的观点与《明律集解附例》一致，即弟妹骂嫂如何论处并无确论。而《律解辨疑》《律条疏议》《大明律释义》三律书则均未提及弟妹骂兄妻如何处断这一问题。《读律琐言》该条下则无"琐言"。故吴坛认为"骂尊长"条于乾隆五年所增小注系来自《大清律辑注》。按清律《刑律·骂詈》中有关亲属相殴的律条有四，即"骂尊长""骂祖父母父母""妻妾骂夫期亲尊长"和"妻妾骂故夫父母"。弟妹骂兄妻可能会规定在"骂尊长"条。"骂尊长"条律文对卑幼骂内外缌

---

① （清）吴坛：《大清律例通考》卷28，《刑律·斗殴下》"骂尊长"条下。
② （清）沈之奇：《大清律辑注》卷21，《刑律·骂詈》"骂尊长"条下。
③ （明）佚名：《大明律集解附例》卷21，《刑律·骂詈》"骂尊长"条下。
④ （明）王樵、王肯堂：《明律笺释》卷21，《刑律·骂詈》"骂尊长"条下。

麻至大功尊长及尊属，骂兄姊、伯叔父母及外祖父母均有明确规定，但是并没有弟妹骂兄妻的规定。弟妹与兄妻服虽小功，但是在清律中，兄妻的法律地位并不同于其他的内外小功亲，如根据"妻妾与夫亲属相殴"条，弟妹殴兄妻、弟妻殴兄妻者，仅比凡人加重一等处罚，而非以殴小功尊长论、比凡人加重九等。所以，"骂尊长"本应有对弟妹骂兄妻的特别规定。这也是沈之奇等在律注中对之予以补充的原因。不过《大清律集解》"骂尊长"条并未将沈氏律注增为总注，直至乾隆初年修律才将之纂入小注。

13. 《刑律·诉讼》"投匿名文书告人罪"条小注

乾隆五年修律时于"投匿名文书告人罪"条末小注后又增加小注"其或系泛常骂詈之语，及虽有匿名文书，尚无投官确据者，皆不坐此律"一段。按《大清律例通考》该条下"谨按"云：

> 乾隆五年馆修时，以匿名告人之罪易于诬指，因查照《笺释》及《辑注》之语，又于原注"皆依此律，绞"句下增入"其或系泛常骂詈之语，及虽有匿名文书，尚无投官确据者，不坐此律"等语，辑如前注。[①]

查《明律笺释》该条下有释文云：

> 此条固重匿名，尤重告人罪，若泛是骂詈之语，不曾讦发阴私过恶，或无所讦人之姓名，皆于此律不合，不可妄引。[②]

再查《大清律辑注》该条律上注第五段云：

> 必有文书，方有凭据，故曰"连文书捉获"。注"于投放时"四字，最有深意，谓其人以匿名文书，将投于官之时，因被捉获。则匿名者，坐绞；捉获者，给赏。若在其家中，或别于闲处，虽有匿名文书，尚无

---

① （清）吴坛：《大清律例通考》卷30，《刑律·诉讼》"投匿名文书告人罪"条下。
② （明）王樵、王肯堂：《明律笺释》卷22，《刑律·诉讼》"投匿名文书告人罪"条下。

投官之据，焉知其不悔悟中止，岂可便捉获解官，问其死罪乎？①

可见该小注系糅合以上两段文字而成，其中"其或系泛常骂詈之语"一句系来自《明律笺释》，而"虽有匿名文书，尚无投官确据"之句则系来自《大清律辑注》。按雍正三年律《刑律·诉讼》"投匿名文书告人罪"条：

> 凡投贴隐匿自己姓名文书告言人罪者，绞监候。虽实，亦坐。见者即便烧毁。若不烧毁将送入官司者，杖八十。官司受而为理者，杖一百。被告言者，虽有指实，不坐。若于方投时能连人与文书捉获解官者，官给银一十两充赏。指告者勿论。若诡写他人姓名词贴讦人阴私陷人，或空纸用印虚捏他人文书买嘱铺兵递送，诈以他人姓名注附木牌进入内府不销名字陷人得罪者，依此律绞。②

根据"投匿名文书告人罪"条正文及小注，此罪的既遂要求有二：一是当事人持有匿名文书，二是已将匿名文书投送官府。如果有人持有匿名文书，并将要将之投送官府，此时也要受到杖八十这样的处罚。律末小注又特别列明依该条处绞的三种具体行为。因此，如果当事人并非持有欲诬陷他人于罪的匿名文书而是仅持有"泛常骂詈之语"的文书，或者当事人持有欲诬陷他人于罪的匿名文书但并未表现出将要投送官府的确切依据，此时当然不能将当事人处以杖八十。可见王肯堂、沈之奇等的律注进一步阐释了"投匿名文书告人罪"条的规范意义以免有人理解舛误、援引失错，故乾隆五年将之增为小注。

14. 《刑律·犯奸》"良贱相奸"条小注

乾隆五年修律时，于"良贱相奸"条"良人奸他人婢者，减凡奸一等"句下增加小注"如强者，仍照凡论，拟绞监候；其强奸未成者，俱杖一百、流三千里"一段。按《大清律例通考》该条下"谨按"云：

> 唯"减凡奸一等"句下小注，系乾隆五年馆修，查良贱相殴律内"奴婢殴良人，加凡人一等。至死者，斩。良人殴奴婢，减凡人

---

① （清）沈之奇：《大清律辑注》卷22，《刑律·诉讼》"投匿名文书告人罪"条下。
② 《大清律集解·刑律·斗讼》"投匿名文书告人罪"条。

一等。至死者，绞"。以此类推，奴奸良人妇女，加凡人罪一等。如强者，斩。良人奸他人婢，减凡奸一等。如强者，应照凡人拟绞。其强奸未成，杖一百、流三千里。奴奸良人，固不得加，良人奸他人婢，亦不得减。应注明晰，庶无出入，增如前注。①

按此则当时修律者应是参考"良贱相殴"条关于良人殴奴婢者死者绞（监候）即良人殴死奴婢与殴死凡人同论这一规定，从而认为良人强奸奴婢的处罚也应与凡奸同，即强者绞监候，未成者杖一百、流三千里，故增加该小注，以免理解歧义而致罪有出入。不过，显然吴坛的解释内容部分与沈之奇该条律注语言很接近。查《大清律辑注》"良贱相奸"条有律上注如下：

> ……本律不言强奸罪，奴奸良人下注曰"强者，斩"，改绞为斩，亦加等之意也。而良奸婢下不注，应仍照凡人坐绞。其人虽贱，其性则贞，守贞被辱，与良人何异？……又强奸未成，应杖一百、流三千里。奴奸良固不得加，良奸婢亦不得减。本律加减，止言和奸，而强者不得比照也。②

而《律解辨疑》《律条疏议》《大明律释义》《读律琐言》《大明律集解附例》《明律笺释》及《大清律集解》该条总注均未有此等言论。故虽吴坛并未提及该小注系源自《大清律辑注》，但因二者文字有接近者，且乾隆五年修律时曾对《大清律辑注》多有参考，而且其他律文中之小注等来自《大清律辑注》者吴坛亦有忽略而未提及者，故笔者认为"良贱相奸"条于乾隆五年增加之小注未必不曾以《大清律辑注》为本。而乾隆五年增加该小注的原因，则是由于律文中没有对良人强奸他人婢的明确规定。按雍正三年律《刑律·犯奸》"良贱相奸"条如下：

> 凡奴奸良人妇女者，加犯奸罪一等。和、刁，有夫、无夫，俱同。如强者，斩。良人奸他人婢者，男妇各减凡奸一等。奴婢相奸者，以凡

---

① （清）吴坛：《大清律例通考》卷33，《刑律·犯奸》"良贱相奸"条下。
② （清）沈之奇：《大清律辑注》卷25，《刑律·犯奸》"良贱相奸"条下。

奸论。①

根据该条，奴与良人通奸、强奸良人一律加重处罚，而良人奸他人婢则双方均减轻一等。其中并没有对良人强奸他人婢的规定。而根据该条律意，我们似乎也很难得知良人强奸他人婢女可否减轻处罚。沈之奇联系本条及奸罪的其他规定进行体系解释，他认为既然"良贱相奸"条无明文，那么就意味着良人强奸他人婢应与普通的强奸同论。之所以如此，其理由则是婢女"其人虽贱。其性则贞，守贞被辱，与良人何异?"而且强奸未成者，无论行为人是良人或奴婢，一律不加不减。可见"良贱相奸"本律所谓加减，均指和奸而言，强奸则不能比照。总之，在沈之奇看来，婢女地位虽贱，但其守卫贞洁的权利则与良人妇女无异，因此良人强奸他人婢应以普通强奸论处绞而不能因其地位低贱而减轻处罚。不论乾隆五年修律时是否根据沈之奇所阐述的理由而增加前述小注，这一小注的增加无疑改善了婢女的法律地位。

15. 乾隆五年照《大清律辑注》等律书改正"主守不觉失囚"律中小注

根据《大清律例通考》"主守不觉失囚"条"谨按"，乾隆五年修律时，因雍正五年刻本《大清律集解》该条第三节"若押解在狱罪囚，中途不觉失囚者，罪亦如之"后小注"如狱卒，减二等，仍责限捕获免罪。如有故纵及受财者，并与狱卒同罪。系劫者，免科"中"与狱卒同罪"一句义不可解，"故照《辑注》诸书改正"即将之改为"与囚同罪"。②

查明律该条并无上述小注，该小注系顺治三年律添入，原文为"如狱卒，减二等，仍责限捕获免罪。如有故纵及受财者，并与囚同罪。系劫者，免科"。③ 康熙九年校正律同。至《大清律集解》中始将"并与囚同罪"改为"并与狱卒同罪"。所谓"如狱卒，减二等"，意为若在押解途中不觉而失囚者，其押解之官役等与不觉失囚者之狱卒罪同，即减囚犯原犯之罪二等科之。因此，如押解之官役等故纵及受财而失囚者，其罪与狱卒同便不可解。故乾隆五年修律时才产生此疑义，因此将该小注与《大清律辑注》所本之康熙九年校正律等书相对比，并更正之。值得一提的是，乾隆五年作此修改时，首先应当参考的是顺治三年律、康熙九年校正

① 《大清律集解·刑律·犯奸》"良贱相奸"条。
② （清）吴坛：《大清律例通考》卷35，《刑律·捕亡》"主守不觉失囚"条下。
③ 顺治三年《大清律集解附例·刑律·捕亡》"主守不觉失囚"条。

律官刻本以及《康熙会典》所载《大清律》，而《大清律辑注》并非官方颁行之律书，但吴坛却首先提及此书。如果事实的确如此，那么这一做法至少可以反映当时官方对《大清律辑注》一书的看重。

关于小注的作用，《大清律例》"凡例"对之有以下说明，即"律内小字注，释难明之义，解达未足之语气，字斟句酌，实足补律所未备"。① 通过对以上个例的论述，我们可以看到，《大清律例》吸收沈之奇律注的原因当然在于以之解释律文。不过，在此我们还是可以将以上增加小注的个例分为以下几种情形：一，解释或进一步明确律文的字面意义，比如"应议者之父祖有犯"条、"职官有犯"条、"流犯在道会赦"条、"老小废疾收赎"条、"投匿名文书告人罪"条、"夜禁"条所增小注及"主守不觉失囚"条所改小注。二，因本条无规定、需联系其他律文以解释该条律意，比如"二罪俱发以重论"条、"殴大功以下尊长"、"骂尊长"条、"良贱相奸"条所增小注。三，为了避免同一律文中刑罚的畸轻畸重而增加小注予以解释或变更，比如"纵放军人歇役"条、"从征守御官军逃"条、"递送逃军妻女出城"条所增小注。比较特殊的是"盗城门钥"条所增小注，该小注其实是一个对律文的类推解释。

第三节　《大清律集解》及《大清律例》条例
之来自《大清律辑注》律注者

因为《大清律集解》总注多有采自《大清律辑注》者，故笔者认为不能排除当时修订条例时有参考该书的可能。至于《大清律例》所附条例是否有来自《大清律辑注》者，按乾隆五年《大清律例》"凡例"有"雍正三年律文后大字总注，虽亦原本《笺释》《辑注》等书"之句，但乾隆五年修律时以"易生支蔓"为由删去律后总注，同时又对"其中于律文有所发明、实可补律之所不逮，则竟别立一条，著为成例，以便引用"。由此可见，《大清律例》中的条例当有来自《大清律辑注》者。通

---

① 《大清律例》"凡例"第2条。

过检查《大清律例通考》《读例存疑》与《大清律集解》《大清律例》《大清律辑注》等书，笔者发现，《大清律集解》及《大清律例》中的条例有来自或可能来自《大清律辑注》者，或者其修改可能参考《大清律辑注》。以下就有关个例予以评述，以便了解。

1. 《大清律例·名例律》"以理去官"条所附乾隆五年条例

根据《大清律例通考》，乾隆五年修律时，"以理去官"条新增条例一，即"子孙缘事革职，其父祖诰敕不追夺者，仍与正官同。若致仕及封赠官犯赃，与无禄人同科"。① 按《大清律例通考》该条下"谨按"，该条例系《明律笺释》律注，康熙、雍正年间已纂入律小注及律总注内，迨乾隆五年馆修，奏准纂为专条，以补律文所不及。② 又根据《读例存疑》，该条例系小注及律后总注，乾隆五年另纂为例，薛允升并于该条例下援引《大清律辑注》"以理去官"条律上注"致仕封赠皆不食禄，故同无禄人。若任满得代改除未补，虽未食禄，亦应照有禄人科断"一段以解释该条例。③

按该条例后一句"若致仕及封赠官犯赃，与无禄人同科"自顺治三年已纂为小注，但当时文字为"唯致仕、封赠官犯赃，并与无禄人同科"。④ 康熙九年、雍正三年皆同。至于该条例前一句"子孙缘事革职，其父祖诰敕不追夺者，仍与正官同"之来历，查《大清律集解》"以理去官"条总注有"若子孙虽经革职，父祖诰敕不追夺者，仍与正官同"一句。⑤ 再查《明律笺释》"以理去官"条有"其封赠官子孙，虽经革职，父祖诰敕不应追夺者，仍与正官同"之释文。⑥ 而《大清律辑注》"以理去官"条亦有律上注"凡封赠官之子孙，虽缘事革职，而父祖诰敕不应追夺者，仍与正官同"一句。⑦ 可见，沈之奇书的有关解释可能来自《明律笺释》。而从文字上来看，乾隆五年条例与沈之奇书更为接近。

按雍正三年律"以理去官"条：

① 《大清律例·名例》"以理去官"条下。
② （清）吴坛：《大清律例通考》卷4，《名例律上》"以理去官"条下。
③ （清）薛允升：《读例存疑》卷1，《名例律上之一》"以理去官"条下。
④ 顺治三年《大清律集解附例·名例》"以理去官"条。
⑤ 《大清律集解·名例》"以理去官"条。
⑥ （明）王樵、王肯堂：《明律笺释》卷1，《名例》"以理去官"条下。
⑦ （清）沈之奇：《大清律辑注》卷1，《名例》"以理去官"条下。

　　凡任满、得代、改除、致仕等官其品制服饰并与见任同。谓不因犯罪而解任者。若沙汰冗员、裁革衙门之类，虽为事解任降等不追诰命者，并与见任同。封赠官与其子孙正官同。其妇人犯夫及义绝不改嫁者，亲子有关一体封赠得与其子之官品同。谓妇人虽与夫家义绝及夫在被出，其子有官者，得与子之官品同。为母子无绝道故也。此等之人犯罪者并依职官犯罪律拟断。应请旨者请旨，应径问者径问，一如职官之法。唯致仕封赠官犯赃并与无禄人科断。①

按，在清代，文武官员一品封赠三代，二、三品封赠二代，四品至七品封赠一代，八、九品只封本身，同时亦按不同品级封赠其妻以不同名号。其中封赠五品以上官员者发给诰命，五品以下者发给敕命。此即律文中所谓封赠官与诰敕之义。"以理去官"条律文对各种情形的本官、封赠官及犯夫及义绝而不改嫁之妇人有诰命或敕命者犯罪时的处遇，即皆与正官同、一律依职官犯罪律拟断。沈之奇等的律注则对司法实践中可能出现的如下问题予以解答，即如身为正官之子孙因故被革职而其父祖的诰敕未被追夺，此时其父祖的待遇应与正官同；又如致仕官、封赠官犯赃，因其并无实际职掌、不领取朝廷俸禄，故其处罚自不应与正官同科也不同于有禄人即月俸一石以上的官吏而是与"无禄人"即月俸不满一石的吏员同样处置。沈之奇等律注对封赠官等的处遇或犯赃应如何处置的解释其实可被看作对律文的补充，因此才被清代三部律典相继纂为小注、总注和条例。

　　2.《大清律集解》《大清律例》之《刑律·人命》"夫殴死有罪妻妾"条所附条例

　　《大清律集解》"夫殴死有罪妻妾"条附有条例一，《大清律例》该条续增条例一。此二条例均可能来自《大清律辑注》。以下试分述之。

　　（1）《大清律集解·刑律·斗殴》"夫殴死有罪妻妾"条条例

　　《大清律集解》"夫殴死有罪妻妾"条附有"钦定例"即雍正年间新增条例一，其文如下：

　　　　妻与夫角口，以致妻自缢，无伤痕者，无庸议。若殴有重伤缢死者，其夫杖八十。②

---

① 《大清律集解·名例》"以理去官"条。
② 《大清律集解·刑律·人命》"夫殴死有罪妻妾"条下。

终清之世，该条例再未修改。在《读例存疑》一书中，"夫殴死有罪妻妾"门附有条例二，其一即为上述雍正三年例，其二为乾隆五年例。在乾隆五年条例下的"谨按"中，薛允升将该二条例相比较，言其参差难通之处。薛允升并因而论及"威逼人致死"条中沈之奇的见解，认为前述雍正三年例可能即源于此说：

> 又按下"威逼人致死"条例云，尊长犯卑幼，各按服制照例科其伤罪，盖科以折伤以上之本罪也。彼处《辑注》谓期亲可以弗论，大功以下似宜分别科以不应。此例之杖八十，或即本于《辑注》之说，然究不免互相参差。①

所谓"彼处《辑注》谓期亲可以弗论，大功以下似宜分别科以不应"，即《大清律辑注》"威逼人致死"门律上注第八段：

> 律不言尊长威逼卑幼之事，盖尊长之于卑幼，名分相临，无威之可畏；事宜忍受，无逼之可言，故不著其法。设有犯者，在期亲可以弗论，大功以下，似宜分别科以不应。非同居共财者，仍断埋葬。②

按夫服属斩衰，而妻服属期年。故夫威逼妻致死弗论，如夫殴打妻而致其自尽，按"威逼人致死"条下殴打致令自尽条例，则应以服制科其伤人之罪。而按前述雍正三年条例，夫殴妻重伤致其缢死者，夫杖八十，这一处罚与不应重律相当，而与前述乾隆五年条例及"威逼人致死"条例扞格。故薛允升有以上参差之论。

（2）《大清律例·刑律·斗殴》"夫殴死有罪妻妾"条续增条例

根据《大清律例通考》及《读例存疑》，"夫殴死有罪妻妾"条所附第二条条例系来自《大清律集解》总注，该条例例文如下：

> 凡妻妾无罪被殴至折伤以上者，虽有自尽实迹，仍依夫殴妻妾至

---

① （清）薛允升：《读例存疑》卷34，《刑律之十·人命之三》"夫殴死有罪妻妾"条下。
② （清）沈之奇：《大清律辑注》卷19，《刑律·人命》"威逼人致死"条下。

折伤本律科罪。①

此即前述之《大清律集解》"夫殴死有罪妻妾"条总注"至妻妾无罪而殴
至折伤以上者，虽有自尽实迹，仍依夫殴妻妾至折伤本律科罪"一段。
前已述及，该段总注可能来自《大清律辑注》，故该条例也有可能来自
《大清律辑注》。

　　3. 《大清律例·刑律·斗殴》"殴制使及本管长官"条所附条例

　　根据《大清律例通考》，清律《刑律·斗殴》"殴制使及本管长官"
条原有明律旧例一：

　　　　凡因事聚众，将本管官及公差勘事、催收钱粮等项一应监临官殴
　　打绑缚者，俱问罪，不分首从，属军卫者，发极边卫分充军；属有司
　　者，发口外为民。若止是殴打，为首者，俱照前充军为民问发。若是
　　为从与毁骂者，武职并总小旗，俱改调卫所；文职并监生、生员、冠
　　带官、吏典、承差、知印，革去职役为民；军民、舍余人等，各枷号
　　一个月发落。其本管并监临官，与军民人等饮酒、赌博、宿娼、自取
　　凌辱者，不在此例。②

该条例在雍正三年曾经修改，即将当时已无之总旗、小旗、舍余各名色等
删去，之后仍附入律。至乾隆五年修律时，此例再经修改。而之所以修
改，按吴坛所云，则系因沈之奇《大清律辑注》该条例例注：

　　　　此例重在聚众绑缚，故不分首从。若止殴打，仍分首从。其有折
　　伤，本律之罪重于例者，仍依律论。所云枷号一个月发落者，谓照律
　　拟断，但先枷号一个月耳。所谓"自取凌辱，不在此例"谓不用此
　　例，自依本律耳。③

因该例注对军民人等聚众殴打本管官等为何不分首从、有折伤者如何处

---

① 该条例见《大清律例·刑律·人命》"夫殴死有罪妻妾"条下。
② 该条例见顺治三年《大清律集解附例·刑律·斗殴》"殴制使及本管长官"条下。
③ （清）沈之奇：《大清律辑注》卷20，《刑律·斗殴》"殴制使及本管长官"条下。

断、枷号一个月作何理解分析甚明，因而乾隆五年修例时根据这一例上注对该条例又略作修改，即在"枷号一个月"之后增加"仍照律拟断"五字。① 至乾隆三十七年开馆修例时，因该条例中充军之处罚与现行例不符，而且当时本管官、监临官与军民饮酒、赌博、宿娼等已另有专条治罪，故将此例删去。②

4. 《大清律例·刑律·骂詈》"骂制使及本管长官"条所附条例

乾隆五年律"骂制使及本管长官"条附有条例二，均系明例。其原文依次如下：

> 凡毁骂公、侯、驸马、伯及两京文职三品以上者，问罪，枷号一个月发落。
>
> 凡在长安门外等处妄叫冤枉、辱骂原问官者，问罪，用一百斤枷枷号一个月发落。妇人有犯，罪坐夫男。若不知情及无夫男者，止坐本妇，照常发落。③

因清代京城仅京师一处，故顺治三年律中仅将第一条条例中"两京"二字改为"京省"，余无所改。康熙九年校正律与顺治三年律同。《大清律集解》中又在第一条条例"文职三品以上"六字后加"武职二品以上官"七字，余无所改。因"问罪"意义模糊，实际上等于没有规定具体法定刑，故《大清律例》中又将该二条例中两处"问罪"均改为"杖一百"。其中顺治律及雍正律中的两次修改均非根据《大清律辑注》而作。而乾隆五年时对该二条例的修改则可能与《大清律辑注》中该二条例之例注有关。按《大清律辑注》中该二条例例注依次如下：

> 毁骂非止骂詈，乃造有诽谤之语也。此云发落者，律无正条，应依违制。
>
> 辱骂，谓骂之不堪也。问罪，如问官系本属本管本部，则依本律，否则依违制。若止叫冤枉，不骂问官，另有例在越诉门下。照常

① （清）吴坛：《大清律例通考》卷27，《刑律·斗殴上》"殴制使及本管长官"条下。
② 见（清）吴坛：《大清律例通考》卷27，《刑律·斗殴上》"殴制使及本管长官"条下。又见（清）薛允升：《读例存疑》卷35，《刑律之十一·斗殴上》"殴制使及本管长官"条下。
③ 《大明律》附录《问刑条例》。

发落，不枷号也。①

根据清律"制书有违"条：

> 凡奉制书有所施行而违者，杖一百。②

因此，以上沈氏例注所谓"依违制"即杖一百。因此，乾隆五年对"骂制使及本管长官"条二条例的修改可能系以《大清律辑注》之例注为据。而且薛允升在《读例存疑》该二条例之下分别援引了《大清律辑注》中该二条例之例注。③ 虽然薛允升并未言及该二条例的修改是否与《大清律辑注》有关，但是薛允升的援引不难令人生此联想。而在《大清律例通考》中该二条例下之"谨按"中，吴坛则分别指出该二条例中将"问罪"改为"杖一百"均系"查照《笺释》，照违制律增入"。④ 查《明律笺释》该二条例分别有例注如下：

> 第一条问罪依违制。第二条妄叫冤枉、辱骂问官同违制。⑤

所以很可能沈之奇的律注曾参考了王肯堂的观点。虽然如此，我们仍可认为乾隆五年的修改可能与《大清律辑注》有关。

关于条例的作用，《大清律集解》"凡例"有以下叙述：

> 律后附例，所以推广律意而尽其类，亦变通律文而适于宜者也。⑥

所谓"推广律意而尽其类"，其中可能既包括律文应规定而未规定的内容，也可能包括与律文的规范意义相关但系律文的规范意义之外的内容。而沈之奇的律注在解释律文规范意义的同时，也时常会有对相关问题的阐

---

① （清）沈之奇：《大清律辑注》卷21，《刑律·骂詈》"骂制使及本管长官"条下。

② 《大清律例·吏律·公式》"制书有违"条。

③ 见（清）薛允升：《读例存疑》卷38，《刑律之十四·骂詈》"骂制使及本管长官"条下。

④ （清）吴坛：《大清律例通考》卷29，《刑律·骂詈》"骂制使及本管长官"条下。

⑤ （明）王樵、王肯堂：《明律笺释》卷21，《刑律·骂詈》"骂制使及本管长官"条下。

⑥ 《大清律集解》，"凡例"第2条。

述。因此，沈之奇律注被纂为条例便属自然。当然，相对于总注和小注，以沈之奇律注为渊源的条例数量相对较少。但是，我们同时也应认识到，一部作者籍籍无名的私人律书在问世后不很久的时间内，无论数量多少，其律注便得到当时实际上的最高立法机构的认可而被纂入律典，这一事实已足以体现该书注解的价值和它对当时立法的影响。

第四节 其他情形

本章此处所谓其他情形，是指除前文所述将《大清律辑注》中的律注吸收为雍正三年《大清律集解》及乾隆五年《大清律例》之总注、小注并条例以外的《大清律辑注》对清代的立法实践产生影响的情形，比如两部律典出台之后条例的修订可能会参考沈之奇律注或者以沈之奇律注为渊源制定非正式立法如通行等。以下就有关个案予以叙述、分析以便了解。

1. 清代有关强盗杀伤人自首条例对沈之奇主张的采纳

按薛允升《读例存疑》一书中"强盗"条第41条、第42条条例为有关强盗自首的条例。薛允升在该二条条例下有"谨按"云：

> 现在条例俱从《辑注》，以此等情凶罪大，得免所因，嫌于太宽，故拟以不准自首，以示惩创……①

其中所谓"现在条例"，指清代雍正、乾隆年间修订后的有关强盗自首的明代条例及清代自己制定并修改的有关强盗自首的条例。所谓"俱从《辑注》"，指修订后的明例及清代制定、修改的条例中有关强盗伤人而自首者，均依沈之奇有关强盗侵损于人者自首不能"得免所因之罪"即免去其强盗之罪、仅以杀伤人论处的议论。沈之奇有关议论即《大清律辑注》中"犯罪自首"条第三条条例之注解。该条例例文及该例注依次如下：

---

① （清）薛允升：《读例存疑》卷26，《刑律之二·贼盗上之二》"强盗"条下。

凡自首强盗，除杀死人命、奸人妻女、烧人房屋，罪犯深重不准自首外，其余虽曾伤人，随即平复不死者，亦姑准自首，照凶徒执持凶器伤人事例，问拟边卫充军。其放火烧人空房及田场积聚之物者，依律充徒。若计所烧之物重于本罪者，亦止照放火延烧事例，俱发边卫充军。

按强盗律内条例，有强窃盗再犯及侵损于人不准首之条，故复著此例，谓伤人未死者，姑准自首也。与前得免所因之注，自是两项。盖侵损之盗，若许首而得免所因之罪，则伤人未死，止科伤罪矣，何以充军？解者谓此正是得免所因之意，大失律意。《笺释》亦误。①

上述例注中所谓"强盗律内条例，有强窃盗再犯及侵损于人不准首之条"，即"强盗"条所附"强窃盗再犯及侵损于人，不准首。家人共盗，以凡人首从论"之例。所谓"前得免所因之注"，即清律"犯罪自首"条有"其侵损于人"一句下"因犯杀伤于人而自首者，得免所因之罪，仍从故杀伤法。本过失者，听从本法"一段小注。关于"犯罪自首"条中"其侵损于人"者不准自首及小注"因犯杀伤于人而自首者，得免所因之罪，仍从故杀伤法。本过失者，听从本法"的含义，王肯堂《明律笺释》有如下解释：

侵损于人而自首，虽已悔罪，而人之被其损伤者，不可补也。故不准其首而免。注云因犯杀伤而自首者，得免所因之罪，仍从故杀伤法。按宋司马温公尝有议云，所谓因犯杀伤者，言因犯他罪，致有杀伤。除为盗之外，如劫囚、略人略卖人之类，皆是也。律意盖以于人损伤，既不在自首之例，恐有别因余罪而杀伤人者，有司执文，并其余罪，亦不许首。故特加申明。然杀伤之中，自有两等，有谋杀，有故杀。谋杀最重，故杀差轻。若因人犯他罪，致杀伤人，他罪虽得首原，杀伤不在首例。若从谋杀则太重，从斗殴则太轻，故酌中令从故杀伤法也。其直犯杀伤，更无他罪者，唯未伤则可首，但系已伤，皆不可首也。今按因犯杀伤，如因窃囚杀伤人，因打夺杀伤人，略人略卖人因而杀伤人之类。其窃囚打夺略卖人之罪，得以首原，其杀人伤

---

① 见（清）薛允升：《读例存疑》卷26，《刑律之二·贼盗上之二》"犯罪自首"条下。

人之罪，不在首例。故曰得免所因之罪，仍从故杀伤法。若系过失杀伤，即以过失杀论，故曰听从本法。然前项皆死罪也。明时有例，凡自首强盗，虽曾伤人，随即平复不死者，姑照凶徒执持凶器伤人事例，问发边卫充军。此正所谓得免所因之罪也。但科损伤之罪，深得此条立法之意。①

可见，王肯堂认为，因犯强盗而杀伤人者，其人如自首，则可免其"所因之罪"即强盗罪，而仅以杀伤人论处。但是沈之奇并不同意王肯堂的见解，而是认为"强盗"条所附条例中"侵损于人不准首"之意与"犯罪自首"律文小注"损伤于人不准首"之意不同。按强盗律所附条例，强盗而杀人已死，则不能因自首而免其强盗之罪，如伤人未死，则可自首，但此时并非仅科伤人之罪，而是比伤人加重处罚。而按律文中"侵损于人"不准首及其小注，强盗杀伤人而自首，似应免其强盗之罪，仅以杀伤人论处。故王肯堂有以上论述。但条例较律文为严，故沈之奇又有以上议论。而从清代的立法实践来看，后来条例关于强盗杀伤人而自首的规定多较律文为严，此正与沈之奇上述议论一致，故薛允升有"现在条例俱从《辑注》"之说。

按薛允升之说，《读例存疑》一书中"强盗"条第41条条例系由七条条例修并而来，即一为明代问刑例，二为乾隆九年例，三为雍正六年例，四为乾隆四十四年例，五为乾隆四年例，六为乾隆二十六年例，七为康熙四十四年例。其中前四条条例原均附于"犯罪自首"条，而前六条则于乾隆五十三年修并。嘉庆六年，又将第七条并入，附入"强盗"条下。② 由于该条例涉及条例数量颇多，故本书不方便也似无此必要将上述九条条例原文及其修改情形一一叙述以说明沈之奇上述见解对该七条条例制定、修改之影响，故笔者仅拟以其中两个条例为例以说明之，其一为明例，其二为雍正六年例。

首先，关于明例。该条例原文如下：

凡自首强盗，除杀死人命、奸人妻女、烧人房屋，罪犯深重不准

---

① （明）王樵、王肯堂：《明律笺释》卷1，《名例》"犯罪自首"条下。
② 见（清）薛允升：《读例存疑》卷26，《刑律之二·贼盗上之二》"强盗"条下。

> 自首外，其余虽曾伤人，随即平复不死者，亦姑准自首，照凶徒执持凶器伤人事例，问拟边卫充军。其放火烧人空房及田场积聚之物者，依律充徒。若计所烧之物重于本罪者，亦止照放火延烧事例，俱发边卫充军。①

雍正初年修律时，将"依律充徒"改为"依律问流"、刑罚加重。至乾隆五年时，又将该条例修改如下：

> 凡强盗，除杀死人命、奸人妻女、烧人房屋，罪犯深重不准自首外，其余虽曾伤人，随即平复者，亦姑准自首，照凶徒执持凶器伤人例，问边远充军。其放火烧人空房及田场积聚之物者，依律问流。若计所烧之物重于本罪者，发边卫充军。若事主伤重虽幸未死，不准自首。②

即乾隆初年修例时，将句首"自首强盗"改为"强盗"，将"平复不死"改为"平复"，将"事例"改为"例"，"问拟边卫充军"改为"问边远充军"，"亦止照放火延烧事例，俱发边卫充军"改为"发边卫充军"，而于句末又新增"若事主伤重，虽幸未死，不准自首"一句。这是该条例中最重要的一处修改，而该句则系据雍正元年条例而来。③ 该雍正元年条例原文如下：

> 强盗殴伤事主，伤非金刃，而所伤又轻，旋经平复者，系伙盗，仍准自首，发边卫充军。若事主伤重，虽幸未死，其伤人之伙盗，仍拟正法。④

较之明例，雍正元年条例又特别明确规定，事主如伤重未死，则伤人之伙盗仍拟正法、不准自首。明例规定强盗伤人"平复不死者"，亦准自首，而该条例规定，仅伤轻平复者准予自首，而致事主伤重不死者，仍不准自首。可见，该条例的有关规定较之明例有所加重。至乾隆三十二年，又将乾隆

---

① 《大明律》附录《问刑条例》。
② 《大清律例·名例》"犯罪自首"条下。
③ （清）吴坛：《大清律例通考》卷5之上，《名例下之上》"犯罪自首"条下。
④ 《大清律集解·名例》"犯罪自首"条下。

五年修改后的明例修改两处：一是将"其余虽曾伤人随即平复者"一句改为"其伙盗，虽曾伤人随即平复者"，二是将"发边卫充军"改为"发近边充军"。至于将"其余虽曾伤人随即平复者"一句改为"其伙盗，虽曾伤人随即平复者"的原因，按《大清律例通考》，则是因该条例"强盗，除杀死人命、奸人妻女、烧人房屋，罪犯深重不准自首外，其余虽曾伤人，随即平复者，亦姑准自首"一句中之"强盗"亦包括盗首在内，而"新例"即乾隆二十六年新增条例中又有"盗首伤人，伤轻平复自首者，拟斩监候。已不准自首减等，唯伙盗仍照旧例遵行"之句，因而将原例内"其余"二字改为"伙盗"二字。① 这一新条例附于"强盗"条下，其原文如下：

> 强盗为首伤人，伤轻平复，自行投首者，拟斩监候，不得遽请减等。其余自首条款，仍照定例遵行。②

由此可见，无论是乾隆二十六年条例还是乾隆三十二年修改后的明例，其中对强盗伤人自首的处罚均较原明例为重。而乾隆五十三年修并后的条例又有如下规定：

> 凡强盗除杀死人命、奸人妻女、烧人房屋罪犯深重及殴事主至折伤以上，首伙各盗俱不准自首外，其伤人首伙各盗伤轻情平复，如事未发而自首，及强盗行劫数家止首一家者，均发遣新疆给官兵为奴……③

据此，则不仅致人伤轻平复之盗首不准自首，且殴事主之物折伤以上的盗首及伙盗均不准自首。而其余致人折伤以下且平复之首伙各盗的处罚也由原来的边远充军改为发遣新疆为奴。

总之，根据以上叙述和分析，我们有理由认为，明代关于强盗自首的条例在清代几经修改之后，其中关于强盗伤人的处罚越来越重，而以上修改与沈之奇主张对伤人之强盗应从严处罚，不能对其"免所因之罪"而仅以伤人

---

① 见（清）吴坛：《大清律例通考》卷5之上，《名例下之上》"犯罪自首"条下。
② （清）吴坛：《大清律例通考》卷23，《刑律·贼盗上》"强盗"条下。
③ （清）薛允升：《读例存疑》卷26，《刑律之二·贼盗上之二》"强盗"条下。

处罚的主张一致，故薛允升云"现在条例俱从《辑注》"。因此，笔者认为我
们也可将此条例的修改看作沈之奇有关主张对清代有关立法产生影响之一例。

2.《大清律辑注》中有关二人过失杀入的解释成为"通行"之根据

乾隆五十六年十一月二十日直隶开州发生了一起二人过失杀人案：王
开阁与乔十一同锯树。迨树已锯断，适乔十偶患肚痛他往出恭，王开阁不
能防护，致锯断之树滚入乾河。恰高十走至，被树木碰跌入坑。高十因此
受伤殒命。①

直隶总督梁肯堂将王开阁照过失杀人律拟处、追取收赎银两十二两四
钱二分，而将乔十依不应轻律拟处笞四十、折责五板。但是刑部对此判决
意见尚有疑虑，因此将之交由律例馆核查。在其所拟说帖中，律例馆表示
"两人过失杀一人律例向无作何办理明文"。因此律例馆便分别援引了
《明律笺释》《大清律集注》以及《大清律辑注》中的有关解释：

> 《笺释》云当以为首准罪收赎，余人但依不应重科断。《集注》
> 则称二人俱收赎，将一人之银入官。《辑注》又云过失出于不意，原
> 无首从可言，应两人同出收赎之数。②

律例馆认为：

> 详参诸说，两人俱出不意，实难强分首从，且首犯出银即准免罪，
> 而余人转从实决杖，于情法未为平允。即两人各追赎银一分，一分给主，
> 一分入官之说亦觉似是而非。查收赎银十二两四钱二分之数原准应得绞
> 抵之数，若一命而追银二分，又以一分入官，于体制俱有未合。③

共同过失造成损害结果的，其加害人的过失的大小并非完全不能区分。但
具体到本案，王开阁与乔十的过错程度确实难以认定。而且王开阁与乔十
二人基于大致相当程度的过错而造成同一损害结果即高十死亡，如系首犯
则承担全部金钱赔偿，另一人则处以杖刑，这样做不仅不符合"戏杀误

---

① 见（清）颜希深：《定例汇编》卷39，《刑律·人命》之"王开阁等因锯树碰跌高十受伤身死均
依过失杀拟罪"一节。
② （清）佚名：《说帖类编》卷22，《刑·人命》。
③ （清）佚名：《说帖类编》卷22，《刑·人命》。

杀过失杀伤人"条的规定，而且也不合乎法理，所以刑部不认可王肯堂的观点。万维翰认为两个加害人应各自承担全部赔偿责任的观点会导致同一损害行为而受到两次处罚。应当为了避免受害人亲属因此而获得不当利益，他又建议将一份赔偿银两入官。这样的观点刑部当然也不能赞同。沈之奇认为过失犯罪无所谓首从——当然我们知道，加害人的过错程度有时还是可以区分的——不过具体到本案，两个加害人的过错程度的确难以认定，而沈之奇对如何处罚加害人的见解显然优于王肯堂和万维翰，故律例馆认为沈之奇的主张"较为妥协"。而刑部堂官也同意律例馆的意见。之后刑部并通行各司嗣后将此类案件一体照此遵办。[①] 由于清代的通行具有准立法的属性，而《大清律辑注》中对二人共同过失杀人的解释对该通行的产生具有直接影响，故在此我们可以认为这也是《大清律辑注》影响清代立法之一例。当然，前已述及，条例本身具有解释法律的职能，而通行作为"准条例"，它当然也可以是为了解释律文而出现，所以，这一关于共同过失杀人的通行，其实是在解释共同过失杀人中的加害人的过错程度和责任承担这一问题。

3. 沈之奇律注似成为嘉庆六年"斗殴及故杀人"条"殴死非其所欲谋殴之人，原谋减等拟徒"条例之渊源

在《读例存疑》一书中的"戏杀误杀过失杀伤人"条第 10 条条例之下，薛允升援引了沈之奇《大清律辑注》"戏杀误杀过失杀伤人"条的两段律上注。其中第一段引文系《大清律辑注》该条第五段律上注，而第二段引文则系该条第四段律上注。薛允升所引该段律上注文字如下：

> 或谓同谋共殴，有误杀伤旁人者，下受伤重者，自依斗殴杀伤论矣。其元谋之人，伤则亦照斗殴律减一等，杀则仍照共殴律拟流，余人满杖，杀伤之人虽误，谋殴之情则一也。然杀伤既非所谋，误者亦已抵罪，谋杀而误者，以故杀论，则造意不照谋杀律矣。况共殴之元谋乎。[②]

---

① 见（清）颜希深：《定例汇编》卷 39，《刑律·人命》之"王开阁等因锯树碰跌高十受伤身死均依过失杀拟罪"一节。

② （清）薛允升：《读例存疑》卷 34，《刑律之十·人命之三》"戏杀误杀过失杀伤人"条下。

薛允升所引以上文字与沈之奇该条第四段律上注文字略同。在上段文字之后，薛允升对之又有如下议论：

> 虽系空发议论，究亦论断允协，后遂定有殴死非其所欲谋殴之人，原谋减等拟徒之例。①

所谓"殴死非其所欲谋殴之人，原谋减等拟徒之例"，系"斗殴及故杀人"条所附嘉庆五年制定、嘉庆九年改定之条例后半段，该条例全文如下：

> 凡同谋共殴人致死，如被纠之人殴死其所欲殴死、其所欲谋殴之父母、兄弟、妻女、子孙及有服亲属者，除下手致死之犯各按本律例拟抵外，其起意纠殴之犯，不问共殴与否，仍照原谋律杖一百、流三千里。如殴死非其所欲谋殴之人，亦非所欲谋殴之父母、兄弟、妻女、子孙及有服亲属，将起意纠殴之犯，不问共殴与否，照原谋律减一等，杖一百、徒三年。②

其中前半段系嘉庆五年制定，后半段系嘉庆九年新增。薛允升所指即为该条例后半段，即"如殴死非其所欲谋殴之人，亦非……"一段。

按清律"斗殴及故杀人"条，"凡斗殴杀人者，不论手足、他物、金刃，并绞监候"。按"戏杀误杀过失杀伤人"条，"因斗殴而误杀伤旁人者，各以斗杀伤论。其谋杀、故杀人而误杀旁人者，以故杀论"。又按"斗殴"条，"同谋共殴伤人者，各以下手伤重者为重罪，元谋减一等"，该句后有小注如下：

> 凡斗殴不下手伤人者，无论。唯殴杀人，以不劝阻为罪。若同谋殴人至死虽不下手，及同行知谋不行救阻者，并杖一百。③

---

① （清）薛允升：《读例存疑》卷34，《刑律之十·人命之三》"戏杀误杀过失杀伤人"条下。
② （清）薛允升：《读例存疑》卷33，《刑律之九·人命之二》"斗殴及故杀人"条下。
③ 《大清律例·刑律·斗殴上》"斗殴"条。

又按"斗殴及故杀人"条：

> 若同谋共殴人因而致死者，以致命伤为重，下手致命伤重者，绞监候。原谋者，不问共殴与否，杖一百、流三千里。余人不曾下手致命、又非原谋各杖一百。各兼人数多寡及伤之轻重言。①

据此，如系同谋共殴而误伤旁人，自应仍照斗殴律，其下手伤重者依斗伤论、元谋之人较下手伤重者减一等处罚。如系同谋共殴而致死旁人，则应将下手致死者依斗杀论处绞监候，而元谋之人减一等即杖一百、流三千里。不下手之余人或同行知谋而不行救阻者，皆杖一百。此即薛允升所引沈之奇律注中"或谓"即他人言论之内容。但是沈之奇认为，谋杀而误杀旁人者以故杀论，因故杀无首从，因此谋杀而误杀的造意者自然不能以谋杀律处斩监候而是依故杀律处绞监候，所以，同谋共殴而误致死他人者，其元谋之人亦不应处以杖一百、流三千里而是应减轻处罚。沈之奇的观点从律文规定来看并非不合理，不过在今天的我们看来，清代将谋杀而误杀他人以故杀论的立法本来就值得商榷。

前述嘉庆五年条例实际上是将所欲谋殴之父母等以及其他有服亲属等同于其本人。对此，《大清律例按语》中也有叙述，即所欲谋殴之父母、兄弟、妻女、子孙及有服亲属"即与致死所谋之人无异"。②但如所殴非其父母等及有服亲属，其处罚则应有所差别，此时或许当时的修律者参考了沈之奇的前述见解而将元谋者比照谋杀而误杀者以故杀论中的造意者一样减等，即比原本的处罚杖一百、流三千里减轻一等即处以杖一百、徒三年。当然嘉庆九年的修改也有可能没有参考沈之奇注解，而是因虑及受害人身份的差别而导致对元谋者处罚的减轻。不过，既然谙熟清代律例修订的薛允升认为该条例的产生可能与沈之奇律注有关，那么他的观点应该是有相应根据的。

4. 同治四年刑部援引《大清律辑注》以反对将盗墓各犯比照强盗不分首从问拟

同治四年，因当时盗墓之案层见叠出，殃及枯骨，情节残忍，大理寺

① 《大清律例·刑律·人命》"斗殴及故杀人"条。
② （清）佚名：《大清律例按语》卷83，《刑律·人命》"斗殴及故杀人"条下。

少卿于凌辰、御史张观、钧佛尔等人遂上奏，建议将盗墓各犯一律加等治罪即均比照强盗不分首从问拟等。同治皇帝遂迭次降旨将此事交三法司核议具奏。①

关于于凌辰等奏折中所建言之盗墓各犯均加重至比照强盗不分首从问拟一节，刑部认为，因盗墓情节各异，有见尸者，有不见尸者，有起棺索财取赎者，种种事情不一，且盗墓者与死者又有尊卑、贵贱各名分，因此现行律例视其情节之轻重及尊卑贵贱名分为盗墓者配置了不同的法定刑，其目的在于"使人知尊卑贵贱凛然不容或紊，此明刑弼教之意也"。同时，为了说明不应将盗墓各犯一律比照强盗加重处罚至斩决，刑部在奏折中还援引了沈之奇的有关解释：

> 唯查《律例辑注》云：在野之坟，虽发掘开棺，不得同于强盗。已死之人，虽残毁弃置，不得同于谋杀。②

此即《大清律辑注》"发冢"条中的律上注第三段原文。即沈之奇认为，有人发掘旷野坟冢、开棺这样的行为与强盗不同，正如已死之人其尸骸被人残毁弃置这样的行为与谋杀不同一样。虽然沈之奇没有明确指出，但显然他完全认识到发冢与强盗、残毁死尸与谋杀所侵害的法益及其轻重各自不同。而且，与强盗律及所附条例不同，"发冢"本律本身就有对发掘亲属、家长坟冢及毁弃亲属家长死尸的具体规定，后来清代自康熙年间起至嘉庆年间，又相继制定了针对发冢开棺的各种情形以及挖掘亲属坟墓并奴婢、雇工人挖掘家长坟冢以及挖掘贝勒、贝子坟冢等各条例。显而易见，与"强盗"律相比，"发冢"条更注重对纲常名教的维护。因此刑部反对将盗墓各犯一律比照强盗得财律加重处罚至斩决。为了增强本衙门意见的说服力，刑部并援引了沈之奇的有关解释以说明不能将盗犯与强盗同科的理由。当然虽然刑部认为如发冢此等凶恶之徒，即便尽法惩治亦不足惜，且大理寺少卿等人所奏意见亦系因时制宜、绥靖地方起见，故刑部同意将盗墓各犯加重处罚，但同时又不同意将盗墓各犯一律比照强盗得财不分首

---

① 见（清）潘文舫：《新增刑案汇览》卷7，《刑律·贼盗》"发冢"条之"盗墓人犯罪名从重定拟"一节。

② 同上。

从律皆斩。最后，刑部等三法司达成以下四点意见：一是发掘常人坟冢开棺见尸为首者从重拟斩立决，为从者俱拟绞监候；二是锯缝凿孔抽取衣饰并未显露尸身者，亦从重将首犯不论次数拟绞立决，为从者绞监候；三是发掘有关名分等项坟冢重犯，分别从重加以枭示；四是毁弃尸骨及将控告人杀死者，照强盗得财本律，不分首从皆斩。最后同治皇帝也同意了刑部等衙门的意见。

以上是笔者找到的正式律典颁行之后受沈之奇律注影响而产生的条例、通行或上谕等。通过这些个案，特别是经历了严格禁止援引《大清律辑注》的道光时期，在同治四年，刑部又援引了《大清律辑注》以反对将盗墓各犯比照强盗不分首从问拟的意见，再结合本书第五章中对清末薛允升、吉同钧各书对《大清律辑注》的多次援引，我们可以认为，沈之奇《大清律辑注》对清代立法的影响当贯穿清朝中后期直至末期。当然，我们也应当看到，沈之奇律书之所以能够对清代的立法产生持续约两个世纪的长久影响，其中一个很重要的原因即在于清律本身及其背后的我国传统社会本身的稳定性，由此而导致沈之奇之律注具有长久的生命力。一旦我国选择以泰西各国及日本立法为模范而建设新法制，那么沈之奇《大清律辑注》对清代立法的影响便宣告终结。

第四章　《大清律辑注》对清代司法判决的影响

　　关于《大清律辑注》对清代司法判决的影响这一问题，前辈学者陈张富美博士曾在其 *The Influence of Shen Chih-ch' i's Chi-Chu Commentary upon Ch'ing Judicial Decisions* 一文中予以研究。[①] 在该文中，陈博士罗列了她从《刑案汇览》《续增刑案汇览》《刑案汇览续编》《新增刑案汇览》《驳案新编》《成案所见集》《说帖摘要抄存》以及《说帖辨例》等八种文献中的 9000 多个案件等中找出的明确援引《大清律辑注》的 18 个案例以及虽不明确提及但其援引文字与《大清律辑注》相同的三个案例，并将以上案例根据其援引主体即省级官员或刑部予以分类，并进而对此 21 个案例进行叙述和分析。在该文的结论部分中，陈博士对其正文的叙述和分析予以补充和总结并将中世纪意大利注释法学派与清代律学进行了比较。

　　到目前为止，笔者所看过的清代司法文献包括《成案续编二刻》《定例汇编》《驳案汇编》《刑案汇览》《续增刑案汇览》《刑案汇览续编》《新增刑案汇览》《说帖类编》《例案摘要》《刑部驳案汇钞》《刑部各司判例》《刑事判例》《江苏成案》《各省刑部案》《清代各省律档》以及笔者所查阅、抄录的为数不多的题本贴黄、奏折并地方司法文献如《清代乾嘉道巴县档案选编》《清臬署珍存档案》中所收录的刑事案件判决意见等，其总数量约 17000 笔，从中笔者找出了 27 个

---

① *Essays on China's Legal Tradition*, edited by Jerome Alan Cohen, R. Randle Edwards and Fu-mei Chang Chen, Princeton University Press, Princeton, New Jersy (1980), pp. 170 – 221. 1994 年何敏博士又在其博士论文《清代注释律学研究》中对此问题进行了较为简短的分析。因该论文相关部分所探讨者并非仅针对《大清律辑注》一书，故其中所采用的援引沈之奇书的案例较少，且其所采用的为数不多的案例与陈博士论文所采用者相同。

实际援引以及声称援引《大清律辑注》的条目。笔者发现，总体而言，清代官员援引《大清律辑注》主要出于以下两个原因：第一，援引《大清律辑注》以阐释律意；第二，因现行律例对相关问题没有明确规定而援引《大清律辑注》以为审拟依据。笔者并将以目前所掌握的较之陈博士更为丰富的文献为基础，对清代司法文献中所反映的中央、地方官员（主要是省级官员）援引《大清律辑注》的个案进行叙述和分析，并对乾隆年间以后刑部及地方官员援引包括《大清律辑注》在内的各种律书的总体情形进行介绍，并进而对清代司法官员援引《大清律辑注》以解释律例及援引该书以为审断依据的原因做出解释。

第一节 援引《大清律辑注》以阐释律意

目前笔者所找到援引《大清律辑注》的司法文献中以援引该书解释律例的规范意义者为最多，总计 12 笔。这些文献所贯穿的年代，则系自乾隆二十六年至同治七年。在这些文献中，有的援引沈之奇律注以确定罪名，有的则系对有关概念的解释等。当然，作为律学著作的《大清律辑注》，其基本功能便是解释律意以帮助官员、刑名幕友等理解现行律例。

1. 乾隆二十六年苏州巡抚就陈相礼强抢并奸污韩九姐一案援引《大清律辑注》以解释如何认定陈相礼之罪名

《驳案新编》中有"强夺良家妻女奸占为妻"一节，其中叙述了江苏省六合县民陈相礼等听从父亲陈嘉旦强抢韩九姐为妻并将其奸污一案。该案案情大致如下：陈相礼之父陈嘉旦先曾欲图其田主韩周氏之女韩九姐为子媳，但未获允。陈嘉旦不甘，辞佃之后仍有此意。乾隆二十六年正月初八日，陈嘉旦捏称韩姓悔婚，约同张宗文、陈相仁等七人加上陈嘉旦父子共九人一起抢亲。正月十一日，陈相礼等抵达六合县通江集。之后陈嘉旦先至韩周氏家中拜年，并欲借宿韩周氏家中。韩周氏念系旧佃应允。随后陈相礼亦至韩家与父密会。当夜二更时分，陈相礼率领张宗文等五人闯入韩周氏家中，将九姐抢走。陈嘉旦于十三日返家，即令陈相礼与九姐成婚，九姐不允。陈相礼遂将九姐强行奸污。①

该案定谳之前，起意强抢之陈嘉旦已经病故。苏州巡抚陈宏谋遂将陈相礼、张宗文、陈相仁等人以"强夺良家妻女奸占为从减一等"例拟处杖一百、流三千里，张公秀则比照"被逼同行"例拟处杖八十。其余共犯张成宗等四人逃逸，尚未缉拿归案。该案上报到刑部后，江苏司并不同意苏州巡抚对陈相礼的判决意见而是认为"应以强夺之罪归于陈嘉旦，以强奸之罪归于陈相礼"，并指责苏州巡抚因陈嘉旦已经病故遂欲将捆殴强奸之陈相礼减轻处罚的做法未得情法之平，因此江苏司将该案驳回，令苏州巡抚"详核案情，妥拟具题，到日再议"。

在再向刑部呈送的咨文中，苏州巡抚陈宏谋除援引相关律条之外，还援引了《大清律辑注》中"律贵诛心，先须推原犯事之本意，如为奸宿而强夺，则依强奸论；如为妻妾而强夺，则依此律"② 一段律注为自己的判决意见立据，并仍将陈相礼以奸占为从拟处。苏州巡抚所引《大清律辑注》文字即该书"强占良家妻女"条律上注原文。为奸宿而强夺与为妻妾而强夺二者的外在行为相同即同为强夺良家妻女而奸污，故此时只能以主观意图来认定当事人之罪名。陈相礼欲图以韩九姐为妻而强夺、奸污，故应以奸占论而不以强奸论。沈之奇的这段律注实为对"奸占"律意的解释。刑部认可了苏州巡抚援引《大清律辑注》的做法，并且同意了苏州巡抚对陈相礼罪名的认定：

> "该抚既称《辑注》内开'律贵诛心，须推原犯事之本意'，今陈相礼意图奸占，自应即照奸占本律问拟。"③

在第一道咨文中，苏州巡抚没有援引沈之奇注解，其审拟意见被刑部驳回。在第二道咨文中，苏州巡抚援引了沈之奇律注作为自己审拟意见的支撑，而此番刑部似乎毫不迟疑地肯定了苏州巡抚对陈相礼罪名的认定，由此可见在刑部对沈之奇律注的认可。

不过，虽然刑部同意苏州巡抚将陈相礼以"奸占"定罪的意见，但

---

① 见（清）全士潮：《驳案新编》卷4，《户律·婚姻》"强夺良家妻女奸占为妻"一节。

② 见（清）沈之奇：《大清律辑注》卷6，《户律·婚姻》"强占良家妻女"条下。

③ 见（清）全士潮：《驳案新编》卷4，《户律·婚姻》"强夺良家妻女奸占为妻"一节。

刑部又认为既然苏州巡抚认为应"推原犯之本意",则陈相礼便应以奸占为首论而不应以奸占为从论,且因陈相礼已将九姐强行奸污,故刑部认为陈相礼之情罪较一般奸占为重,苏州巡抚将陈相礼拟处满流的做法实属情重法轻,故又将此案驳回令苏州巡抚再审。也许是衷心赞同刑部的意见,也许是因为该案已经被刑部驳回二次,如再坚持原判而第三次被刑部驳回的话便须受到惩处,总之,继任的苏州巡抚庄有恭同意了刑部的意见,将陈相礼以"强抢良家妻女为妻妾"为首者处以绞监候。而这一判决意见最后也得到了乾隆皇帝的首肯。

2. 乾隆五十四年刑部就崔秋华与赵陈氏通奸、赵陈氏自首一案援引《大清律辑注》以解释立法原因

根据乾隆五十四年刑部说帖,其中涉及案件情由大致如下:崔秋华始则强拉赵陈氏成奸,殆后又通奸数次。之后赵陈氏自首。①

根据清律"犯奸"条小注,强合和成,则非强奸。即先强后和者,以和奸论。所以,崔秋华与赵陈氏应以和奸论。至于赵陈氏自首一节,根据清律"犯罪自首"条,奸罪不在自首之律。又根据清律"犯奸"条规定,和奸者,男女同罪,皆杖八十。因此,直隶总督认为应将赵陈氏依"犯奸"条杖八十。

本来,清律"犯罪自首"对奸罪不准自首、不分首从有明确规定,而从本案说帖中也未曾看到直隶总督认定罪名、适用律例有所舛误、疑似的情形。但是,在说帖中,直隶司依然分别援引了《明律笺释》和《大清律辑注》中的观点,即《笺释》中的"败伦伤化,是以不准自首"及《大清律辑注》中的"各自身犯,是以亦无首从"之句。其中援引《大清律辑注》之句即该书"共犯罪分首从"条律后注:

> 犯奸者……虽有……同奸之人,皆是本身自犯,自无首从之分也。②

这样的援引显然并非仅仅解释律文字面意义,更重要的是为了说明律文规定的原因,以增强本司以及直隶总督判决意见的说服力,以免律例馆查核之烦劳及可能的批驳意见。

---

① 见（清）祝庆祺:《刑案汇览》卷4,"犯罪自首"之"和奸已成不准首"一节。
② （清）沈之奇:《大清律辑注》卷1,《名例》"犯罪自首"条下。

3. 乾隆五十四年律例馆就王寡妇媒合居丧未满之朱氏改嫁一案援引《大清律辑注》以确定律文含义

根据乾隆五十四年刑部说帖，其中涉及案件大致情由如下：朱氏夫丧未满，出王寡妇媒合自行主婚改嫁与康付为妻。①

该说帖所引《大清律例·户律·婚姻》"居丧嫁娶"门及"嫁娶违律"门有关律文如下：

> 居夫丧而嫁者，杖一百。知而共为婚姻者，减五等。不知者不坐。又嫁娶违律，媒人知情者减犯人罪一等。②

据此，朱氏应杖一百。康付知而为婚，应减朱氏五等即笞五十。而知情媒合之王寡妇则应比"犯人"减一等处罚。但此处"犯人"究竟何指，则其义并不明确。因为知妇女居丧而嫁娶者之案的犯人包括男女双方。因此，王寡妇应照朱氏抑或康付罪上减等便成为定罪的关键。根据该说帖，江苏巡抚似将媒合之王寡妇从朱氏满杖上减一等为杖九十。但江苏司并不同意江苏巡抚对王寡妇的判决意见，而是认为媒人之罪不应重于娶主，因此将王寡妇改照知情婚娶之康付罪上减等处罚。按康付之罪为笞五十，则王寡妇之罪应为笞四十。

该案中的争议问题有二：其一为如何认定"犯人"从而对王寡妇判罚；其二为媒人之罪是否应比娶主减等处罚。关于第一个问题，该案交律例馆查核后，律例馆便援引了《大清律辑注》中"嫁娶违律主婚媒人罪"条对媒人处罚的解释：

> 媒人无一定之罪，知情者照犯人为首者减一等。③

此即沈之奇书中"嫁娶违律"条的一段律上注。根据沈之奇解释，如能认定居丧嫁娶的男女犯人中孰为首犯，则知情媒合者之罪便随之确定。律例馆认为，朱氏夫丧未满即自行主婚改嫁与康付，故该案应以朱氏为首

---

① 见（清）祝庆祺：《刑案汇览》卷7，"居丧嫁娶"之"居丧嫁娶媒合人减首犯一等"一节。
② 此非"居丧嫁娶"及"嫁娶违律"二律原文而是律文中与本案相关者。
③ 该律上注见（清）沈之奇：《大清律辑注》卷6，《户律·婚姻》"嫁娶违律主婚媒人罪"条下。

犯。按"居丧嫁娶"律，朱氏应杖一百，则王寡妇应比朱氏减一等即杖九十。而且，律例馆还指出本部从前办过之居丧嫁娶成案内，知情之媒人均系比首犯减一等处杖九十。至于第二个问题，律例馆认为，媒人之罪不一定比娶主减等处罚，因为可能会遇到娶主按律不坐之案，此时媒人亦不能无罪可科。律例馆认为江苏司意见系属错误，故江苏巡抚的审拟意见应毋庸改驳。

本案中如何解释"犯人"是对媒人量刑的关键，而从律例馆毫不迟疑地援引沈之奇律注的做法中，我们可以看到在律文意义发生分歧时律例馆对沈之奇律注的重视和信赖。当然，律例馆关于媒人不一定比娶主减轻处罚的解释其实也可被看作是对沈之奇律注的补充。

4. 乾隆五十五年律例馆援引《大清律辑注》以解释"嫁母"与"亲母"同

根据乾隆五十五年律例馆说帖，河南司审办了一起嫁母杀子之案：王韩氏系喜儿亲母，改嫁后韩氏将喜儿杀死。①

河南司将韩氏依亲母故杀子律处以杖六十、徒一年。后刑部堂官将该案交律例馆核议。律例馆在解释"殴祖父母父母"律中"（父母）故杀子者，杖六十、徒一年。嫡继慈养母杀者加一等"一段时援引了《大清律辑注》"殴祖父母父母"条律上注一段，兹将该说帖中有关原文抄录如下：

> 《辑注》云，亲母被父出及父死改嫁者，虽义绝于父，而所出之恩，子不得而绝也，仍同母论。若嫡继母被出改嫁，则义绝于父，无复母道矣。而慈养母被出改嫁，则又不同，以其有抚育之恩也。律无正文，俱宜临时酌议各等语……该司议将王韩氏仍照亲母故杀子律定拟杖徒，职等详加参核，正与《辑注》仍同母论之义吻合，似应照办，仍候钧定。②

其实，"殴祖父母父母"条律文中涉及本案的关键问题在于如何理解"母（亲）"，即此处的母亲仅指未曾与父亲离异之母亲，抑或包括已经与父亲

---

① 见（清）祝庆祺：《刑案汇览》卷44，"殴祖父母父母"之"已嫁之母故杀亲生子"一节。
② 同上。

离异之母亲。沈之奇认为，此处的母亲包括二者，因为母亲对子女的生身养育之恩不会因父母离异而消亡，故嫁母自仍为母亲，嫁母杀子同亲母处杖六十、徒一年。律例馆不仅完全赞同沈之奇的解释，而从律例馆"职等详加参核，正与《辑注》仍同母论之义吻合"的话语来看，沈之奇的解释似乎已成为律例馆判断各司解释律文是否适当的标准。

从该说帖中"该司议将王韩氏仍照亲母故杀子律定拟杖徒"一句可见河南巡抚可能也将王韩氏以亲母论。但至于河南司在审议王韩氏杀子一案时是否参考沈之奇的解释该说帖中则未曾提及。总之，河南司和律例馆均认为仍应将王韩氏认定为亲母。虽然律例馆在说帖中表示仍要等待刑部堂官的意见，但刑部堂官对该案最后的判决意见应与河南司及律例馆相同。

5. 乾隆五十五年直隶司关于韩邦幅等以财行求一案援引《大清律辑注》以解释受财人应以何等赃数处罚

根据乾隆五十五年直隶司说帖，直隶省发生了一起以财行求之案，其大致情由如下：韩邦幅等害怕被判重罪，因而向钱克从等诉苦。钱克从等遂捏称在衙门花用银两便可以轻罪从速结案。于是韩邦幅等送给钱克从等每人白银五十两，求其在衙门打点。[①]

在该说帖伊始，直隶司即援引了"枉法赃五十两，杖一百、流二千五百里"一段律文。此即"官吏受财"律中对有禄人即月俸一石以上者受财枉法的规定。随后直隶司便援引了沈之奇律注"枉法不枉法，各计入己之数科罪，无禄人减一等"一句。之后直隶司又援引了以下例文：

> 以财行求与受财人同科。仍分有禄无禄。有禄人概不减等，无禄人各减一等。其行求之人如有首从者，为首照例科断；为从，有禄人听减一等，无禄人听减二等。[②]

此即"有事以财行求"条所附历经修改之康熙二十七年条例中与本案相关的内容。

据此，直隶司认为，如果钱克从受财枉法，则按律应处杖一百、流二千五百里。但因系钱克从系无禄人，故比有禄人减轻一等处罚，即杖一

---

① 见（清）祝庆祺：《刑案汇览》，卷50，"官吏受财"之"枉法赃计入己之数与受同科"一节。
② 《大清律例·刑律·贼盗下》"诈欺官私取财"条下。

百、徒三年。又因钱克从"指官撞骗",故"另依指称衙门打点名色例"从重拟以充军。所谓"指称衙门打点名色例"即"诈欺官私取财"条所附来自明代的条例:

> 凡指称内外大小官员名头,并各衙门打点使用名色诓骗财物,计赃犯该徒罪以上者,俱不分首从,发近边充军……①

因钱克从已受财至五十两,且系无禄人,按"官吏受财"律应处以满徒,故按此条例,钱克从应发近边充军。而出钱之韩邦幅仍依前述"有时以财行求"所附条例,比钱克从等计赃拟流罪上减一等处以满徒即杖一百、徒三年。而直隶总督将韩邦幅从钱克从的充军罪上减等处罚,虽然其刑仍为满徒,但引拟不当,故直隶司将此案驳回直隶总督重拟。

本案中,因受财一方包括"钱克从等"即受财一方至少为二人甚至数人,而行求一方也不止韩邦辐一人。"窃盗"条对一人盗多家及多人盗一家时如何计赃论罪有规定,但同为"六赃"之一,"官吏受财"条却未对受赃与行求两方各为二人以上时如何计赃作出规定。对此沈之奇在该条律后注中有以下解释:

> 官吏同为执法之人,故有枉法、不枉法之分……因人有事而受其行求之财贿者,计所入己之赃,分枉法、不枉法,照数科断。其月支俸食不及一石者,为无禄人,各减有禄人一等。各者,指枉法、不枉法两项也。②

可见该说帖引用之《大清律辑注》文字可能系由此律后注与本案有关的内容缩减而来。此外,沈之奇在上栏又对数人行求以及数人受财有如下解释:

> 枉法不枉法赃,各计入己之数定罪,与窃盗并赃论者不同。盖窃盗得财之罪,为失主被害者言之,故并赃论罪。虽一人盗得数家之

---

① 《大清律例·刑律·贼盗下》"诈欺官私取财"条下。
② (清)沈之奇:《大清律辑注》卷23,《刑律·受赃》"官吏受财"条下。

财，亦止计一主重者；虽数人分得一主之赃，亦并计所失之赃，同科各盗之罪。唯并赃，故仍依首从发也。官吏受财之罪，为官吏贪财者言之，故各计入己之赃。虽一人受各主之财，亦通算全科。虽数人分一主之财，亦计入己之数，分科各人之罪。唯计入己，故无首从可分也。①

要之，根据沈之奇律注，钱克从等人所受之财数应各按各自收受韩邦幅等人之银两数计，如钱克从共收受五十两银，无论其中韩邦幅与孟庭梅分别出钱多少，钱克从仍应以受财五十两计，而不会像窃盗罪那样盗得数家之财以一主为重计赃。受赃之所以累计赃数而不以一主为重计赃，其中缘由即在于重治贪渎。在该说贴中，直隶司援引沈之奇律注的目的在于确定钱克从等的处罚，即仅以入己之赃论罪，而不以首从论。但是韩邦幅等行求则应分首从，故直隶司认为应将为从之孟庭梅比韩邦幅减轻一等处罚。②

6. 乾隆五十八年四川司援引《大清律辑注》以解释"知津河水深泥淖而诈称平浅"之意

根据乾隆五十八年四川司的一个说帖，此前发生了一起意图恐吓人而假装自缢之案，该案案情大致如下：李辉田向李世富借钱娶妻，却被李绍模诓骗，因而误将有夫之妇李氏接娶过门，嗣后李氏被本夫控官断回。李世富向李辉田索要借款。李辉田往寻原媒郭文海索赔财礼不遇，遂拿走郭文海棉被一条以为抵偿。后郭文海称欲控官追究。李世富听闻畏累，遂与李辉田商议令李辉田至郭文海家假装自缢以冀其不敢控告。李世富将裹脚布给与李辉田假装上吊，不料李辉田移时缢毙。③

按该说帖，四川总督系比照"戏杀误杀过失杀伤人"律中"知津河水深而诈称平浅、诓令人过渡以致溺死者，以斗杀论"一节将李世富拟处绞监候。按四川总督所援引律文系清律"戏杀误杀过失杀伤人"条中的一段即"若知津河水深泥淖而诈称平浅，及桥梁渡船朽漏不堪渡人而

① （清）沈之奇：《大清律辑注》卷23，《刑律·受赃》"官吏受财"条下。
② 其实，以我们今天来看，如果没有代韩邦幅等打点，那么钱克从等的行为当然应被认定为诈骗罪，在清律中即为"诈欺官私取财"。而从该说帖来看，显然钱克从等仅是为了取得钱财而诈骗韩邦幅等人。但直隶司却将钱克从等以无禄人受财枉法论处，又将韩邦幅以"有事以财行求"条例论罪。其间的逻辑笔者实在难以理解。
③ （清）佚名：《例案摘要》，"诈病死伤避事"之"教令装吊恐吓致令缢死由部驳"一节。

诈称牢固，诓令人过渡，以致陷溺死伤者，与戏杀相等，亦以斗杀伤论"。① 刑部四川司并不同意四川总督的审拟意见，为了阐明该案何以不能适用该段律文，四川司援引了沈之奇律注对该段律意予以解释：

> 《辑注》云此重在知字、诈字。知而诈称，是明有害人之心。②

此即《大清律辑注》"戏杀误杀过失杀伤人"条中的一段律上注：

> 此重在"知"字、"诈"字。知而诈称，是明有害人之心矣。若不知而误称，则不得概论。③

即"知津河水深而诈称平浅、诓令人过渡"者明知有致人陷溺死亡的危险而诓令人过渡，因此其有"害人之心"，但李世富只是同李辉田相商而使李辉田假装上吊，显然李世富并无害死李辉田之心，因此四川总督援律失错。而且本案又有一个明显的与四川总督所援引之律文不相吻合之处，即本案的当事人双方和同、李辉田同意假装自缢，只是死亡结果的出现是他们意料之外的，与他们的意愿相违背——而被人诈诓陷害而致死之案中之被害人并未与加害人相商。考虑到当事人两相和同这一因素，刑部认为李世富应按"诈病死伤避事"条以恐吓诈赖人为人伤残因而致死者论处，比斗杀减一等处罚即杖一百、流三千里。按该条有关规定如下：

> 凡官吏人等……若无避罪之情，但以恐吓诈赖人故自伤残者，杖八十。其受雇倩为人伤残者，与犯人同罪。因而致死者，减斗杀伤一等。④

但因该条的犯罪主体为特殊主体即国家公职人员即"官吏人等"，所以显然李世富一案不能适用该律文而仅能比照量刑。之后刑部将该案驳回，令四川总督重拟。在本案中，刑部援引沈之奇律注的意图与作用与前述乾隆

---

① 《大清律例·刑律·人命》"戏杀误杀过失杀伤人"条。
② （清）佚名：《例案摘要》，"诈病死伤避事"之"教令装吊恐吓致令缢死由部驳"一节。
③ （清）沈之奇：《大清律辑注》卷19，《刑律·人命》"戏杀误杀过失杀伤人"条下。
④ 《大清律例·刑律·诈伪》"诈病死伤避事"条。

五十五年律例馆援引沈之奇关于嫁母的解释一样，即为了解释与案件相关的关键词语的意义。①

7. 嘉庆元年律例馆援引《大清律辑注》以解释何谓"背夫"

根据嘉庆元年刑部律例馆的一个说帖，浙江省发生了一起诱拐案：邱阿三与祝李氏通奸，后邱阿三诱拐祝李氏一同逃走，并将祝李氏卖与汪正来为妻。嗣经本夫祝元忠控告，官府派差拘拿，祝李氏遂羞愧自缢身死。②

根据清律"略人略卖人"条所附条例，凡诱拐妇人子女为妻妾子孙者，其和诱知情之人，为首者发极边四千里充军，为从者及被诱之人俱减等满徒即处以杖一百、徒三年。因此，浙江巡抚将邱阿三依和诱为首者拟处充军。而根据"出妻"条规定，若妻背夫在逃而辄自改嫁者，绞监候。浙江巡抚遂声明祝李氏系背夫改嫁依律应处以绞监候。但因祝李氏业已自尽，应毋庸议。

从该说帖来看，浙江司并未对浙江巡抚关于邱阿三的审拟意见提出异议，但是关于祝李氏是否背夫改嫁、应处绞刑，浙江司则有不同意见，即该司认为，祝李氏改嫁系由邱阿三诱令所致，与无人引诱、自行逃出改嫁者不同。因此应将祝李氏照前述"略人略卖人"条例中的被诱之人论处，即比邱阿三减等拟徒。可见，浙江司与浙江巡抚意见不同的关键问题在于如何理解"背夫"。之后浙江司令浙江巡抚对该案审拟意见予以更正。从

---

① 以我们今天的观点来看，李世富应以过失致人死亡论，因此四川总督援引条款并无错误。按清律"戏杀误杀过失杀伤人"条："凡因戏以（堪杀人之事为戏，如比较拳棒之类）而杀伤人，及因斗殴而误杀杀伤旁人者，各以斗杀伤论……若知津河水深泥淖而诈称平浅，及桥梁渡船朽漏不堪渡人而诈称牢固，诓令人过渡，以致陷溺死伤者（与戏杀相等）亦以斗杀伤论。若过失杀伤人者（较戏杀愈轻）各准斗杀伤论，依律收赎，给付其（被杀伤之家）。过失谓耳目所不及、思虑所不到，如弹射禽兽、因事投掷砖瓦，不期杀人者；或因升高险足有蹉跌，累及同伴；或驾船使风、乘马惊走，驰车下坡，势不能止；或共举重物、力不能制，损及同举物者：凡初无害人之意，而偶致杀伤人者，皆准斗杀伤人罪，依律收赎，给付被杀、被伤之家，以为营葬及医药之资）。"本案中李世富并不期望李辉田死亡的结果发生，而"知津河水深而诈称平浅诓令人过渡以致溺死者"的行为人有致人死伤的恶意即"害人之心"，因此四川总督应当援引"戏杀误杀过失杀伤人"条，但不当援引"知津河水深而诈称平浅诓令人过渡以致溺死者"一段律文。但是由于"戏杀误杀过失杀伤人"条中对于戏杀伤、因斗殴而误杀伤以及过失杀伤人等的情形均有具体规定，而本案并不属于其中任何一种。故也许因为惮于解释律文，或者能力未予及此，总之四川总督的审理理由显然不合理。当然，毋须赘述，我们已经看到，这一次四川司对律文的理解也并没有高于四川总督。

② 见（清）祝庆祺：《刑案汇览》卷20，"略人略卖人"之"妇女被诱逃出转嫁并非背夫"一节。

《刑案汇览》所收录的关于邱阿三一案的说帖来看，浙江巡抚后来同意了浙江司的意见，然后浙江司再将此案呈送刑部堂官，刑部堂官又将该案交由律例馆查核。

因为浙江司与浙江巡抚对"背夫"的理解不同，但清律"出妻"条并未对"背夫"做出解释，因此律例馆在查核邱阿三一案时便援引了《大清律辑注》中对"背夫"的解释：

> 背夫者，谓非因别事，专为背弃其夫而逃也。律贵诛心，故其法重。如和同相诱、犯罪逃走，有被诱、畏罪之因，即非立意背夫也。①

此即《大清律辑注》"出妻"条律上注，其原文如下：

> 曰背夫者，谓非因别事，专为背弃其夫而逃也。律贵诛心，故其法重。如和同相诱、犯罪逃走，各有本律。盖有被诱畏罪之因，即非立意背夫也。②

祝李氏并非别无缘故专为背夫而背夫，而系因邱阿三诱拐而背夫，因此律例馆认为，祝李氏之改嫁系因邱阿三诱令所致，这一情节正与沈之奇所谓逃走有"被诱、畏罪之因"相符，因此祝李氏自不得与背弃其夫而辄自立意改嫁者并论、依"出妻"条拟处绞监候，而应依"略人略卖人"律所附条例规定之和诱知情为从者处以杖一百、徒三年。而且刑部向来遇有妇女因诱同逃、被人嫁卖之案，一律将妇女照"略人略卖人"所附条例中规定的被诱之人论处，减等拟徒。因此律例馆认为浙江司令浙江巡抚对该案予以更正的做法"洵属允协，应请照办"。③

8. 嘉庆五年山东巡抚就张钧图奸谢伯法未成，其兄张铠首告一案援引《大清律辑注》

根据嘉庆五年刑部收存的一个说帖，山东省发生了一起命案：张钧图

---

① 见（清）祝庆祺：《刑案汇览》卷20，"略人略卖人"之"妇女被诱逃出转嫁并非背夫"一节。
② （清）沈之奇：《大清律辑注》卷6，《户律·婚姻》"出妻"条下。
③ 此外，值得一提的是，虽然作为当事人之一的祝李氏已死，但是刑部并没有因此而对她草草定罪，而是经过浙江司、律例馆多次看覆，才最终确定其刑。这样的事例在清代的司法文献中并不少见。这样做固然是为了防止各级官员玩忽职守，同时也有助于提高其业务水平。

奸谢伯法未成，并因谢伯法拒奸而将其砍伤毙命。之后张钧之兄张铠将张钧首告。①

由于《大清律例》"犯罪自首"条有关该案部分内容较长，故本章此处仅将该说帖中改写过的"犯罪自首"条中有关该案的内容抄录如下：

> 律载犯罪未发，于得相容隐之亲属为之首告，如罪人身首法。其损伤于人而首告者，得免所因之罪。于物不可赔偿，不准首。若本物现在，首者听从首法免罪。若私越度关及奸者，不在自首之例。若强窃盗取人财物，而于事主处首还，皆得免罪。②

本案中张钧将谢伯法砍伤毙命，此系"损伤于人"，虽自首不能免罪。而根据"犯罪自首"条，律得容隐之亲属首告，则应免犯人"所因之罪"。因张铠首告其胞弟张钧，则因此可免去构成张钧砍毙谢伯法原因的不法行为。而张钧砍毙谢伯法的"所因之罪"为图奸未成之罪。但按"犯罪自首"条，奸罪不准自首。于是山东巡抚援引了沈之奇的注解即"《辑注》云：奸已行而不可改，虽首亦仍问罪"一段。查沈之奇《大清律辑注》"犯罪自首"条律后注如下：

> ……奸已行而不可改，天文推步之学，非在监官生不得习，已私习而不可悔，以上各项虽首亦仍问罪，并不在自首之律。③

根据沈之奇的解释，奸罪之所以不可自首，是因为"奸已行"造成的损害后果是不可矫正的，会导致受害人终身玷污，因此不能因犯人自首而减免其刑。由是山东巡抚认为，奸罪之所以不准自首是因为成奸导致的严重后果。所以如果未成奸，即在准首之列。这样的理解当正与律意相符。山东司在查核该案时提出了以下见解：

> 奸盗事同一律，唯自首一条，窃盗准自首而奸罪不准自首者，诚

---

① 见（清）佚名：《说帖类编》卷4，《名例下》。
② （清）佚名：《说帖类编》卷4，《名例下》。
③ （清）沈之奇：《大清律辑注》卷1，《名例》"犯罪自首"条下。

以奸已成则终身玷污，即系律称损伤于物不可赔偿。①

山东司的看法与沈之奇基本一致。因此山东司同意山东巡抚的审拟意见。

本案的关键问题是如何理解"犯罪自首"条中奸罪不准自首的规定。诚然，如果不推究这一规定的原因而仅仅片面理解律文文字，那么张钧的强奸未成之罪似乎不能免除。山东巡抚参考沈之奇律注之后发现了更深一层的律意，即律文规定奸罪不准自首的理由是"奸已行而不可改"，如此则张钧强奸未成，自然可因自首免罪。②同时，我们可以看到，与此前各说帖中刑部对沈之奇律注的态度相比，此番山东司似乎显得颇为谨慎：

> 《辑注》虽非现行定例，若于律例所不及核而《辑注》可以互相发明并无违碍者，原可斟酌遵行……即该抚所引《辑注》与律例并无违碍；似可照覆，……③

但是结合本章有关其他案件等的叙述，我们会发现，刑部自身援引沈之奇律注自然不受约束，但是对于地方官员援引《大清律辑注》他们却颇为挑剔而开始检查沈之奇的解释是否与现行律例相悖。刑部之所以如此，主要原因应是担心地方官员援引失错。当然地方官员援引失错者并非少见，由此而导致刑部多次禁止地方官员援引沈之奇律书。关于这一点，通过后文有关案例的叙述读者自会明了。

---

① （清）佚名：《说帖类编》卷4，《名例下》。
② 但是，我们应当注意到，"已行"与"已成"是两个不同的概念。"已行"指预谋结束之后的预备行为和实行行为。而"已成"指犯罪既遂。所以在张钧一案的说帖中，窃以为刑部和山东巡抚犯了同样的错误，即将"已行"与"已成"混淆。当然，笔者在此并不认为沈之奇关于"奸已行而不可改"的理解有错，因为在传统社会特别是明清时期那样一个高举道德大旗、更加注重女性名节的时代，不仅"奸已成"会导致女性终生玷污，"奸已行"而未成同样如此。而在清代的许多司法文献中，我们更可看到许多女性仅因男子的语言调戏便会"羞忿自尽"即选择以自杀捍卫贞操。清律"威逼人致死"条所附乾隆、嘉庆年间制定的诸多条例正可说明这一点。所以，沈之奇的解释在那个时代并无舛错。此外，窃以为此处有一个问题需补充解释，即本案中的谢伯法系男子。虽然强奸男子在传统社会的很长时期没有被法律认定为奸罪，但是后来清代法律承认男子与女子一样"守贞无异"，由此而出台了相应的条例，并附于"犯奸"及"杀死奸夫"条下。了解到这一点，读者可能会更容易理解正文所叙述的案件。
③ （清）佚名：《说帖类编》卷4，《名例下》。

9. 嘉庆十一年律例馆就库书偷窃库银是否为监守自盗而援引《大清律辑注》

根据嘉庆十一年律例馆的一个说帖，山西省库书梁奋庸偷窃库银二百九十九两。①

按清律"监守自盗仓库钱粮"条所附嘉庆四年的一个条例，监守盗仓库钱粮一百两以上至三百三十两，杖一百、流二千里，勒限一年追完。如限内全完，流徒以下免罪。② 因梁奋庸于限内赔交所窃库银，因此山西巡抚认为应将其照例免罪。由此可见，山西巡抚将库书认定为监临主守。该案上报刑部堂官之后，刑部堂官又将该案交律例馆查核。

律例馆在查核该案时分别援引了《明律笺释》和《大清律辑注》中有关库斗是否监守的解释，即《明律笺释》中的律注"攒拦、库子、斗级各有主守之责。凡官钱粮官物，守掌之人若于仓库内盗者，谓之监守自盗"③ 一段及《大清律辑注》"监守自盗仓库钱粮"条的律后注"库、斗引贼盗仓库钱粮，库、斗问监守，贼犯问常人盗，各尽本法"④ 一段。其实王肯堂与沈之奇并未明确指出库书系属监守。律例馆是根据以上二律书中将库子、斗级均认定为监守的观点，从而认为既然直接掌管官库、粮仓的库子、斗级俱属"主守"，那么有"守掌之责"的库书，自应与库子、斗级一体同为"主守"。即律例馆是根据以上二律书而将库书类推解释或扩张解释为监守。此外，在该说帖中，律例馆还提到偷窃库银与侵亏不同。这可能也是刑部堂官的一个疑问，即梁奋庸的罪名认定是否准确、是监守自盗抑或侵亏。对此，律例馆强调梁奋庸并非侵亏而是监守自盗，因此，根据嘉庆四年条例，梁奋庸应免罪。

因为律例馆其实是根据《明律笺释》与《大清律辑注》二律书的解释而将库书解释为监守，按照这样的逻辑，其实律例馆并不须求助于私家律书，因为根据《大清律例》"称监临主守"条：

---

① 见（清）祝庆祺：《刑案汇览》卷 13，"监守自盗仓库钱粮"之"库书偷窃库银应照监守自盗"一节。

② 见（清）薛允升：《读例存疑》卷 25，《刑律之一·贼盗上之一》"监守自盗仓库钱粮"条下。

③ 查《明律笺释》"称监临主守"及"监守自盗仓库钱粮"律注及例注，其中均无以上内容。又，根据《大清律集解》"称监临主守"条律后注："库子掌库藏，斗级掌仓廒。攒谓攒典，拦谓巡拦。"见《大清律集解·名例》"称监临主守"条下。

④ （清）沈之奇：《大清律辑注》卷 18，《刑律·贼盗》"监守自盗仓库钱粮"条下。

> 凡律称监临者，内外诸司统摄所属、有文案相关涉及别处驻扎衙门带管兵粮水利之类，虽非所管百姓，但有事在手者，即为监临。称主守者，内外各衙门该管文案吏典专主掌其事及守掌仓库、狱囚、杂物之类官吏、库子、斗级、攒拦、禁子，并为主守。其职虽非同属，但临时差遣管领、提调者，亦是监临主守。①

既然律文明确规定库子、斗级、攒拦、禁子并为主守，那么根据"称监临主守"条，律例馆也可将库书解释为监守。作为专司修订律例、负责案件查核的机构，保证刑部各司恪守律例本是律例馆的重要职责，而在梁奋庸一案中，在律文规定与律书解释相同的情况下，律例馆却舍律文而引律书，其中理由的确难以解释。因为即便嘉庆年间刑部堂官屡次要求各司、律例馆援引解释诸家，即便当时查核该案的律例馆官员深深折服于《明律笺释》《大清律辑注》二律书，但是律例馆在梁奋庸一案中的做法依然令人费解。

10. 嘉庆二十二年律例馆就两起捏奸诬告之案援引《大清律辑注》以解释相关条例之例意

嘉庆二十二年四月，刑部奏结了两起"捏奸诬告"之案，该二案案情大致如下：首先，关于傅德一案。傅德向王岚峰借钱，王岚峰不肯。傅德怀恨在心，遂与罗星耀商议自叙供词，捏称王岚峰之妾王王氏系娼家妓女，意欲污蔑王岚峰身家不清，并牵连玷污王王氏媵母王萧氏之名节。其次，关于龚云瞻一案。龚云瞻犯事发配充军。因与同配已经减徒之军犯孙万林及减徒役满之流犯朱四二人不和睦，龚云瞻因孙万林、朱四等例应递解而在配逗遛，遂商同军犯谢六一起唆使另一军犯于昌言等捏告朱四纵容其妻与孙万林通奸，企图使官府将朱四等解回原籍以泄私忿。②

根据该说帖，陕甘总督、陕西臬司本将傅德依"诬告"本律定拟，后被陕西司将傅德改拟发附近充军，即陕西司认为应将傅德依"越诉"门下所附"假以建言、污人名节"条例论处。傅德一案已于嘉庆二十一年十月咨结。而关于龚云瞻一案，陕西省则将其依"越诉"门下"假以建言、污人名节"条例拟处充军，经陕西司改拟应依"诬告"本律加等

---

① 《大清律例·名例》"称监临主守"条。
② 见（清）祝庆祺：《刑案汇览》卷45，"越诉"之"奸赃污人名节分别情节治罪"一节。

拟徒。岂料陕西臬司认为两案情节相似而陕西司处断不一，因而咨请部示。后刑部堂官又将此二案交由律例馆查核。

因傅德、龚云瞻二案均涉及"越诉"门下之"假以建言"条例，故律例馆查核该二案时，首先援引了该条例中相关内容即"假以建言为由挟制官府，及将暧昧不明奸赃情事污人名节，报复私仇者，文武官俱革职。军民人等皆发附近充军"。① 之后便援引了《明律笺释》与《大清律辑注》对该条例例意的概括与解释：

> 《笺释》与《辑注》俱云："'假以建言'句是总纲，下分'挟制官府'及'污人名节'为两项。"②

查《明律笺释》该例注：

> "假以建言为由"是总句。下分二项，"挟制官府"是一项，"将奸赃不明事情污人报仇"是一项……"③

再查《大清律辑注》中该例注原文如下：

> "假以建言为由"一句，是此例之纲领。或挟制官府、或以奸赃诬人分二项，皆承建言而言也。④

因傅德、龚云瞻二案均涉及"假以建言"条例，故律例馆援引《明律笺释》与《大清律辑注》的目的便在于将解释该条例之例意，以便对陕西司判决意见有疑义的陕西省官员接受驳改。之后律例馆更进一步解释先代制定该条例的原因，即有刁恶之徒怀挟私仇捏造奸赃不明事情与污人名节、巧为报复，故特立专条，用昭惩创。至于捏奸捏赃控告到官、止欲陷人于罪而无污人名节之心者，则应依"诬告"本条论处，不应援引该条例。傅德专欲污蔑王岚峰一家名节，并非仅止诬告他人以罪名，正与

---

① 此引用系该说帖中原文，系将"诬告"门下该条例中与此二案相关文字摘出。
② （清）祝庆祺：《刑案汇览》卷45，"越诉"之"奸赃污人名节分别情节治罪"一节。
③ （明）王肯堂：《明律笺释》卷22，《刑律·诉讼》"越诉"条下。
④ （清）沈之奇：《大清律辑注》卷22，《刑律·诉讼》"越诉"条下。

"越诉"门"假以建言"条例中将暧昧不明奸赃情事污人名节报复私仇者相符，因此应将傅德以"假以建言"条例拟处充军而不应将傅德依"诬告"本律拟徒。而龚云瞻捏奸的目的并不在污人名节，而是欲官府将朱四等递解原籍以泄私忿，故不应援引"越诉"门"假以建言、污人名节"之例拟军，而应依"诬告"本门加等拟徒。律例馆并申明律意，认为诬告案中半数为捏奸捏赃者，如捏人奸赃者即认定为污人名节而援引"越诉"门"假以建言、污人名节"之例，则"诬告"门条例中便不必再规定奸赃事情。因此，律例馆当然同意陕西司的意见，并批评陕西臬司未能辨别傅德、龚云瞻二犯心迹之同异与否，因此导致陕西臬司对陕西司的意见产生误会。

11. 同治四年直隶司援引《大清律辑注》以解释何谓已未成盗

同治四年，直隶司向刑部堂官呈上说帖，就如何认定已未成盗这一问题而援引律文、私家律书并以往案例进行详细的解释。①

根据该说帖，直隶司认为是否成盗即以"是否移携已离盗所为断"，即判定是否"成盗"即强窃盗未遂、既遂的标准为是否已经将事主之财物移动、携带离开盗所：如已将事主之财移动、携带离开盗所，则为强窃盗既遂即"成盗"；如未将事主之财移动、携带离开盗所即为强窃盗未遂即"未成盗"。因此，在解释何谓强窃盗既遂即"成盗"时有两个概念须明确，一为移携，二为盗所。"公取窃取皆为盗"条为认定不同的财物是否已被移携、因而是否成盗规定了不同的标准。首先是珠玉宝货之类，此类动产最易携带，因此虽贼犯尚在盗所，只要此类财物已入盗手即为成盗。其次为器物钱帛之类，此类动产的便携性较之珠玉宝货略差，故此类财物不仅须入盗手并须被转移离开盗所方为成盗。木石重器的便携性最差，故此类财物即便已被搬离原放置之处，但如未曾驮载，也不成盗。在"盗所"确定的情形下，只要根据以上标准，则应可判定是否成盗。但是，由于强窃盗犯罪的本质在于贼犯获赃而事主失财，故假如贼犯已经移携赃物但因为某种原因而使得事主将财物拿回，则此时应为成盗抑或不成盗？沈之奇和王肯堂对此均有解释，直隶司在说帖中将其分别援引如下：

---

① 见（清）吴潮：《刑案汇览续编》卷12，"公取窃取皆为盗"之"盗案分别是否盗所已未得财"一节。

又《辑注》云，在事主家谓之财，入盗手谓之赃。不得财，是事主不曾失财也。若贼弃赃途中，被他人拾得，亦以得财论。唯事主拾回方为不得财。《笺释》云，强盗劫出财物已据入手，或才离主家未曾分受，皆为得财。不待其各分入己，而后谓之得财也。就使正劫之时，财物未离主家，被人将盗与财物一同捉获亦是。等语。①

按以上直隶司所引《大清律辑注》文字即该书"窃盗"条律后注：

在事主家谓之财，故取去曰得财；入盗贼手谓之赃，故论罪曰并赃。不得财，是事主不曾失财也。若贼人弃财途中而去，被他人拾得，亦以得财论。盖盗虽未得赃，而事主之财已失矣。唯事主拾回，方是不得财。②

在援引有关案例并对何谓"盗所"进行阐述之后，直隶司认为，假如贼犯已携赃甫离盗所又中途弃赃，财物因此被事主拾回，则此时应按沈之奇的解释将其认定为不得财因而未成盗；如果贼犯已移携财物离开盗所而未离开事主之家即被人赃现获，则此时应按王肯堂的解释也将其认定为未得财因而不成盗。由此可见，王肯堂与沈之奇实际上是对"公取窃取皆为盗"条规定的"成盗"标准做了变通或补充解释。

12. 同治七年律例馆援引《大清律辑注》以解释窃盗与常人盗仓库钱粮之赃不应并计

根据同治七年律例馆的一个说帖，此前南城察院向山东司移送了刘四等犯盗一案。刘四等所犯之罪为窃盗及常人盗仓库钱粮两项。山东司认为两罪应分别计赃科罪。刑部堂官对此不能肯定，因此将该案交律例馆查核。③

律例馆查核时发现并无窃盗与常人盗可以并赃科罪之例文，而刑部亦无窃盗与常人盗并计科罪之成案。只有《律例辑注》中有"掏摸与窃盗并论三犯次数，以其罪相同也。监守、常人、抢夺，不得并入窃盗通论，

---

① （清）吴潮：《刑案汇览续编》卷 12，"公取窃取皆为盗"之"盗案分别是否盗所已未得财"一节。

② （清）沈之奇：《大清律辑注》卷 18，《刑律·贼盗》"公取窃取皆为盗"条下。

③ 见（清）吴潮：《刑案汇览续编》卷 10，"窃盗"之"窃盗与常人盗不得并计科罪"一节。

以其罪各异也"一段解释。此即《大清律辑注》"窃盗"条的一段律上注原文。① 按沈之奇解释，掏摸与窃盗罪质相同，故可并赃论罪；而监守自盗仓库钱粮、常人盗仓库钱粮、抢夺与窃盗罪质不同，故前三者不能并入窃盗并赃论罪。这一律注恰为律例馆回答刘四等一案能否并赃科罪提供了依据。又窃盗与常人盗的最低刑及加等方法并不同，况且窃盗中又有一主为重、并赃论罪之计罪方式等。要之，二者之间除罪质不同而外，又存在诸多差异，因此不可并赃科罪。此外，道光六年江西司曾呈请将先窃后抢、先抢后窃犯至三次者，一律比照窃盗三犯例计赃问拟，为此刑部将之交律例馆查核。律例馆认为窃盗与抢夺"名目既显有不同，即不得并计科罪"，即律例馆仍以二者罪质不同为由反对并赃论罪，而是认为仍应将窃盗与窃盗并计、抢夺与抢夺并计，分别科断。后刑部同意律例馆意见。既然抢夺不应与窃盗并计科罪，则常人盗亦不应与窃盗并计科罪。故律例馆认为山东司意见合理，且与道光六年成案相符。而刑部堂官亦赞同律例馆意见，并传知各司照此办理。

第二节 因律例无明文而援引《大清律辑注》以为审拟依据

前已述及，沈之奇在《大清律辑注》中曾运用各种方法来解释律例的规范意义。正如本章多次提到的，或者由于律学素养的不足，或者传统立法的特点以及惮于解释律例，清代官员也可能会因"律例无明文"而援引沈之奇对律例规范意义的解释以为审拟依据。到目前为止，笔者共找到6笔当时官员认为律例无明文规定而援引《大清律辑注》以为审拟依据的文献，以下将展开对此6笔文献的叙述和讨论。

1. 乾隆五十七年律例馆核覆直隶省王开阁、乔十过失杀人一案时援引《大清律辑注》

前已述及，在查核乾隆五十六年直隶省开州发生的王开阁、乔十二人过失杀人案时，律例馆援引并赞同沈之奇的有关解释。此外，乾隆五十七

---

① 见（清）沈之奇：《大清律辑注》卷18，《刑律·贼盗》"窃盗"条下。

年六月刑部浙江司曾核咨了与王开阁一案相似的一起案件，即濮带老与江老大因锯树过失杀何荣宝一案。浙江巡抚将濮带老、江老大二人均依过失杀人律论处，两人共追银十二两四钱二分。这一判决并得到刑部堂官的认可。因该案查核在先，故律例馆认为应将王开阁、乔十一案也照此办理。而当时浙江司审办之马子幅与宋书共锯松树一案也与王开阁、乔十一案相似，浙江司又将马子幅依律追收赎银，宋书并未置议。律例馆认为应将此二案同一处理，"以符例案"。乾隆五十七年律例馆有关王开阁一案的说帖并未提及濮带老、江老大一案中浙江巡抚或浙江司乃至律例馆是否援引《大清律辑注》。不过，在已有例案的情况下，律例馆在核办王开阁、乔十一案时仍然不厌其烦地援引了明清时期最有影响的三部律书并予以评论，这一做法一方面也许可以说明律例馆在事后为濮带老、江老大一案的判决意见寻求依据。当然，前已提及，虽然律例馆声明"两人过失杀一人律例向无作何办理明文"，但其实仅是由于律例馆等未曾深究律意所致。

2. 乾隆五十八年律例馆就韩添勇听从母命活埋胞兄一案援引《大清律辑注》

根据乾隆五十八年律例馆说帖，此前直隶省发生了一起命案：韩添太系韩添勇胞兄。其母韩张氏令韩添勇一同活埋韩添太。①

该说帖中并未说明直隶总督的判决意见，但是，无论如何，该意见被直隶司驳回。后来刑部堂官又将此案交由律例馆查核。在查核时，律例馆援引了《大清律辑注》中的有关解释。而律例馆这样做的原因，是因为按"殴期亲尊长"条规定，弟殴杀兄者不分首从皆斩，而弟故杀、谋杀兄者不分首从皆凌迟处死。按谋杀人者可能有同谋、不同谋，如有同谋则有首、从之分。但故杀无预谋，因此无从犯。而"殴期亲尊长"条却有"故杀者，皆不分首从凌迟处死"一句。为了解释这一点，律例馆援引了沈之奇的律注：

> 若故杀则系一人临时独自起意，而本律明言不分首从者，《辑注》为卑幼共殴中有一人故杀，则共殴者皆凌迟。②

---

① 见（清）佚名：《例案摘要》，"殴大功以下尊长"之"听从母命活埋胞兄情节罪名不符驳"一节。

② 同上。

此即《大清律辑注》该条律上注之句，其原文为：

> 若卑幼共殴，中有一人故杀，则共殴者皆凌迟。①

按沈之奇解释，若卑幼共殴期亲尊长，而其中一人临时起意而故杀之，则其余共殴之卑幼一律以故杀期亲尊长论凌迟处死。但该案中韩张氏系韩添勇尊长，而韩张氏活埋韩添太自系谋杀，但清律中仅就祖父母父母故杀子孙做了规定，而无谋杀子孙的规定，所以，韩张氏活埋其子的这一有预谋的故意杀人行为当以故杀论。但韩添勇并未与其母预谋活埋其胞兄，而是被其母临时下令共埋。律例馆认为"至尊长起意谋杀、在场下手之卑幼不知谋情，律例并无作何定拟明文"，即律文对此等尊长起意谋杀而在场下手、不知谋情之卑幼如何处断并无规定，于是律例馆便援引了沈之奇律注"《辑注》……又云别亲外人故杀者自坐斩，预谋之卑幼皆凌迟"一段。此即《大清律辑注》中"殴期亲尊长"的另一段律上注中的一句：

> 如卑幼与别亲、外人同殴期亲尊长，别亲、外人下手，殴瞎一目，别亲、外人各依本法，而卑幼但曾同殴，应照绞罪科为从减一等之罪，不得照别亲、外人律论为从减等也，余仿此推之。若别亲、外人下手致死者，自坐绞，而预谋之卑幼皆斩。别亲、外人故杀者，自坐斩，而预谋之卑幼皆凌迟。②

该段律上注中的"别亲、外人自坐斩"，并非指别亲、外人杀人一律处斩，而是指别亲、外人各依本律科罪，比如科以斩罪，因为按"殴祖父母父母"条，祖父母、父母（谋）故杀子孙，仅处杖六十、徒一年。按沈之奇解释，与别亲、外人预谋杀期亲尊长之卑幼即便不知故杀之情亦皆凌迟处死，按此则如韩添勇与韩张氏预谋活埋韩添太，则韩添勇自应凌迟处死。但本案中韩张氏并未与韩添勇预谋，故律例馆认为应将韩添勇比预谋之期亲卑幼之凌迟刑减轻处罚即拟以斩决。而且韩张氏系韩添勇之母，对韩添勇有专制之义，因此，律例馆认为在将韩添勇拟处斩决的同时，并

---

① （清）沈之奇：《大清律辑注》卷20，《刑律·斗殴》"殴期亲尊长"条下。
② 同上。

夹签声请将其再行减轻处罚。而直隶司的审拟意见正是如此。故律例馆认为直隶司的意见"似属酌量办理",因此表示赞同。

本说帖中律例馆援引了《大清律辑注》"殴期亲尊长"条律上注的两处解释,其中之一是为了解释律意。第二处援引也即最重要的一处援引则是为了在律例无明文的情况下寻求审拟依据。具体到韩添勇一案,虽然沈之奇的解释与本案并不完全吻合,但是沈之奇的解释为律例馆提出了一个量刑的参照,由此使得该案的审拟有了依据。

3. 嘉庆五年湖广司就梁天兆殴打其婿陈大年致婿自尽一案援引《大清律辑注》

根据嘉庆五年湖广司的一个说帖,梁天兆寻殴其婿陈大年。陈大年因此畏惧,自缢殒命。[①]

根据该说帖,地方巡抚将梁天兆依不应重律处以杖八十。在核覆此案时,湖广司"详查律例",但发现其中"并无尊长威逼卑幼致死作何治罪明文",而"唯《辑注》内称'律不言尊长威逼卑幼之事,盖尊长之于卑幼,名分相临,无威之可畏;事宜忍受,无逼之可言。故不著其法。设有犯者,在期亲可以勿论,大功以下,宜分别应与不应'等语"。这段引文正是《大清律辑注》"威逼人致死"条之律上注。按《大清律辑注》中原文如下:

> 律不言尊长威逼卑幼之事,盖尊长之于卑幼,名分相临,无威之可畏;事宜忍受,无逼之可言。故不著其法。设有犯者,在期亲可以弗论,大功以下,似宜分别科以不应。[②]

岳父母与女婿之间服属缌麻,故梁天兆应以"不应为"条论罪。按该条,不应轻者笞四十,不应重者杖八十。地方巡抚将梁天兆以不应重者杖八十,湖广司认可地方巡抚的判决意见,并声明该判决意见"系照《辑注》办理,似可照覆"。律例馆对《大清律辑注》的认可与尊重自不待言,而相对前文山东司核覆张钧一案时对山东巡抚援引《大清律辑注》的严厉态度,通过这一说帖,我们可再次印证律例馆对刑部各司或本馆援引该书

---

① 见(清)祝庆祺:《刑案汇览》卷34,"威逼人致死"之"妻父寻殴女婿致婿畏惧自尽"一节。
② (清)沈之奇:《大清律辑注》卷19,《刑律·人命》"威逼人致死"条下。

的宽容态度。

4. 嘉庆七年、嘉庆十六年刑部就谋杀亲属而误杀旁人之案而分别援引《大清律辑注》同一内容

（1）嘉庆七年湖广司就刘曾氏谋毒其子而误毙旁人一案援引《大清律辑注》

嘉庆五年十月二十四日，湖南省新化县发生了一起谋杀子而误杀旁人之案：刘南素日游荡、不遵母训，后又因犯窃盗而被官府羁押。刘南之母刘曾氏因此被人耻笑，遂起意将刘南毒死。刘曾氏将砒霜混入面粉做成糍粑，央王合庭带给刘南。刘南与同被羁押的罗聋子各吃一个糍粑。二人随即腹痛呕吐。刘南将糍粑吐出后痊愈，罗聋子则因毒发身死。[①]

湖南巡抚将刘曾氏拟流。该案呈报刑部后，湖广司在查核相关律例时发现，按清律"戏杀误杀过失杀伤人"条，谋杀、故杀人而误杀旁人者，以故杀论，但"谋杀子孙而误杀旁人例无治罪明文"，而只有沈之奇对此有过解释。按该说帖所引《大清律辑注》解释如下：

> 谋故殴之误杀，皆言凡人。若因凡人而误及亲属，因亲属而误及凡人，因亲属而误及亲属，当按尊长卑幼各律轻重，权衡分别，随事酌之。[②]

此即《大清律辑注》"戏杀误杀过失杀伤人"条的一段律上注原文。按此则沈之奇对谋杀亲属而误杀旁人如何处理提出了一个原则性的指导意见，即"随事酌之"。但至于刘曾氏谋毒其子而误毙旁人一案究竟应如何处理，湖广司并不能因此确定。于是湖广司又参考了乾隆二年贵州省发生的潘氏殴子而误毙旁人一案。按潘氏并未以斗殴杀人论而以过失杀人论收赎。而谋毒较殴打情重，故湖广司认为湖南巡抚将刘曾氏拟流的意见

---

① 见杨一凡、徐立志：《历代判例判牍》第六册（下），中国社会科学出版社 2005 年版，第 517—524 页。该案又见（清）祝庆祺：《刑案汇览》卷 32，"戏杀误杀过失杀伤人"之"谋毒犯窃被押之子误毒旁人"一节及（清）佚名：《说帖类编》卷 22，《刑·人命》。

② 杨一凡、徐立志：《历代判例判牍》第六册（下），中国社会科学出版社 2005 年版，第 517—524 页。需要指出的是，《刑案汇览》中该说帖中先后出现"集注""辑注"各一次。而该说帖伊始指明引自《大清律集注》的律注正是《大清律辑注》之原文。因此笔者在正文中并未提出这一点，而径直将"集注"改为"辑注"。再，《说帖类编》卷 22 也收录了该说帖，其中也先后出现"集注""辑注"各一次。

"系属酌量办理，似可照覆"。①

不过后来刑部堂官并不同意湖广司的意见而是建议是否可将刘曾氏照潘氏一案处理，并将该案交给律例馆核查。而律例馆又不同意刑部会堂的意见，并援引乾隆五十八年以及嘉庆元年成案各一，认为将刘曾氏照嘉庆元年温和一案处以斩监候"固属允当"，而湖南巡抚以将刘曾氏减等处以流刑已属"原情酌拟"且比其应得之故杀斩罪减轻处罚了，所以，对于湖南巡抚的判决意见，律例馆也认为"似可照覆"。②

（2）嘉庆十六年广西司就黄韦氏谋毒其子而误毙旁人一案援引《大清律辑注》

根据嘉庆十七年刑部说帖，广西发生了一起谋毒己子而误毒旁人之案：黄韦氏之子黄经元违反教令，黄韦氏欲以毒酒谋害之。韦有亮用饭与黄经元换酒，与妻陈氏共饮。俟后韦有亮、陈氏夫妻二人均因中毒殒命。③

前已提及，按清律"戏杀误杀过失杀伤人"律，谋故杀而误杀旁人者以故杀论。又按"杀一家三人"条所附条例，故杀一家二命者处以斩枭。如此则黄韦氏应处斩决枭示。广西巡抚认为不应将黄韦氏抵命，而韦有亮夫妇之死究系由黄经元违反教令所致，因此将黄经元拟处绞决。但广西司不同意广西巡抚的判决意见。后广西巡抚又将黄经元以父母呈首子发遣例拟以充军，而将黄韦氏以过失杀论收赎。广西司同意广西巡抚对黄经元的审拟意见，但对黄韦氏的审拟意见表示反对。与十年前的湖广司相

---

① （清）祝庆祺：《刑案汇览》卷 32，"戏杀误杀过失杀伤人"之"谋毒犯窃被押之子误毒旁人"一节。

② 最后，嘉庆皇帝也同意将刘曾氏处以杖一百、流三千里。不过，因为此案发生在嘉庆六年清理庶狱恩旨之前，故湖南巡抚认为应将刘曾氏流罪援免并免收赎，仅追埋葬银十两给尸亲收领。而最后刑部和嘉庆皇帝均同意这一审拟意见。见杨一凡、徐立志：《历代判例判牍》第六册（下），中国社会科学出版社 2005 年版，第 517—524 页。但需指出的是，在《历代判例判牍》所收录之关于刘曾氏一案的文献中并没有刑部援引《大清律辑注》的文字，而仅只提出律例无文、应比附定罪，即比照谋杀人而误杀旁人以故杀论与故杀斩罪上减一等即杖一百、流三千里。又，关于殴子而误毙旁人、谋杀子而误杀旁人如何处理，后来道光四年定例有规定："凡因殴子而误伤旁人致死者，杖一百、流三千里。因谋杀子而误杀旁人，发近边充军……"见（清）薛允升：《读例存疑》卷 34，《刑律之十·人命之三》该条下。而《刑案汇览》卷 32"戏杀误杀过失杀伤人"之"因殴子而误杀旁人定例"一节则叙述了该条例的产生缘由，即因钟世祥掷打伊子而误伤孙泳幅子一案而产生之道光四年的一个通行。以上条例即根据该通行纂定。

③ 见（清）祝庆祺：《刑案汇览》卷 32，"戏杀误杀过失杀伤人"之"谋毒其子误毙旁人一家二命"一节。

同，广西司此番也援引了《大清律辑注》中"谋故殴之误杀，皆言凡人。若因亲属而误及凡人，当按尊长卑幼各律轻重，随事酌之"一段解释。这段解释为广西司提出覆核意见提供了指导性的原则。当然具体应将黄韦氏如何治罪沈之奇并未明言。与嘉庆七年律例馆的做法相同，广西司也援引例案以确定黄韦氏作何治罪。而广西司所援引之例案便是嘉庆七年湖南省刘曾氏一案。最后，广西司认为应将黄韦氏从故杀二人斩罪上减一等拟处杖一百、流三千里，系妇人照律收赎，并倍追埋葬银两即追四十两给付尸亲收领以为营葬之资。广西司并强调本衙门的判决意见"系凭成案、《辑注》衡情酌断"。而当年核覆此处的"成案"即刘曾氏一案时，湖广司也同样援引了《大清律辑注》。因此，所谓凭"成案"，其实主要还是凭沈之奇律注。

5. 嘉庆二十一年律例馆说帖就奸妇全氏听从奸夫谋勒夫兄一案援引《大清律辑注》

《刑案汇览》卷44"妻妾与夫亲属相殴"条下有嘉庆二十一年刑部堂官的一个说帖，该说帖中提及两桩命案，其一为本章此处将要讨论的吉林将军所咨全氏听从奸夫闵士文谋勒夫兄梁荣身死一案。[①]

按清律"妻妾与夫亲属相殴"条规定，妻殴夫之期亲以下、缌麻以上尊长，与夫同罪，至死者斩监候。其小注云不言故杀者亦止于斩。其中并未言及谋杀。而查"谋杀祖父母父母"条亦无此等规定。本来，凡人谋故杀一律处以斩监候，但如妻谋杀夫期亲以下、缌麻以上尊长者仍同故杀者处斩监候，则不仅无从体现谋杀之重于故杀，且其处罚与凡人谋故杀无异，似未平允。而关于夫、妻妾殴杀、故杀及谋杀夫之期亲以下缌麻以上尊长处罚之异同这一问题，《大清律辑注》"谋杀祖父母父母"条有律上注如下：

> 盖所得同者，殴耳。若殴杀夫之尊长，罪轻于夫；殴杀夫之卑幼，罪重于夫，皆不得同也，况谋杀乎？此谋杀律，自各照本人服制轻重科之。如夫妻谋杀伯叔，夫照期亲尊长，已行者斩，已杀者凌

---

① 见（清）祝庆祺：《刑案汇览》卷44，"妻妾与夫亲属相殴"之"听从奸夫谋杀夫之胞兄"一节。

迟；妻照缌麻以上尊长，已行者流，已伤者绞，已杀者斩。①

该说帖中律例馆所援引之"如夫妻谋杀伯叔，夫照期亲尊长已杀者凌迟，妻照缌麻以上尊长，已杀者斩"，即来自沈之奇以上解释。按沈之奇律注，妻谋杀夫之期亲以下缌麻以上尊长者，根据妻对尊长之服处罚，如妻于夫之尊长服属小功，则按卑幼谋杀小功尊长处以斩立决。律例馆赞同沈之奇的以上见解，认为沈之奇"此论甚的"。该案中全氏系听从奸夫谋勒夫兄梁荣身死，梁荣系伊夫期亲服兄，于该氏服属大功，奉天省将该氏照故杀缌麻以上尊长律不分首从律拟处斩立决，律例馆认为该审拟意见与"律意及《辑注》相符，似可照覆。"

在该说帖中，刑部堂官提及奉天司拟处意见与"律意"相符，其中含义应该是指根据律意，妻谋杀夫之尊长不能与凡人谋杀同处，而谋杀本身又重于故杀，故妻谋杀夫兄自应比故杀处罚更重。虽然律意如此，但律例毕竟对此无明确规定，而清律又要求官员作出判决时须具引律例，而此时《大清律辑注》的有关解释便成为各级官员作出判决的依据。况且正如下文所要提及的，嘉庆年间的刑部有时确实也在鼓励官员们援引各家律书包括《大清律辑注》。

第三节　其他情形

本节所谓"其他情形"其实与前述两种援引《大清律辑注》的情形存在交叉，即其中援引《大清律辑注》或其他律书的目的也是为了阐释律意或者在"律例无明文"时援之以为审拟依据。但是，被笔者归入之前一、二标题的说帖均同时具有以下两个共同特点：其一即各级官员均指明并确实援引了沈之奇《大清律辑注》；其二即他们的援引得到了刑部各司或律例馆的认可，或者本来即系刑部援引沈之奇律书因而无所谓认可的

---

① （清）沈之奇：《大清律辑注》卷19，《刑律·人命》"谋杀祖父母父母"条下。

问题。① 而被笔者归入此处的"其他情形"的说帖等则不同时具有以上特点，即它们或者并未直接或确实援引《大清律辑注》，或者因援引错误而未得到刑部的认可等。以下将展开对此 9 笔文献的叙述、分析。

1. 乾隆五十四年、五十七年律例馆及江西司指明援引《大清律集注》而其所引内容实来自《大清律辑注》

（1）乾隆五十四年尹亮窃盗一案

根据乾隆五十四年律例馆的一个说帖，山西省发生了一起窃盗案：尹亮等人盗窃扎免五头牛、二匹马。赶至半路，二头牛、一匹马自行跑回扎免家。因此事主扎免实际丢失三头牛、一匹马共四头牲畜。②

因尹亮实际盗去四头牲畜，故山西巡抚将尹亮等按照"盗马牛畜产"条所附关于窃盗牲畜三匹至五匹的条例分别首从拟处。但该案上报刑部之后，山西司认为根据"公取窃取皆为盗"条中关于"成盗"即盗犯既遂的标准即其中"马牛驼骡之类，须出栏圈……乃为成盗……已成盗者，依律以得财科断"这一规定，既然尹亮等已将扎免的马牛带出"栏圈"、已经"成盗"，"成盗"即"得财"，故该案应根据"盗马牛畜产"条所附条例规定的盗窃牲畜五匹到九匹处理。但该案交律例馆查核后，律例馆并不同意山西司的意见。在律例馆看来，"成盗"不一定等于"得财"。为此，律例馆援引了万维翰《大清律集注》中的有关解释：

> 又窃盗已行不得财条内《集注》云：在事主家谓之财，入贼手谓之赃。贼人弃财途中而去，被他人拾得，亦以得财论。盖盗虽未得赃，而事主之财已失矣。唯事主拾回，方是不得财。③

按该说帖中律例馆所援引之《大清律集注》中的律注实来自《大清律辑注》"窃盗"条律上注：

> 在事主家谓之财，故取去曰得财；入盗贼手谓之赃，故论罪曰并赃。不得财，是事主不曾失财也。若贼人弃财途中而去，被他人拾

① 当然，无论从理论还是制度上，刑部堂官都有可能会对律例馆的援引提出质疑甚至反对。但根据笔者看到的司法文献，其中还没有出现过这样的情形。故正文有此言。

② 见（清）祝庆祺：《刑案汇览》卷18，"盗马牛畜产"之"偷牛七只跑回三只以四只论"一节。

③ 同上。

得，亦以得财论。盖盗虽未得赃，而事主之财已失矣。唯事主拾回，方是不得财。①

故虽该说帖中指明系援引自《大清律集注》，而其内容实来自《大清律辑注》。据此，律例馆认为，既然有三头牲畜跑回，那么就等于事主扎免未曾失去这三头牲畜，则尹亮等虽"成盗"但仅得四匹牲畜之财而非七匹。而山西巡抚将尹亮等人仅应以盗窃三至五匹牲畜论、分首从处理的做法正与"《集注》相符"。因此，律例馆认为山西司的判决意见"似未允当"，并请求刑部会堂做出是否要求山西司改拟的决定。

（2）乾隆五十七年史大朋诱拐一案

根据乾隆五十七年江西司的一个说帖，江西省发生了一起收留妇女嫁卖之案：廖氏因与丈夫杨振潮口角，被杨振潮逐出家门。廖氏寻思回母家暂时躲避，但因不识路途，于是沿路询问，恰遇旧邻史大朋，廖氏遂央求史大朋将其送回。史大朋得知廖氏被丈夫驱逐情由之后，起意嫁卖廖氏，遂诡称天晚难行，约廖氏住在自己家中。次日，史大朋将廖氏带至鄱阳县饭店，劝廖氏改嫁。廖氏无奈应允。史大朋即认廖氏为媚嫂，将廖氏说合嫁卖、得受财礼。②

江西巡抚将史大朋依"收留迷失子女"条中收留迷失子女为妻妾者处以杖九十、徒二年半，按该条廖氏不坐。但该案上报刑部之后，江西司认为这一判决"本未允协"，因此将该案驳回，令江西省另行审拟。之后江西巡抚又援引乾隆四十七年的一桩成案，即黄学先收留嫁卖乞食借宿之袁刘氏被拟处徒刑之成案为据，坚持本省对史大朋一案的审拟意见。但江西司认为黄学先一案与史大朋一案"迥不相同"，其不同之处在于：黄学先一案中，袁刘氏因乞食迷路、自赴黄学先家住宿，黄学先因此将其收留、嫁卖；而史大朋一案中，并非廖氏自行走至史大朋家住宿，而是史大朋在路上将廖氏诳诱至其家。所以，江西司认为江西巡抚援引成案错误，同时江西巡抚援引律条也发生失误。江西司并援引了《大清律集注》中的解释：

---

① （清）沈之奇：《大清律辑注》卷18，《刑律·贼盗》"窃盗"条下。
② 见（清）祝庆祺：《刑案汇览》卷20，"略人略卖人"之"妇女欲回母家迷径诳诱嫁卖"一节。

收留而卖，因于迷失，犹有因盗而攘之义。如因人迷路而诓引相随，乘人离怨而诱引外出，因而卖人，或自收留，皆同和略，不得误引此律。①

按此即来自《大清律辑注》"收留迷失子女"条律上注：

本律收留而卖，与自收留及隐藏，俱因于迷失在逃，犹有因盗而攘之义，否则便是略诱、和诱矣。如因人迷路而诓引相随，乘人离怨而诱引外出，因而卖人，或自收留，皆同和略，不可误引此律。②

这段律注指出了收留迷失子女与略诱、和诱的区别。根据沈之奇的解释，史大朋收留廖氏嫁卖的行为正是"因人迷路而诓引相随，乘人离怨而诱引外出，因而卖人"，故该案正应援引"略人略卖人"条而非"收留迷失子女"条。也许是因《大清律辑注》或《大清律集注》观点的无可置疑性，也许是因刑部作为江西巡抚上司的权威性，总之，在说帖中，江西司认为江西巡抚"似应"将史大朋按照诱拐条例改发极边四千里充军，廖氏依被诱之人减等满徒，并言辞坚定地要求江西巡抚"毋庸再行咨驳，以省案牍"。

2. 乾隆五十九年云南巡抚援引《大清律辑注》但未得刑部认可

根据乾隆五十九年刑部的一个说帖，云南巡抚曾就有关缓决减流人犯向老二、车老八能否收赎一事请示刑部。③

向老二系左手骨折，车老八则自幼口哑。云南巡抚在咨文中声称"律注"有"聋哑折一手皆为废疾"等语。但云南司遍查现行律注，其中并无这一内容。而云南巡抚所引"律注"，其实正来自《大清律辑注》"老小废疾收赎"条之律上注：

废疾者，或折一手，或折一足，或折腰脊，或瞎一目，及侏儒、聋哑、痴呆、疯患、脚瘸之类，皆是……④

---

① 见（清）祝庆祺：《刑案汇览》，卷18，"盗马牛畜产"之"偷牛七只跑回三只以四只论"一节。
② （清）沈之奇：《大清律辑注》卷4，《户律·户役》"收留迷失子女"条下。
③ 见（清）祝庆祺：《刑案汇览》卷4，"老小废疾收赎"之"手折准赎聋哑之人不准赎"一节。
④ （清）沈之奇：《大清律辑注》卷1，《名例》"老小废疾收赎"条下。

从有关该案的说帖来看，刑部可能并未查核云南巡抚所引"律注"的来历。但是无论如何，《大清律辑注》中的这一律上注被刑部所否定。因为有现行条例明确规定瞎一目之人犯军流徒杖罪不得以废疾论赎。① 因沈之奇的解释与现行例冲突，故刑部当然否定了云南巡抚的审拟意见。刑部并再次解释为何瞎、哑之人不得收赎：

> 诚以若辈瞻视行动，皆与常人无殊，未便概行幸免，致启长奸之渐。口哑之人亦属无妨，动作非折跌肢体可比。②

因聋哑并不影响当事人的视觉和行动，也即对其认知能力影响较小，故刑部向来不许聋哑之案犯收赎。由此车老八自然不能收赎。但向老二左手骨折确属废疾，应准收赎。虽然对向老二可以比照有关瞎一目者不准收赎的条例办理，但毕竟现行律例没有对聋哑犯人是否准许收赎的明确规定，因而官员办理此等案件并无准凭，所以刑部并下令将聋哑犯人不许收赎的做法通行各省一体遵行。

3. 乾隆五十九年四川总督援引《大清律辑注》的做法遭到刑部反对但刑部的核覆意见却仍与沈之奇律注一致

根据乾隆五十九年刑部的一个说帖，四川总督曾向刑部上呈咨文，就徒犯朱坤荣在配逃脱自首一案提出处理意见。③

四川总督为此援引了两条律文，一为"犯罪自首"律中"逃而自首者，减罪二等坐之"一节，一为"徒流人逃"律中"徒流迁徙囚人役限内而逃者……罪止杖一百，仍发配所。其徒因照依原犯徒年，从新拘役"一节。同时，刑部还提到四川总督还援引了《大清律辑注》中的解释：

---

① 该条例即乾隆十年刑部奏准所定之条例。按该条例规定："凡瞎一目之人，有犯军流徒杖等罪，俱不得以废疾论赎。若殴人瞎一目者，仍照律科罪。"薛允升将《大清律辑注》"老小废疾收赎"条解释废疾的律上注载于该条例之下。并有"谨按"云："此专指瞎一目之人而言，以次等人原与平人无异也。非此而与此相类者，似应一并添入，凡侏儒痴呆等皆是也。"可见薛允升认为聋哑之人犯军流徒杖应与瞎一目之人同样不准收赎。见（清）薛允升：《读例存疑》卷4，《名例律下之一》"老小废疾收赎"条下。又，上述条例的规定其实与"老小废疾收赎"条相冲突，即按"老小废疾收赎"条规定，废疾包括瞎一目折一肢之类，而废疾者犯流罪以下，准许收赎。
② 见（清）祝庆祺：《刑案汇览》卷4，"老小废疾收赎"之"手折准赎聋哑之人不准赎"一节。
③ 见（清）祝庆祺：《刑案汇览》卷57，"徒流人逃"之"逃徒自首免罪接算役过日期"一节。

咨内所引《辑注》"逃囚自首应免逃罪，仍发配所，徒囚亦不从新拘役，准将役过月日统算"等语。①

此即《大清律辑注》"徒流人逃"条的一段律上注：

> 逃囚自首还归者，应免其逃走之罪，仍发配所。徒囚亦不从新拘役，准将役过月日统算。②

对于四川总督所引两条律文，刑部并不赞同，而是认为此举属"一罪两拟"。至于四川总督所引《大清律辑注》文字，刑部则表示"查《辑注》并非本部奏定成例，未便引用"。虽然如此，令人费解的是，刑部对朱坤荣一案的核覆意见仍与《大清律辑注》一致，即根据有关朱坤荣一案的说帖，刑部认为"应将朱坤荣照律免其逃罪，仍发原配拘役，役过月日准其前后接算"。而且对照乾隆末年刑部屡次援引沈之奇律注的做法，我们可以认为，刑部所谓"未便引用"也许仅是对地方官员的约束而已。

4. 嘉庆二十年山东兖州知府在定例与《大清律辑注》两歧时的疑惑

嘉庆二十年，兖州知府曾就乱殴不知先后轻重者应如何处理一事呈详山东巡抚、山东巡抚又咨文刑部以求解答。③

关于乱殴不知先后轻重之案应如何处置这一问题，清律"斗殴"条所附乾隆五年的一个条例有明确规定，即有原谋则坐原谋为首，无原谋则坐初斗者为首。④ 同时，根据《大清律辑注》，共殴之时一齐混打，不知何人下手致命，若原谋同殴者，则以原谋坐抵；若原谋不同殴者，则以先动手殴起之人坐抵。⑤ 如此则如有原谋且原谋同殴，则定例与《大清律辑注》并无参差，因为无论是按定例或《大清律辑注》，此时均以原谋为首。但如有原谋而原谋并未同殴，则按定例，仍以原谋为首；而

---

① （清）祝庆祺：《刑案汇览》卷57，"徒流人逃"之"逃徒自首免罪接算役过日期"一节。

② （清）沈之奇：《大清律辑注》卷27，《刑律·捕亡》"徒流人逃"条下。

③ 见（清）祝庆祺：《刑案汇览》卷30，"斗殴及故杀人"之"乱殴则坐原谋毋论曾否同殴"一节。

④ 见（清）薛允升：《读例存疑》卷35，《刑律之十一·斗殴上》"斗殴"条下。

⑤ 见（清）沈之奇：《大清律辑注》卷19，《刑律·人命》"斗殴及故杀人"条下。

按《大清律辑注》，则应以初斗者或先动手殴起之人为首。至于无原谋，则按定例以初斗者为首，而《大清律辑注》对此并无解释。因定例与《大清律辑注》规定有参差，故兖州知府呈详山东巡抚，请求山东巡抚将此事咨文刑部以求解答。对于有原谋而原谋不共殴时是否应以原谋为首这一问题，刑部认为，乱殴不知先后轻重之案，因难以究明各犯所殴之部位及受伤之轻重，难以确定各犯之罪，故定例有原谋则以原谋为首。且乱殴之案有无原谋者，因未能究明各犯下手之部位轻重，因此以初斗者为首。故例意最为简明。因此，对于兖州知府的疑惑，刑部的态度很明确：

> ……例内既载明有原谋则坐原谋，无原谋则坐初斗之人，系属专条，又何必泥于向不引用之《辑注》。况律例系由刑部颁发，《辑注》系坊肆流传，焉能舍官颁而据坊刻，致滋牵混。应令该抚转饬，遇有似此之案，恪遵定例办理。①

因为《大清律辑注》的有关解释与定例相冲突，因此刑部毫不犹豫地维护成法即定例的权威，而将本衙门时常援引之《大清律辑注》斥为"坊肆流传"之书。当然从前后文对嘉庆年间刑部等援引《大清律辑注》情形特别是嘉庆十一年梁奋庸一案中律例馆舍成法而援律书的叙述我们可以得知，刑部所谓"向不引用"之言显然不符合实际，而将《大清律辑注》贬为"坊肆流传"之书的言论显然也与刑部援引该书时所持的一贯态度相去甚远。

5. 道光二年伊犁将军援引《大清律辑注》的做法导致刑部禁止此后再援引该书

嘉庆二十一年九月，伊犁城发生了一起命案：遣犯郑众至伊犁城中讨取盘费，路经伊犁城北关时，恰逢路边估衣铺内民人王恩长叉取檐上挂衣，不料挂绳散开致衣服脱落，正值何云骑马经过。支撑衣服的掌木击中马头，马即惊跑，并将何云掀翻在地。随后马驰上甬道向南直跑，正在行

---

① 见（清）祝庆祺：《刑案汇览》卷30，"斗殴及故杀人"之"乱殴则坐原谋毋论曾否同殴"一节。

走之郑众躲避不及，被马碰跌内损，至是夜五更身死。①

伊犁将军认为，郑众死亡的结果实非何云意料所及，所以应将何云依过失杀问拟。而何云的马匹之所以惊跑，则又起因于王恩长。何云与王恩长"厥罪唯均"即过错相当。因此，应将何云、王恩长二人并照过失杀人论处。前述王开阁、乔十共同过失杀人一案中也曾提及，《大清律例》"戏杀误杀过失杀伤人"条中的确未曾对二人过失杀人作出规定。故伊犁将军援引了"《大清律辑注》"中"各追一分，一给尸亲具领，一解局充公"之句，因此认为应将王恩长、何云二人各追银十二两四钱二分，其中一份赎银交由死者亲属，一份解送粮饷局充公。因何云贫苦，无力缴纳赎银，因此豁免缴纳、照不应重律杖八十。②

前文第三章在叙述有关共同过失杀人的通行出台过程时曾援引过《大清律辑注》和《大清律集注》等律书中的有关解释。故显而易见，虽然伊犁将军声称其所援引之律注系《大清律辑注》，但其文字实来自《大清律集注》。不过陕西司似乎并未检查伊犁将军所引文字的真正来源。也许处理该案的陕西司官员朦胧以为伊犁将军所引确系《大清律辑注》文字，而其所引之注解又不合理，因此陕西司以要求伊犁将军"嗣后办理案件不得引用《辑注》，致滋错误"。不过，实际情况是，在此之后，地方官员仍在援引诸家律书包括《大清律辑注》。刑部此番何以如此严厉批评《大清律辑注》，应该是因为不仅兖州知府甚至山东巡抚这样的地方大员都竟然如此看重沈之奇律注而怀疑成法之权威。

6. 道光十三年陕甘总督援引《大清律辑注》以为审拟依据

道光十三年，陕甘总督曾向刑部呈送咨文，就王凤两次行窃一案如何处断请示刑部。该案案情大致如下：王凤第一次行窃赵鸣玉家银物，计赃八十两。间隔数月之后，王凤复于赵鸣玉家行窃得财。③ 根据《大清律

① 杨一凡、徐立志：《历代判例判牍》第六册（下），中国社会科学出版社2005年版，第621—623页。该案又见（清）佚名：《说帖类编》卷22，《刑·人命》及（清）祝庆祺：《刑案汇览》卷31，"戏杀误杀过失杀伤人"之"被击马惊碰毙人命罪坐所由"一节。但关于该案案情的描述，以《历代判例判牍》最为详细。

② 后因该案产生一通行。按该通行，嗣后数人过失杀一命之案，如应罪坐所由，即在该犯名下追银给领；如数人无从区分，共举重物、力不能胜以致过失杀人之类，即共埋银一分，给付尸亲具领营葬。见（清）祝庆祺：《刑案汇览》卷31，"戏杀误杀过失杀伤人"之"被击马惊碰毙人命罪坐所由"一节。

③ 见（清）祝庆祺：《续增刑案汇览》卷6，"窃盗"之"数次行窃一主之财从一科断"一节。

例》"窃盗"条，窃盗得财，以一主为重、并赃论罪。所谓"一主为重"，系指数人共盗得二家财物，从一家赃多者科罪。但是关于一人叠次行窃一家如何处断，"窃盗"条律文、小注及条例均未有规定。而《大清律辑注》有"二次盗一家，从一科断"等语。故陕甘总督呈请部示将该案如何处断。

刑部同意陕甘总督的意见，认为律例的确并未有一人叠次盗一家者如何处断的规定，而"《辑注》所云二次盗一家财从一科断，是谓从一次赃多者科罪，意义甚明"，因此刑部同意将王凤以初次赃多者为重，从一科断。

根据该说帖最后小字"道光十三年交馆核过"，我们应该可以认为以上刑部意见应指刑部陕西司意见。陕西司将说帖呈送刑部堂官之后，刑部堂官又将该说帖交由律例馆查核。而律例馆也同意陕西司的审拟意见。因此，刑部堂官对于该案的判决意见应当也与陕西司及律例馆一致。

此外，根据乾隆五十年律例馆的一个说帖，"窃盗"条之所以未曾明言将数次行窃一家之财者并赃论罪，系因《名例律》有"二罪俱发以重论"条。况且窃情不一，可能有独自行窃一家者，也有与他人节次共窃一家者，而此数人之中又有首从之分，因此难以定拟。故一人或数人节次行窃一家之财，均依《名例律》"二罪并发以重论"条治罪。但从该律例馆说帖对浙江司说帖及陕西司说帖的核覆意见来看，如二次行窃一家而被事主一时知觉者，则将贼犯并赃论罪。但如二次行窃一家被事主两次知觉者，则从一科断。[①] 虽然该说帖产生于四十八年前，不过显然当时律例馆对窃盗二次及以上应如何处置的解释是合乎律意的。但是，对于因解释权受到严格限制而极其谨小慎微的清代官员来说，虽然按律意二次盗一家应从一科断，但是毕竟律例对此无明文规定，故在《刑案汇览》有关王凤一案的说帖中，陕甘总督与刑部均明确表示对此例无专条或明文。而《大清律辑注》中的有关解释既是解释律意，同时也填补了在当时的一些司法官员看来律例无明文的缺憾。但有趣的是，经笔者检查法律出版社点校本《大清律辑注》"二罪俱发以重论"及"窃盗"条，其中均无"二次盗一家，从一科断"之语。但嘉庆十三年《大清律例重订辑注通纂》及同治八年《大清律例通纂》"窃盗"条律上注均有"《辑注》：二次盗

---

① 见（清）佚名：《说帖类编》卷11，《刑·贼盗中》。

一家,从一科断"之句。该句可见于各该书之卷 24《刑律·贼盗中》部分。又经笔者查洪弘绪重订《大清律辑注》及中国政法大学图书馆所藏原本《大清律辑注》,以上二条俱无此等文字。因此,陕甘总督的援引可能来自《大清律例重订辑注通纂》或《大清律例通纂》而非沈之奇《大清律辑注》。

7. 道光二十年直隶总督援引《大清律辑注》以解释律意而遭致刑部批驳

根据刑部道光二十年的一个说帖,直隶总督曾向刑部呈送咨文,就宋毛子将王张氏出生仅五月之幼孩致毙一案征求刑部意见。根据该说帖,该案案情大致如下:宋毛子与王张氏玩戏,将王张氏出生仅五月之幼孩藏匿,令其寻找。后宋毛子见幼孩在前院睡熟,宋毛子又欲与王张氏玩戏,遂将幼孩抱至前院猪圈旁扫帚草下藏匿,然后自己去前院工作。岂料幼孩睡醒后滚落猪圈,被圈内蓄水淹毙。[①]

直隶总督将宋毛子以过失杀人定拟并将该案咨送刑部。但刑部认为应将宋毛子以戏杀人定拟,因此将该案驳回。然而直隶总督仍坚持前见,并在回覆的咨文中对过失杀与戏杀进行了区分解释。在解释戏杀时,直隶总督不仅援引了"戏杀误杀过失杀伤人"律文中关于戏杀的小注即"以堪杀人之事为戏,如比较拳棒之类",并援引了沈之奇对戏杀的解释"《辑注》谓知其足以相害,两人情愿和同以为之"一段,此即《大清律辑注》"戏杀误杀过失杀伤人"条律上注:

> 按戏杀,晋人谓之两和相害。言知其足以相害,而两人情愿和同以为之,故注曰以堪杀人之事相戏,如比较拳棒之类。[②]

直隶总督认为,宋毛子系与王张氏玩戏,并非与王张氏之幼孩玩戏,而宋毛子将幼孩藏匿于猪圈,此亦非堪以杀人之事。如将此等非和同相戏而系耳目所不及之案以戏杀科断,似与律意不符。刑部则仍坚持己见,认为过失杀人系指耳目所不及、思虑所不到及一时势不能止、力不能制以致不期杀人者。若衅起戏谑,而其杀人之事即其相与戏谑之事,则宋

① 见(清)吴潮:《刑案汇览续编》卷 19,"戏杀误杀过失杀伤人"之"戏将人幼孩藏匿致令淹毙"一节。

② (清)沈之奇:《大清律辑注》卷 19,《刑律·人命》"戏杀误杀过失杀伤人"条下。

毛子应以戏杀定拟、处以绞监候。律注所谓比较拳棒之类并不止是比较拳棒，比较拳棒之外仍有其他戏杀行为。该案中宋毛子与王张氏玩戏而将幼孩藏匿于猪圈旁，若谓该犯并非有心将幼孩溺毙则可，若谓该犯不知猪圈所蓄之水足以杀人则不可。若如直隶总督所谓必须两人情愿和同为之方为戏，则若因戏而误杀他人者，其中岂有先与他人和同为之之理。至此，刑部并批评直隶总督援引《大清律辑注》的做法："谓以戏杀论绞之例，不如《辑注》之可凭，可乎？"并将该案再次驳回，令直隶总督另行妥拟具报。

在有关宋毛子一案的咨文中，直隶总督援引《大清律辑注》的目的，在于解释戏杀行为之前当有双方当事人相戏之合意，且其相戏之事系堪以杀人之事。该案中宋毛子是与王张氏玩戏，而非与幼孩玩戏。针对直隶总督的这一意见，刑部认为戏杀之案不必有双方当事人相戏之合意，因为戏杀而误杀旁人之案中其当事人与死者也不可能有相戏之合意。显然直隶总督对戏杀的解释符合自西晋张斐以来经唐律乃至清律中戏杀的含义。但刑部也许不愿在此案中承认错误，故只好以《大清律辑注》不如定例之可为依据这样的理由批评直隶总督。而因为此案已被刑部驳回两次，如果再坚持己见，则直隶总督不免会遭到惩处。因此，该案最后的结局可能是直隶总督同意刑部的意见。

8. 同治三年湖抚就可否援引《大清律辑注》以定谳而请示刑部

同治三年，湖抚将一个有关谋杀案的题本上呈至刑部，该案案情大致如下：李纹兴系李纹青胞兄。李纹兴出继与堂叔李明富为嗣，因此与李纹青降服小功。李谢氏系李纹兴之妻。李谢氏因与李纹青通奸，遂起意商同李纹青谋杀本夫李纹兴身死。[①]

按清律"杀死奸夫"条，李谢氏因奸谋杀本夫自应不分首从凌迟处死。但李纹兴因出继与其堂叔李明富为嗣而与其胞弟李纹青之服制自期年降为小功，那么此时应以谋杀缌麻以上尊长将李纹青拟处斩立决，抑或以谋杀期亲尊长不分首从律将其凌迟处死？律例内并无本生胞弟与出继胞兄之妻通奸商同谋杀本生胞兄作何治罪之明文，于是湖抚援引了沈之奇的一段解释即"唯《辑注》云亲属相奸出继仍依本宗论，拟绞立决"一节。

----

① 见（清）吴潮：《刑案汇览续编》卷13，"谋杀祖父母父母"之"出继弟奸通兄妻谋杀胞兄"一节。

此即《大清律辑注》"亲属相奸"条之律上注：

> 亲属相奸律立法至严。女不言出嫁，男不言出继，则出嫁仍依在室论，出继仍依本宗论矣。一重则无不重，律之体例也。[①]

按沈之奇解释，既然出继之人与本生亲属相奸仍依本宗论，则人命更重于奸罪，何况李纹青系与胞兄之妻通奸而谋杀胞兄，因此自应将李纹青依谋杀期亲尊长拟以凌迟处死。如将李纹青依谋杀小功尊长拟处斩决，湖抚认为如此则"实觉情浮于法"。显然湖抚赞同沈之奇的解释。但虑及"《辑注》究非奉部颁发"，故湖抚"恐滋出入"，因此随同题本将此问题请示刑部。

刑部认为，"亲属相奸"律内并未言及出继与本生之间犯奸减等处罚，故有犯仍应以本宗论。况且期亲、小功亲均为至亲，犯奸已干内乱，则因奸而谋杀期亲尊长，自不应因出继降服而减等处罚，以致轻纵罪人。所以刑部当然认为应将李纹青依谋杀期亲尊长本律不分首从凌迟处死律拟以凌迟处死。

从《刑案汇览续编》中有关李纹青一案的文献来看，刑部并未对可否援引《大清律辑注》予以明确回覆——也许刑部忽略了这一问题或者刑部也可能有意识地避开了这一问题而仅对该案的最重要问题即李纹青应如何治罪予以回答，这一回答既可能出自刑部对现行律例的解释，也可能是因刑部赞同沈之奇观点而产生的结论。

第四节 刑部对各级官员援引《大清律辑注》的态度

由于目前笔者所掌握的司法文献的有限性——当然，实际上我们很难或者不可能穷尽有关研究对象的所有资料——故笔者不敢说本节此处可以对清代官员援引《大清律辑注》的情形予以完整的描述，但是，就目前笔者所查阅的司法文献来看，从中得出以下结论还是较为可靠

[①] （清）祝庆祺：《大清律辑注》卷25，《刑律·犯奸》"亲属相奸"条下。

的：

第一，在乾隆年间并不算太短的时期内，刑部对各司、律例馆以及刑部对地方官员援引《大清律辑注》的做法常持支持或认可的态度。

到目前为止，笔者所找到的乾隆年间刑部官员等明确援引《大清律辑注》等律书的文献总计19笔，其中乾隆十四年一笔，二十六年一笔，五十四年三笔，五十五年二笔，五十七年二笔，五十八年二笔，五十九年二笔，而其中援引《大清律辑注》者共十二笔，援引《明律笺释》者四笔，① 援引《大清律集注》者三笔。②

在以上19笔文献中，最早援引私家律书者为《刑案汇览》一书所收录的乾隆十四年湖北巡抚所题李廷珍殴打奸夫黄么误杀其父李仲远一案，

---

① 如乾隆五十四年律例馆就张勇勒死年甫11岁犯窃之子张二小子一案即援引了《明律笺释》。该说帖见（清）祝庆祺：《刑案汇览》卷44，"殴祖父母父母"之"父勒死年甫十一犯窃之子"一节。又乾隆五十四年四川司就康运达、康于文听从康运通埋尸灭迹一案即援引《明律笺释》。该说帖见（清）佚名：《例案摘要》，"故杀尊卑服属"之"卑幼被致死期亲尊长起意埋尸灭迹照律于满流减四等"一节。又乾隆五十六年律例馆就汪七赶车轧死妞儿并伤及广凝一案援引《明律笺释》。该说帖见（清）佚名：《说帖类编》卷22，《刑·人命》。又乾隆五十四年湖广司说帖就唐化经殴妻唐氏致死一案援引《明律笺释》。该说帖见（清）佚名：《例案摘要》，"夫殴妻致死"之"夫殴妻致死审系同姓为婚拟离异照凡斗拟绞部议以此案虽系同姓为婚但生有子女夫妻名分已定应照夫殴妻致死科断并通行各省遵办"一节。

② 又乾隆五十六年湖广司说帖中邹金典妒奸怂恿本夫邹金山谋杀奸夫陈名科身死一案中提及《大清律集注》中的有关解释。该说帖见（清）佚名：《例案摘要》卷7，"杀死奸夫"之"妒奸谋杀本夫为从不知起意之犯亦系奸夫听从怂恿仍拟斩夹签"一节。不过，湖广司虽然在该说帖中提及《大清律集注》，但是湖广司又认为"集注究非奏准定例，未便援引"。况且卑幼杀奸之案夹签声明缌麻例得减为流二千里，故亦无须援引《大清律集注》。又乾隆五十八年刑部就宋夏氏为其小功堂妹王夏氏主婚一案援引《大清律集注》。该说帖见（清）祝庆祺：《刑案汇览》卷9，"背夫改嫁系由出嫁堂姊主婚"一节。此外，当时的司法文献中也有不明确提及但其实援引私家律书者，如乾隆五十四年河南司就张黑驴殴毙黈夜入室之疯患傅岩士一案援引了《读律琐言》。该说帖见（清）祝庆祺：《刑案汇览》卷21，"夜无故入人家"之"黈夜被撞入室殴死疯发之人"一节。不过，需要指出的是，该说帖并未提及《读律琐言》一书，但其中"若稍缓须臾，则祸将及己"一句则系出自《读律琐言》一书。当然，《刑案汇览》所录说帖、通行、成案中阐释律意之言论多有与私家律书相似者。此外如乾隆五十七年王开阁、乔十一案中，律例馆曾援引了《明律笺释》《大清律辑注》以及《大清律集注》三律书。因律例馆最终采用了沈之奇的解释，故笔者在本书中将此案归为援引《大清律辑注》者一类。

其中湖北巡抚援引了《明律笺释》以为审拟依据。① 虽然该案所援引者系《明律笺释》而非《大清律辑注》，但因二者同属私家律书，而且此前雍正初年、乾隆初年修律时均曾采辑沈之奇律注以为总注、小注或条例，那么我们可以认为，在官方看来，以上二书的地位应是相当的。故既然当时刑部认可湖北巡抚对《明律笺释》的援引，那么一般情况下刑部可能也不会禁止各级官员援引《大清律辑注》。而在笔者找到的乾隆年间最早援引《大清律辑注》的乾隆二十六年陈相礼一案中，江苏巡抚似无顾虑地援引《大清律辑注》的做法以及刑部对江苏巡抚援引该书的态度应当可以说明至少此前此后的一段时间刑部并不反对各级官员援引《大清律辑注》。

在乾隆五十四年至五十八年的这段时间刑部以及地方官员多次援引《大清律辑注》的做法或可说明此前的一段时间刑部并未有援引《大清律辑注》的禁令。而在乾隆五十五年关于贾大赶车碰轧杜从富、王俱幅成伤一案的说帖中，刑部堂官明确鼓励或要求查核该案的律例馆援引"解释诸家"的"著说"以为律例无明确规定时的审拟依据。② 这里的"解释诸家"自应包括沈之奇的《大清律辑注》。

此外，前注提及，虽然在乾隆五十九年有关朱坤荣一案的说帖中刑部表示"《辑注》并非本部奏定成例，未便引用"，但令人费解的是，刑部对朱坤荣一案的核覆意见仍与《大清律辑注》的解释一致。而此后嘉庆元年律例馆在邱阿三一案中援引《大清律辑注》并同年律例馆在甘奇位一案中援引《大清律集注》以及嘉庆五年山东巡抚就张钧一案并同年湖广司在梁天兆一案中援引《大清律辑注》等事件则应可说明刑部及地方官员似未受此禁令的约束。

---

① 该案见（清）祝庆祺：《刑案汇览》卷26，"杀死奸夫"之"捉奸误毙父命将子照过失杀"一节。在有关该案的司法文献中湖北巡抚援引了王肯堂《明律笺释》中的"父子同时驱贼，昏夜误杀其父，亦照过失杀论"的解释作为审拟根据。因为律例并未就父子共杀奸夫或盗贼等而子误杀其父有任何规定。而最后刑部按《明律笺释》中的有关解释将李廷珍照过失杀论处以杖一百、流三千里，对此皇帝也表示同意。

② 见（清）祝庆祺：《刑案汇览》卷31，"戏杀误杀过失杀伤人"之"车碰致伤二人追银二分"一节。关于该案的说帖中记载了刑部堂官因不满意福建司的核覆意见所作的批示："奉批：此又似乎重科，律不别著其文，其解释诸家必有著说，不然则成案内亦必有似此之案，应详查照照办，庶无隔碍等语。"该说帖中则明确援引了《大清律集注》中的有关解释，但律例馆并不认可该解释。

第二，嘉庆年间刑部各级官员援引《大清律辑注》的做法可能并未受到限制。

目前笔者所找到的司法文献中援引《大清律辑注》及其他私家律书者以嘉庆朝为最多，共计16件，其中嘉庆元年二件，五年二件，七年三件，十年一件，十一年一件，十四年一件，十五年一件，十六年一件，二十一年二件，二十二年二件。而其中援引《大清律辑注》者八件，援引《明律笺释》者四件，① 援引《大清律集注》者二件，② 援引《大清律例全纂》者二件。③

仅以笔者目前看到的司法文献而言，嘉庆年间的大部分时期，刑部当颇为重视私家律书的解释。如嘉庆元年有关韩光全砍毙其胞弟韩光禄是否断给财产一案的说帖中，因乾隆五年大修律例时将兄姊殴伤弟妹的处罚由杖一百徒三年加重为杖一百、流三千里，但刑部发现当时的黄册中并未叙明加等缘由，而各司现存乾隆五年档册中亦无原案，故之后刑部便声明"而解释诸家又未议及"，④ 可见当时刑部对私家律书颇为依赖，而此前之乾隆五十九年时刑部在朱坤荣一案对禁止援引《大清律辑注》的声明的效力似乎荡然无存。又嘉庆元年律例馆因浙江邱阿三一案而援引《大清律辑注》及因四川甘奇位一案而援引《大清律集注》的做法也是此时刑

---

① 1. 嘉庆七年律例馆就高俊义扎伤陈世贵两眼一案援引《明律笺释》。该说帖见（清）佚名：《说帖类编》卷24，《刑·斗殴上》。2. 嘉庆七年奉天司就杨张氏殴伤雇工王黄氏身死一案援引《明律笺释》。该说帖见（清）佚名：《说帖类编》卷26，《刑·斗殴下》。该说帖又见（清）佚名：《例案摘要》，"奴婢殴家长"之"妾扶正为妻殴死契典服役之仆妇照家长期亲殴死雇工人定拟"一节及（清）祝庆祺：《刑案汇览》卷39，"奴婢殴家长"之"妻死将妾作妻殴死雇工"一节。3. 嘉庆十四年安徽司就王水殴毙盛之中一案援引《明律笺释》。该说帖见（清）祝庆祺：《刑案汇览》卷29，"斗殴及故杀人"之"共殴余人虽未下手亦杖一百"一节。4. 嘉庆十年广东司就私铸炮位之杨咱么等妻子如何入官一案之说帖中援引《明律笺释》。该说帖见（清）佚名：《例案摘要》卷5，"情同谋逆缘坐案"之"私铸炮位之妻例应入官"一节。
② 一即嘉庆元年律例馆就四川省甘奇位杀子图赖小功叔祖甘腾海一案援引《大清律集注》。该说帖见（清）佚名：《说帖类编》卷30，《刑·诉讼》。另如嘉庆二十一年四川司就任德潮等殴死任宋元一案援引《大清律集注》。该说帖见（清）佚名：《例案摘要》卷30，《刑·诉讼》，"亲属相盗"条。
③ 此其一系嘉庆十六年广西司就广西省卢悦听从其父卢大刚帮殴刃伤小功服叔卢大观身死一案援引《大清律例全纂》。该说帖见（清）佚名：《说帖类编》卷27，《刑·斗殴下》。又一系嘉庆二十一年律例馆就年仅十五之被胁伙盗杨小三应否刺字一事援引《大清律例全纂》。该说帖见（清）祝庆祺：《刑案汇览》卷14，"强盗"之"洋盗强盗年幼拟流应行刺字"一节。
④ 见（清）佚名：《说帖类编》卷28，《刑·人命》。

部对援引私家律书态度持肯定态度的实证。又根据嘉庆二年律例馆关于李秀六儿二次犯窃、拒伤事主一案的说帖，[①] 我们可以认为刑部在一定程度上鼓励各司等援引《大清律辑注》等私家律书。在该说帖中，刑部尚书胡季堂对李秀六儿在加杖的同时是否枷号、枷号时间是否三十日有疑问，并提出听说有加杖不加枷之说，因此要求律例馆查明《明律笺释》《大清律辑注》中是否有所解释"以释其疑"。而此后的嘉庆年间，刑部和地方官员对《大清律辑注》以及其他律书的多次援引也可以证实当时刑部对援引以该书为代表的私家律书的肯定态度。至于嘉庆十一年梁奋庸一案中律例馆舍《大清律例》该条律文以及《大清律集解》该条总注而引私家律书的做法可能也与当时的刑部鼓励援引《大清律辑注》等私家律书有关。

当然，如果《大清律辑注》的解释与律例冲突，则刑部一般都会坚定地舍《大清律辑注》而援律例，前述嘉庆二十年刑部通过山东巡抚回覆兖州知府的说帖便可证明刑部的这一态度。不过，从兖州知府对《大清律辑注》与现行条例冲突时的迷惘态度中我们也可看到《大清律辑注》对当时官员的强大影响力，以至于当《大清律辑注》与"成法"即现行条例参差时，不仅知府这样的中级官员颇为疑惑，甚至山东巡抚这样的封疆大吏也感到无所适从。而如兖州知府以及山东巡抚这样的地方官员对《大清律辑注》的这一态度，可能与此前很长时期刑部要求或鼓励援引《大清律辑注》等私家律书有关。当然，前已提及，即便刑部在回覆兖州知府的疑问时将本部时常援引之《大清律辑注》斥为"坊肆流传"之书，但从嘉庆年间刑部等援引《大清律辑注》的实际情形我们可以得知，刑部所谓"向不引用"之言显然不符合实际。而就在嘉庆二十一年的全氏一案以及嘉庆二十二年的傅德等案中，律例馆又接连援引了《大清律辑注》。

第三，道光年间刑部再次明令禁止官员援引《大清律辑注》等私家律书

到目前为止，笔者所发现的道光年间及以后刑部以及省级官员援引私家律书的文献共计七笔，其中所援引的律书全部为沈之奇《大清律辑注》。而其中有关案例的时间跨度则为自道光二年至同治七年，共计

---

① 见（清）佚名：《说帖类编》卷 11，《刑·贼盗中》。

47 年。

　　根据以上数据，我们似可认为，虽然在乾隆、嘉庆年间我们偶可见到刑部对各级官员援引《大清律辑注》的消极或反对态度，但较之前代，道光年间的刑部似乎更明确、严厉地禁止对《大清律辑注》的援引。前已述及，因王恩长一案，刑部于道光二年明令禁止援引《大清律辑注》。这一禁令所针对者系《大清律辑注》，但由于《大清律辑注》的影响，故可能刑部虽仅明言《大清律辑注》，而其实刑部可能意在禁止对所有私家律书的援引。但道光六年在王起活埋其子王潮栋身死一案中，奉天司又援引《明律笺释》以解释律意。① 这一事件说明道光二年禁令其效力持续的时间可能不是很长。而道光十三年陕甘总督在王凤一案中以及道光二十年直隶司在宋毛子一案中又分别援引《大清律辑注》。这些援引大概能够表示道光二年的禁令早已被人们遗忘。而在宋毛子一案中，刑部再次以维护定例的权威为名贬低《大清律辑注》。

　　在前述同治三年有关李纹青一案的文献中，湖抚因担心《大清律辑注》并非"奉部颁发"而不敢援引。这一态度大约可以说明此前的咸丰年间或者同治三年之前刑部也曾有过类似道光年间该衙门禁止援引《大清律辑注》以维护成法权威的命令。也许正因如此，刑部在回覆湖抚时才可能会有意识地避免直接回答《大清律辑注》可否援引这一问题。但在之后的同治四年及同治七年，直隶司与律例馆又分别援引了《大清律辑注》。②

　　第四，刑部禁止援引《大清律辑注》的命令所针对者为地方官员。

　　从前文所述司法文献中我们可以看到，刑部对官员们援引《大清律

---

① 该案见（清）祝庆祺：《刑案汇览》卷44，"殴祖父母父母"之"父令子活埋詈骂父母之长子"一节。

② 此外，值得一提的是，同治四年刑部关于发冢加重处罚之奏折中曾援引《大清律辑注》以说明不能将盗墓各犯比照强盗不分首从问拟之原因。该奏折见（清）潘文舫：《新增刑案汇览》卷7，"发冢"之"盗墓人犯罪名从重定拟"一节。其中所援引《大清律辑注》文字如下："唯查《律例辑注》云：在野之坟，虽发掘开棺，不得同于强盗。已死之人虽残毁弃置，不得于谋杀。前人立论自为允当。"该引文系《大清律辑注》"发冢"条律上注。见（清）沈之奇：《大清律辑注》卷18，《刑律·贼盗》该条下。陈张富美博士在其论文正文中对此奏折曾展开讨论。但由于该奏折涉及立法事宜，而本章有关援引沈氏律书的案件的分类与陈博士不同，故笔者认为不宜将其置于正文进行论述。但该奏折中刑部对《大清律辑注》的援引足以说明刑部对该书的推崇与重视，因而联及当时刑部对各级官员在司法实践中援引该书的态度，故笔者在此提及之。

辑注》的态度似乎比较矛盾，即表面上刑部似乎非理性地忽而赞同，忽而反对官员们援引《大清律辑注》。但是如果将导致刑部发出禁令或表示反对的文献进行再次考察，我们会发现，在这些文献中援引《大清律辑注》的主体均为地方司法官员，而不包括刑部各司及律例馆。同时，刑部之所以发出禁止援引《大清律辑注》的命令的主要原因之一在于刑部认为地方官员援引舛误，比如前述之道光二年王恩长一案；或者地方官员过分依赖《大清律辑注》的做法会损害现行律例的权威，比如乾隆五十九年朱坤荣一案以及嘉庆二十年山东巡抚的咨文。而乾隆五十九年刑部对云南巡抚援引《大清律辑注》的做法采取实际上予以否定这一态度的原因则在于云南巡抚的援引与定例相冲突。

在否认或禁止地方官员援引《大清律辑注》的同时，刑部各司及律例馆则罔顾本衙门禁令而自由援引《大清律辑注》等私家律书，特别是前文提及之嘉庆二十年刑部发出禁令之后，同年以及嘉庆二十二年律例馆又援引《大清律辑注》，嘉庆二十一年四川司就任德潮等殴死任宋元一案援引《大清律集注》并同年律例馆就年仅十五之被胁伙盗杨小三应否刺字一事而援引《大清律例全纂》。故在此我们可以这样认定，即刑部禁止援引《大清律辑注》的命令仅针对地方官员，而非针对刑部各司及律例馆。

当然刑部将禁令适用的对象限于地方官员的做法并非表示刑部官员的援引不会发生错误，比如前述嘉庆十一年梁奋庸一案中，刑部便不合理地舍律文而引《大清律辑注》等律书，又如道光二十年宋毛子一案中笔者窃以为刑部似乎有些强词夺理。不过，虽然如此，我们还是应该承认，在清代，刑部官员的专业素养应当高于甚至大大高于地方官员，其中一个重要原因是刑部本身所承担着修订律例这一重要职能，故该衙门中相当一部分官员自应通晓律例源流、谙熟律意，其专业知识、技能和素养应该在很大程度上是值得信赖的。所以，我们有理由相信他们犯错误的可能性较之地方官员以及地方官员聘用的刑名幕友更低。同时，作为最高专门司法机构的刑部还承担着解释律例的重要职能，因此，为了避免地方官员做出可能违背律意或不合律意的解释，同时也是为了避免地方官员在解释律例时可能出现的纷歧，刑部必须确保本衙门对律例的最高解释权。当然，刑部对律例的解释是否能够被地方官员接受和遵守不仅取决于刑部本身的地位，也有赖于刑部解释的合理性。关于这一点，从前文陈相礼一案中刑部同意江苏巡抚的审拟意见的做法中我们当可体会。而为了尽量合理地解释律例，刑部便不可避免地要援引诸家解释。因此，刑部才会不断禁止地方官员援引以《大清律辑注》为代表的私家律学著作，而同时刑部官员又可自由地援引此等律书。正基于此，对于目前所看到的刑部所发出的禁止援引《大清律辑注》等私家律书的命令，笔者认为其意图并非在于全面禁止地方官员和刑部官员援引该书，而主要是为了避免地方官员援引失错。由是我们更可以理解为何在刑部屡发禁令之后，地方官员仍不时援引《大清律辑注》，虽然他们有时也颇多顾虑，而刑部各司及律例馆则似乎不受此限。

第五节　对清代官员援引《大清律辑注》原因的探讨

从表面上来看，清代官员援引《大清律辑注》的理由在于以之解释律例或以之为审拟依据。但是，在清代，官员们为何要援引该书以解释律意例意或援引该书作为审拟依据？除了该书在律学方面的卓越成就以外，笔者认为，针对《大清律辑注》在清代司法判决中的不同作用，官员们援引该书的原因各自如下：

第一，援引《大清律辑注》以解释律例的原因：通晓律意之难。

根据清律"断罪引律令"条规定：

> 凡断罪皆须具引律例，违者笞三十。①

严格遵照律例作出判决的前提是通晓律意。根据清律"讲读律令"条规定：

> 凡国家律令，参酌事情轻重定立罪名，颁行天下，永为遵守。百司官吏务要熟读，讲明律意，剖决事务。每遇年终，在内在外各从上

---

① 《大清律例·刑律·断狱》"断罪引律令"条。

司官考校。若不能讲解、不晓律意者，官罚俸一月，吏笞四十。①

按明清律源自文字古奥难读的唐律。不过明代已经对律文用字进行了大刀阔斧的改换而易之以平实浅近之语。后来清初又采集了大量明代私家律书特别是《明律笺释》中的律注以补充律中原有小注，以"释难明之义，解达未足之语气"，此举当大大有助于官员等理解律文文字的含义。但"熟读、讲明律意，剖决事情"对许多官员甚至刑名幕友而言仍然并非易事。因为法律概念、术语有其特定的含义而不同于与之相同文字的日常用语乃至其他书面用语，故对于自幼浸淫于儒家经典的清代官员和刑名幕友而言，如何理解特定的法律概念、术语，并将这些概念、术语与本条律文乃至其他律文相结合以理解某一律文的具体含义并非易事，遑论进而将《名例律》各条与其他各篇的具体律条相结合以解释律意以及将各相关条款相对比、相联系以更全面、深刻地理解某一律文的含义及其适用、此罪与彼罪的区分等。总之，以上问题非经过专门训练者不易谙练。当然，我们知道，在清代，特别是在当时的各级地方官府，案件的审理、罪名的拟定等工作主要由习幕出身的刑名幕友承担。但即便对于一般刑名幕友而言，做到准确理解并适用律例仍并非易事。对此，长期"佐治"的沈之奇深有体会：

> 律文简严，意义该括。《名例》固诸律之通例，而诸律亦互有照应。必深思寻绎，始能融会贯通，非浅尝泛涉可以尽其意义也……奇作客三十余年，所至院司府州县，阅历谳牍多矣，窥见讲解通晓，又若是之难也。②

正因深知对于接受过专门训练的刑名幕友而言通晓律意、准确判断且不易，因此清代才会不断涌现出为数不少的由当时老练通达的刑名幕友撰写的私家律书，以阐述自己对律意的理解，并期望其律书能够有助于同行及官员谳狱。沈之奇的《大清律辑注》当为其中翘楚之作。该书于康熙五十四年付之梨枣，在不到十年之后的雍正初年修律时，该书的律注便成为

---

① 《大清律例·职制·公式》"讲读律令"条。
② （清）沈之奇：《大清律辑注》，"自序"。

当时制作律后总注的主要渊源之一。而在问世约二十年后的乾隆初年修律时，该书中的若干律注又被增为条例或小注。考虑到当时书籍流通的速度应远较今日迟缓，故我们可以毫不迟疑地认为这是由于《大清律辑注》一书对律文和条例精深的理解而赢得了当时的刑名幕友、各级官员包括当时参与修律的官员的普遍推崇乃至皇帝的认可所致。此外，前已述及，嘉庆十三年刊刻之《大清律例重订辑注通纂》一书"凡例"中又有对沈之奇书的评价如下：

> 《辑注》集诸家之说，参以折中之见，不作深刻之论，其于律文逐节疏解，字字精炼，无一言附会游移，遇疑似处引经质史、酌古斟今，归至当而后已，诚律学之津梁也。①

这一更具专业性的高度评价也有助于我们更进一步理解为何清代官员屡次援引《大清律辑注》一书以解释律意。

理解律意之难并沈之奇书对律意的精深把握两方面原因相结合，由此导致清代的各级官员不断援引《大清律辑注》以理解律文意义以助谳狱。前文所引各清代司法文献便可为此佐证，特别是通过嘉庆十一年梁奋庸一案中律例馆舍律文而援引《大清律辑注》的做法以及嘉庆二十年兖州知府通过山东巡抚向刑部请示当《大清律辑注》的解释与现行条例相冲突时应何去何从一事，我们更可体会清代地方至中央官员对该书解释的依赖，而清代中期以后以《大清律辑注》为底本的多部律书如《大清律集注》《大清律例重订辑注通纂》《大清律例会通新纂》等的出现和广泛流传也可佐证这一点。

第二，援引《大清律辑注》以为审拟依据的原因：严格的罪刑法定主义立法模式的缺陷以及相关制度对官员解释律例的严格限制。

前文论及，法家一贯主张法律适用的统一性，强调官员应忠于制定法、严格依法裁判，因此法家自然不允许超越规范本身的含义而任情恣性解释法律甚至曲解法律。同时，法家所主张建立的政治制度是中央集权和君主专制的体制，在这一体制下，法自君出、君主不仅是唯一和最终的法源，并且君主也拥有最高司法权、最高和最终的法律解释权，因此，为了

---

① （清）沈之奇原注，胡肇楷、周孟邻增辑：《大清律例重订辑注通纂》，"例言"。

维护君权，君主必然会限制臣子对法律的解释。儒法合流之后，儒家也接受了法家以法治国、维护法律的稳定性和权威性、建立和维护严格的法秩序的主张。同时，律典被称为典，这就意味着它已经取得了类似经典的地位，因此，法家严格解释法律的这一内在主张和要求自然也被儒家接受。而随着明清时期皇权专制的不断加强，臣子们当愈来愈惮于解释法律，甚至不敢深究律例的文义，比如前述王开阁、乔十共同过失杀人一案，清代的官员们会因为律文没有明确规定二人以上共同过失杀人如何处置而惮于做出合乎律意的解释并求助于《大清律辑注》这样的私家律书。既然官员们连深究律例文义都如此胆怯，那么我们更可理解他们何以不肯运用体系解释等各种解释方法寻求律文可能的全部规范意义，比如前述同治三年李谢氏与本夫李纹兴本生胞弟李纹青通奸、商同李纹青谋杀本夫李纹兴身死一案。本来，清律"亲属相奸"条中并未区分女子是否出嫁、男子是否出继而一律依本来服制科罪。谋杀重于相奸，根据当然解释的原理，则李纹青谋杀本生兄长自应以本来服制即谋杀期亲尊长论处以凌迟。但是当时的湖抚却认为律例内并无本生胞弟与出继胞兄之妻通奸商同谋杀本生胞兄作何治罪之明文，因此而借助于沈之奇的解释。因此，笔者认为，清代官员所谓律例无明文规定而援引《大清律辑注》等律书的各情形，如果并非全部，其中也当颇有因官员们不敢深究律文的规范意义而致。

为了维护君权而限制官员的自由裁量和法律解释权，当然也与中国传统的重视直观和经验、重演绎而轻归纳的思维模特征有关，我国传统上采取的是严格的罪刑法定主义的立法模式，即很多分则条款会针对犯罪的不同阶段、伤害的不同情形以及赃物的不同数量等相应规定一个唯一确定的法定刑，比如"斗殴"条中会列举所有可能的伤害情形并规定相应的法定刑，由此导致律文的抽象程度偏低、律文所能规制的内容失于狭窄，由此导致司法实践中的许多案件缺乏可资援引的恰当律条。此即清人所谓"律文有限，情伪无穷"之真义。而条例因此应运而生。既然条例又就司法实践中出现和可能出现的具体犯罪的构成要件等予以更为详细的规定，则自定期修例制度形成后，随着条例的不断出台，官员们可能更不必详究律意而愈依赖于新条例的产生。所以，清代的条例实际上同时起到了限制官员对律例的解释、限制官员的自由裁量权这一作用。而通过不断地制定条例，皇帝所期望的最大限度地控制司法权、限制官员权力这一目的便在相当程度上得以实现，因此而使得当时官员和刑名幕友们严格地依律例定谳的思维定势更加固化：他们不敢稍稍逾矩于成法之外，或者至少从表面上来看是如此。尽管条例不断地将不法行为的构成要件和处罚具体化，但司法实践中还是可能会出现律例不曾事先规定的情形。而且随着条例越来越多、构成要件越来越具体，司法官员便可能越加感觉现行律例的不敷适用，因为已经形成思维定势而惮于解释法律的他们可能希望针对每一个与现行立法不完全吻合的具体案件都会有相应的律例可资援引。但显然这样的愿望是不可能实现的。现行律例不敷适用的情形在亲属相犯领域表现可能更为突出。之所以如此，是因为传统社会错综复杂的亲属关系网和相应的服制关系所致。传统社会的亲属关系一般包括"三族"，即父祖、母族和妻族，各"族"亲属的数量、重要性的排列也按此顺序依次递减。清律在总则《名例律》之前有五服图，并详细规定了五等服制的约一百种亲属关系。不过，清律律例正文中除对最重要的亲属关系如父母子女、祖父母孙子女以及兄弟伯叔姑外祖父母等予以明确列举以外，其余多数亲属则以服制统括。在本章第二部分论及的六个因为律例无明文而援引沈之奇律注的案例中，除王开阁、乔十共同过失杀人一案以外，其余五个案件均为有关服制案件。在传统中国包括清代，服制案件的处理关系到作为治国之本的伦理纲常，所以司法官更须谨慎处理此类案件。比如主要适用于服制犯罪的夹签制度，虽然该制度旨在对服制犯罪领域过于严苛的法律作出矫正，但它的严格适用正可表示最高统治者对服制犯罪的高度重视。所以，一旦遇到律无明文的服制案件，通过求助于《大清律辑注》这样的私人律书而获得情法允协的审拟意见，对于司法官来说，并不失为一条较为便捷和稳妥的途径。

为了弥补现行律例难以覆盖所有不法行为的这一缺憾，清律中又有"断罪无正条""不应为"二条以及比引律条对之进行补救。按"断罪无正条"条规定：

> 凡律令该载不尽事理，若断罪无正条者，援引他律比附应加应减定拟罪名，申该上司议定奏闻。若辄断决致罪有出入，以故失论。①

————————

① 《大清律例·名例》"断罪无正条"条。

该条下又有条例对援引他律比附加减定罪的程序以及失错之（刑部各司）官员的处罚等更为详细和明确的规定。由此可见，在清代，比附定罪也须受到严格的制度约束。一旦比附失错、量刑畸轻畸重，则该当官员便须承担出入人罪的刑事责任。《刑律·杂律》中的"不应为"条类似于所谓"口袋罪"，即其中并没有具体罪状，而仅规定了"不应为"之轻者的法定刑为笞四十，重者的法定刑为杖八十。该条最高刑仅为杖八十这样的轻刑，所以一些轻微的普通刑事案件和服制案件中的部分尊长犯卑幼之案（比如前文所述梁天兆殴打女婿致其自尽一案）等可能可以援引该条，而其他更多的案件则无法援引该条。在正律之外，清律中又附有比引律条以对律例的不敷适用进行补救。自雍正三年以后，比引律条数目稳定为三十条，但其中后来又有被改定为条例者，也有与后来的定例相冲突者。为数不多的比引律条当然也不可能应对清代司法官员面临的所有因律例无明文规定而产生的困扰。

相对于官员们解释律意受到的来自其自身律学素养的限制以及体制方面的严格约束包括断罪失错的惩处等，刑名幕友们则因可因其专业素养和非公职人员的身份而相对自由地深究律意。况且沈之奇《大清律辑注》在雍正和乾隆年间便已成为法源之一，以沈之奇对律意的精深把握和官方对该书的认可，因此，当官员们为了准确理解律意或认为律意不明时，他们便可能求助于《大清律辑注》以及其他私家律书。但是，这样的思维活动通常不会在官方文献中留下记载。即便官员们因为律例无明文而援引沈之奇律注以为审拟依据时仍然如此。因为按清律"断罪引律令"条规定，官司断罪皆须具引律例，违者笞三十。故当因律例无明文而地方各级官员、刑部援引沈之奇律书等做出审拟意见之后，在各衙门所作审拟意见以及刑部等三法司上达御前的奏疏中，该当官员应声明本衙门系根据"断罪无正条"条比附加减以定罪，或援引"不应为"条及比引律条等，而将此前对《大清律辑注》的援引概行删去，否则刑部等三法司便须承担断罪不具引律例的罪责。比如前述之嘉庆五年至七年的刘曾氏一案。在《刑案汇览》与《说帖类编》有关该案的文献中均提及湖广司对《大清律辑注》的援引。而《历代判例判牍》一书所收录的刑部上呈御前的奏疏中，则没有出现援引《大清律辑注》的字眼。按《历代判例判牍》中有关表述如下：

遍查律例，并无治罪专条，仍应比附酌减定拟，将刘曾氏照例量减拟流，刘南拟军，刘奉华等拟杖等因具题前来。据此应如该抚所题，刘曾氏应照谋杀人而误杀旁人以故杀论与故杀斩罪上量减一等杖一百、流三千里，系妇人照律收赎。[①]

又如乾隆五十七年王开阁、乔十一案。前文提及，律例馆在核覆该案时分别援引了《明律笺释》《大清律辑注》以及《大清律集注》中的相关解释，并最终赞同《大清律辑注》的解释。但是在《定例汇编》一书对该案的叙述中则未曾提及援引以上任何律书，因为该书对王开阁、乔十一案的叙述是以刑部的名义展开并通行全国，故其中当然不可能保留原先刑部所援引的沈之奇解释。[②] 所以，在此我们当应不难理解为何流传至今的众多清代司法文献中明确援引沈之奇律注者的数量如此之少，而且保留沈之奇律注的文献又多为刑部说帖或地方官员与刑部就某一案件有所争议的往复文牍。当然，对于律例无明文而援引《大清律辑注》等私家律书的案件，因为此等案件送达御前之前，地方官员和刑部已经根据沈之奇律注及各家注解而做出了至少在他们看来最为合理的判决意见，所以一般情况下皇帝最终也会对刑部等三法司的审拟意见表示赞同。

---

① （清）佚名：《刑事判例》卷下，载杨一凡、徐立志：《历代判例判牍》第六册（下），第523—525页。
② 见（清）颜希深：《定例汇编》卷39，《刑律·人命》之"王开阁等因锯树碰跌高十受伤身死均依过失杀拟罪"一节。

第五章 《大清律辑注》
与清代律学

  至迟自《唐律疏议》之后，我国最经典的律注形式便是律后注。而律上注则应出现于明代。除了注律之外，明代律家也注释条例。而传统的法律解释方法则包括古老的文义解释、体系解释以及后来出现的结构分析等各种解释方法。以上注释形式以及其中所体现的各种注律方法乃至沈之奇本人对律典的态度都包含于沈之奇的律注和例注中。所以，欲研究沈之奇律书对之后清代律学的影响，窃以为我们应重点考察后世律家对沈之奇律注的态度。如果后世律家对沈之奇律注持认可的态度，则他们实际上也接受了沈之奇的律例注解形式、注律方法及其律注内容。当然，如果后世律家对沈之奇律注提出批评，根据笔者检查，这并非意味着他们反对沈之奇的注律形式和方法，而是对沈之奇的律注内容本身持有异议。关于沈之奇之后的各家律书的分类，张晋藩先生、吴建璠教授以及何敏博士等人均有论及而分类不一。不过其中最重要的律书则应为律例注释类及考证律例源流类各律书。关于律例注释类律书，本书选择以清代中后期颇为流行且其律注与沈之奇律注基本相同的《大清律例重订辑注通纂》一书为代表。至于考证律例源流类律书，本书则以该类律书中最晚出而考证律例特别是条例时间贯穿最长的《读例存疑》一书为代表。此外，虽值我国传统法律面临前所未有之重大挑战之时，而清末吉同钧所撰《现行刑律讲义》一书中仍多采用《大清律辑注》中的律注。因此，本书此章将以上三种律学文本为研究对象，对其中援引或保留沈之奇《大清律辑注》的解释或观点进行统计、分析和叙述，以期由此窥见沈之奇律书影响清代律学之一斑。

第一节　集成类律学著作对《大清律辑注》的援引

　　目前，笔者方便利用的集成类律学著作有下文将要重点介绍的《大清律例重订辑注通纂》以及下列七部律书：同治八年《大清律例通纂》、①同治十二年《大清律例会通新纂》、② 光绪二十一年《大清律例增修统纂集成》、③《大清律例刑案汇纂集成》、④ 光绪二十九年《大清律例汇辑便览》⑤、光绪二十九年《大清律例增修汇纂大成》⑥ 以及《大清律例新增统纂集成》。⑦ 尽管并非所有律书均予以指明，但经对比之后，笔者发现，以上律书均有一共同特点，即其中的律后注多采自沈之奇《大清律辑注》，并且律上注及例注也多有采自《大清律辑注》者。而笔者此处选择

① 该书封面题名为《新增大清律例》。书内大字题名为《大清律例重订辑注通纂》，山阴姚雨芗纂辑，会稽胡仰山增修，并说明系根据嘉庆十一年奉部颁行续纂并增修近年条例。嘉庆十年广东按察使、新任浙江布政使秦瀛所作"序"名为"《律例重订通纂》序"。该书正文伊始题名为《大清律例集解》。页侧题名为《大清律例通纂》。笔者所见该书为中国政法大学图书馆所藏，共一函，四册。该书并未录入清律所有条文。

② 该书扉页题名及次页大字题名均为《大清律例刑案新纂集成》。但该书目录前及页侧题名均为《大清律例会通新纂》。而该书卷二诸图及正文前题名又均为《大清律例集要新编》。笔者所见该书为中国政法大学图书馆所藏，共四函，四十册。

③ 该书封面题名为《大清律例增修统纂集成》。书内第一页题名为《大清律例新增统纂集成》，次页大字题名为《大清律例增修统纂集成》。书内页侧题名为《大清律例增修统纂集成》。正文前题名为《大清律例增修统纂集成》。笔者所见该书为中国政法大学图书馆所藏，共4函，40册。

④ 该书正文题名为《大清律例集解》。但页侧等各处题名为《大清律例刑案统纂集成》。每卷正文之前均有以下文字："山阴雨芗姚润重辑，秀水天易沈之奇原注，会稽仰山胡璋增修。诸暨继堂朱以照、会稽虚堂甘德儒全辑，山阴朝仙陆枚、梧巢王临参校。"

⑤ 该书各处题名均为《大清律例汇辑便览》，且每卷首末列有辑、修者名称。

⑥ 该书封面、扉页题名均为《大清律例增修汇纂大成》。而该书总目录、每卷目录、每卷正文前及页侧题名均为《大清律例汇纂大成》。根据该书扉页之后的内容介绍，该书系根据《律例统纂集成》一书修订而成，故虽未说明，但该书的律后注与律上注的主体应来自《大清律辑注》。而经笔者对比之后发现其中律后注与洪氏重订《大清律辑注》一致，而律上注亦以《大清律辑注》中的律上注为主。

⑦ 该书每卷目录前题名为《大清律例新增统纂集成》，每页侧题名为《大清律例统纂集成》，每卷首题名为《大清律例集解》。每卷正文之前均有以下文字："秀水天易沈之奇原注，山阴雨芗姚润纂辑，会稽彭年任则珊重辑。会稽诚斋任文彦、金陵贡府周锐同辑，山阴松坡陈涛参校。"又，笔者在中国政法大学出版社仅看到该书的第一函、第三函。第一函缺第一册。

以《大清律例重订辑注通纂》一书作为重点介绍对象的原因有二：第一，该书在以上诸律书中刊刻年代最早，即嘉庆十三年。第二，该书增辑者胡肇楷、周孟邻对沈之奇《大清律辑注》的评价可称为此类律书纂辑者的代表。对此前已援引，毋庸赘述。而该书每卷首所注明之"秀水天易沈之奇原注"一行不仅是胡肇楷等不肯掠他人之美的体现，同时也表明他们对沈之奇的尊重。

一、关于《大清律例重订辑注通纂》一书

1. 《大清律例重订辑注通纂》内容简介

目前，《大清律例重订辑注通纂》一书还没有点校本出版。笔者在中国政法大学图书馆古籍阅览室看到该书的线装版，共四函，四十册。该书封面题名为《大清律例重订辑注通纂》，扉页中部大字题名同。该页顶部有"嘉庆十三年新镌"一行，版心框内右侧有题字"遵照嘉庆六年奉部颁行续纂并增修近年条例"两行。在该页左下角并有"比引条例督捕则例附后"之说明。在扉页之后，有五篇奏疏，第一篇为乾隆五年律例馆总裁三泰修订律例告竣奏疏。在三泰奏疏之后，其余四篇奏疏依次为嘉庆四年刑部奏请开馆修例奏疏、嘉庆五年闰四月刑部进呈《名例律》黄册奏疏、嘉庆五年七月刑部进呈《吏律》《户律》《礼律》及《兵律》黄册奏疏及嘉庆六年二月刑部进呈《刑律》及《督捕则例》黄册奏疏。在此四篇奏疏之后便是嘉庆六年部颁《大清律例》"凡例"。"凡例"之后有三篇"序"，依次为嘉庆十年广东按察使、新任浙江布政使秦瀛所作"《律例重订通纂》序"、康熙五十四年沈之奇《大清律辑注》自序以及胡肇楷、周孟邻自序。在三篇"序"之后是《大清律例重订辑注通纂》一书之"凡例"及参订同人姓氏列表。① 之后便是该书前三卷即律目、诸图、服制各一卷。自第四卷起至三十九卷为正文，并其中每页左上页边均有题名《大清律例通纂》，每卷首页下栏右侧第一行又均有题名"《大清律例集解》"，其左下方又有三行文字："秀水沈天易之奇原注　上虞胡肇

---

① 其参订者依次为乌程闵念祖、萧山李继惠、吴县高友松、无锡王汾、宛平吴在宽、萧山来均、会稽朱文尧、会稽倪垣、萧山孔继洌、钱塘王又槐、钱塘林士楷等十一人。王又槐系清代名幕，而他又为该书参订者之一，颇为有趣，故在此笔者特意将该书所有参订者一一列明。

楷芳谷·鄞县周孟邻晓初甫增辑　会稽孙肇基自堂参校"。该书第四十卷名为总类，而其实并无总类，仅有比引律条三十条。最后为上、下两卷《督捕则例》。

2.《大清律例重订辑注通纂》一书之体例

与沈之奇《大清律辑注》及不少集成类律书相似，《大清律例重订辑注通纂》一书第四卷至三十九卷每页正文同样采取了分栏的方式，其中以分三栏者为多，也有分为四栏者。这一体例显然继承自包括沈之奇在内的诸先辈律家并有所发展。

（1）第一栏，即最下栏，其主要内容为律例正文及律后注。

根据该书扉页"遵照嘉庆六年奉　部颁行续纂并增修近年条例"字，《大清律例重订辑注通纂》一书中的律例为嘉庆四年至六年大修之后的律例文本。该书中仅收录嘉庆四年至六年修例奏疏的做法及所收录之嘉庆十年秦瀛序也可佐证这一点。而且，笔者遍查该书附例，其中注明的最近的修改时间便是嘉庆六年。除嘉庆六年部颁律例以外，该书又收录嘉庆六年之后的"续增条例"。所谓"续增条例"当然并非馆修入律的正式条例，而应是"通行"，如《刑律·受赃》"官吏受财"条最后所附之嘉庆七年刑部奏定通行。因通行并非正式立法，故作者并未与条例一样在其第一行上以"一"表明。

至于下栏中的律后注，前已提及，该书正文每卷题名之后均有"秀水沈之奇天易原注"字样，可见该书律注的主体应为沈之奇《大清律辑注》中之律注。又按该书"凡例"：

> 洪氏所订《辑注》，律后所载总注，恭查自雍正元年世宗宪皇帝命廷臣汇辑众说，参酌考订，三年书成，名曰《大清律集解附例》，是书不特发明律意，且补律之未备，实为圣朝祥刑之善本，今仍载于律后。

笔者以为这段话的意思殊为难解，其意似应指因雍正三年《大清律集解附例》一书之总注可发明律意、补律之未备，故《大清律例重订辑注通纂》仿此而将洪氏所订《大清律辑注》之总注载于律后。而经笔者核对，《大清律例重订辑注通纂》一书之律后注，确系以洪氏重订之《大清律辑注》为蓝本并间有修改。当然，沈氏、洪氏未曾做律后注的律文，《大清律例重订辑注通纂》也有新增总注，如《名例律》"徒流迁徙地方"等条。

（2）第二栏，即第一栏之上一栏，其内容包括律上注、例注、相关谕旨、处分则例、中枢政考、题咨驳覆等案件、条例、通行等。在第二栏列律注、例注的做法显然继承自包括沈之奇在内的诸先辈律家。律上注是第二栏的首要内容。该书律上注来自多家律书，而以采自洪氏《大清律辑注》者为最多。律上注之后为例注，例注同样采自多家律书，亦仍以采自洪氏《大清律辑注》为最多，此外又有该书纂辑者的创新之作。在《大清律例重订辑注通纂》一书的第二栏中，其文字数量最多者常为谕旨、处分则例以及案例。这些内容则是该书特有而为沈之奇书所无者。比如以"强盗"条第二栏为例，其中首先是来自诸家律书之律上注共十五条。在十五条律上注之后，有例注、处分则例、部议、谕旨、案件、条例、通行等共约八十一则。其中可以肯定系来自诸律书及该书纂辑者之例注为四则，明确说明来自《处分则例》者六则，明确说明来自《中枢政考》者八则（其中五条同时来自《处分则例》），部议五则，谕旨三条，部覆、部驳，督抚题、咨等有案情叙述的案件约二十三件，条例五则，通行一则，等等。由此可见，较之沈之奇律书，以《大清律例重订辑注通纂》一书的内容更加丰富、实用性更强。

（3）第三栏，即第二栏之上一栏。该栏内容单一，全部是对律例中有关问题所应援引之律文（包括律注）、条例、比引律条等的索引。如该书"强盗"条第三栏有"强盗不得财发黑龙江见徒流迁徙地方"一则、"威逼人致死"条第三栏有"强奸子妇未成自尽见诬执翁奸律注"一则、"男女婚姻"条第三栏有"滇省客民不许与摆夷结亲例见嫁娶违律主婚媒人罪"一则、"谋杀祖父母父母"条第三栏有"谋杀义父之期服兄弟见比引律条"一则，等等。沈之奇律书中有对新例的提及，其作用与本书该栏对有关条例的提及相似，但沈氏律书中没有提及相关律文及比引律条。由此亦可见得《大清律例重订辑注通纂》一书更注重于从整体上把握清律中相关律文的规范意义，指出各律文和条例之间的关系而便于实用。

（4）第四栏。根据笔者考察，该栏内容有以下几种：一是对律例的补充解释，如"杀死奸夫"条第四栏援引洪氏《大清律辑注》该条律上注"《辑注》：本夫奸所获奸止杀奸妇，固有狼戾之夫与妻不睦、诬奸而杀之者，亦有奸夫强勇不能捕获，奸情显证明白，一时忿怒杀死奸妇者。

故例必严审。如奸夫认奸即将奸夫拟绞"一则及"娶亲属妻妾"条第四栏"注云无服之亲不与，非无罪也。自有同姓为婚本律，故曰不与"一则；二是对有关案件的简略记载，如"杀死奸夫"条第四栏中"奸夫自杀本夫，其未成婚之奸妇不知情者，止科奸罪。乾隆十七年直隶单存与王三姐通奸自杀本夫范三案"一则；三是对有关条例的记载，如"男女婚姻"条第四栏"定婚在先、尚未成亲，而其夫犯军流等罪，愿同金遣者，听其随往；不愿者，听其另适。乾隆六年例"一则；四是对有关处分则例的援引，如"强占良家妻女"条"保正甲长如有豪积之徒籍名武断者，该地方官徇纵不究者，降三级调用。处分"一则及"收粮违限"条第四栏"各州县经征耗羡银两，务与地丁正项随同起解。若有未完，照正项钱粮之例，按其未完分数核参议处。处分则例"一则。等等。可见，该书第四栏的内容及其作用与第二栏相类，虽然该书第四栏中填充以上各项内容者并不多。

二、对《大清律例重订辑注通纂》中保留沈之奇《大清律辑注》律注、例注的说明

1. 律后注

胡肇楷在《大清律例重订辑注通纂》一书"自序"中曾言及自己"锐精沈注，删旧增新"以作成此书。而前已提及，胡氏所本之《大清律辑注》并非沈氏律书，而系以洪氏《大清律辑注》为蓝本并略有修改。因洪氏《大清律辑注》之律后注多来自沈氏律书，故《大清律例重订辑注通纂》一书之律后注亦可谓主要来自沈氏《大清律辑注》。当然，前已提及，对于沈氏、洪氏未曾做律后总注之条文，《大清律例重订辑注通纂》也有增补。以下笔者将就《大清律例重订辑注通纂》一书之《名例律》之四十六条律文总注与沈氏、洪氏二书进行比较，以便读者对该书及此后其他集成类律书律后注对沈之奇《大清律辑注》之采录情形予以了解。

（1）"五刑"条删去了沈氏、洪氏《大清律辑注》中的全部律后注。

（2）"十恶"条中"谋反""谋大逆"二条律后注与沈氏、洪氏律后注相同。"谋叛"条律后注则删去沈氏、洪氏律后注中原有的来自唐律之"如莒牟夷以牟娄来奔，公山弗扰以费叛之类"一句。此外，"恶逆""不

道""大不敬""不孝""不睦""不义""内乱"条律后注均与沈氏、洪氏相同。

（3）"八议"条仅"议功"律后注删去沈氏、洪氏律后注原有之"《指南》诸书，将一句作一事解，大谬"一句，余俱同。

（4）"应议者犯罪"条律后注与沈氏、洪氏同。

（5）"应议者之父祖有犯"条律后注与沈氏、洪氏同。

（6）"职官有犯"条律后注仅开头对"公罪"解释与沈氏（及洪氏）同，余俱与洪氏律后注同。其间原因在于该条律文在雍正、乾隆年间的修改。

（7）"文武官犯公罪"条律后注与洪氏同，不与沈氏同，其间原因在于该条律文在雍正、乾隆年间的修改。

（8）"文武官犯私罪"条律后注仅开头对"私罪"的解释与沈氏（及洪氏）同，余俱与洪氏同而不与沈氏同。其间原因在于该条律文在雍正、乾隆年间的修改。

（9）"犯罪免发遣"（原律目系"军官军人犯罪免徒流"）条律后注与洪氏同，不与沈氏同。其间原因在于该条律文在雍正、乾隆年间的修改。

（10）"军籍有犯"（原律目系"军官军人犯罪免徒流"）条律后注与洪氏同，不与沈氏同。其间原因在于该条律文在雍正、乾隆年间的修改。

（11）"犯罪得累减"条律后注与洪氏同。而洪氏律后注与沈氏的差别在于洪氏于"通减七等"前加"还获又减一等"一句。该句系洪氏根据律意所增。

（12）"以理去官"条律后注与洪氏同。而洪氏律后注与沈氏的差别在于洪氏对"任满""革除"的解释不同于沈氏而与《明律笺释》接近。

（13）"无官犯罪"条律后注与洪氏同。而洪氏律后注与沈氏多不同。其间原因在于该条律文在雍正、乾隆年间的修改。同时，洪氏律后注较沈氏精简。

（14）"除名当差"条律后注与洪氏同。而洪氏律后注与沈氏之差别在于沈氏律后注"军民匠灶"中之"匠"在洪氏律后注中不复存在。而"匠"不存之原因在于雍正年间匠籍制度的废除。

（15）"流囚家属"条律后注与洪氏同。而洪氏律后注与沈氏之差别在于洪氏将沈氏律后注中"流罪者"改为"流犯"，并将沈氏"其亲属家口，在常赦不原之数，即会赦犹流之人，自不在前项听还之律"改为"缘坐亲属会赦犹流者，家口自不在听还之律"。

（16）"常赦所不原"条律后注与洪氏同。而洪氏律后注与沈氏之差别在于洪氏将沈氏律后注中"十恶等一应真罪"改为"十恶等一应罪名"。洪氏做此改动之原因在于避讳。

（17）"流犯在道会赦"（原律目系"徒流人在道会赦"）条律后注与洪氏同。因律文变化，故洪氏将沈氏律后注多有修改，如因乾隆五年该条新增律文"其徒犯在道会赦，及已至配所遇赦者，俱行放免"一句，故洪氏律后注相应增加"其徒罪人犯但与赦款相符者，不论在配，俱得放免"一句。

（18）"犯罪存留养亲"条律后注与洪氏同。洪氏律后注与沈氏不同者有以下四处：（1）改"疾兼废疾、笃疾言"为"疾兼废笃言"；（2）改"实有可矜悯之情"为"实有可矜之情"；（3）改"徒流"为"徒流军犯"；（4）"止杖一百"前增加"其罪不必常赦应原，亦准留养"一句。

（19）"天文生有犯"条律后注与洪氏同。洪氏与沈氏不同者，为洪氏于律后注伊始增加应来自《大清律集解》该条总注之"推步之法，得人为难"一句。洪氏并将沈氏"各决杖一百"改为"决杖一百"。余俱为沈氏律后注文字。

（20）"工乐户及妇人犯罪"条律后注与洪氏同。而洪氏律后注与沈氏不同之大者，系洪氏律后注中去掉了沈氏律后注中有关天文生徒流的解释。此外，洪氏律后注与沈氏律后注多有不同，但此处将其一一指出颇多不便，故省文。

（21）"徒流人又犯罪"条律后注与洪氏同。而洪氏律后注与沈氏不同之处甚多，其间多因律文变动而起，也有较之沈氏注解更明者，如将沈氏原注中"流人重犯流者，不可再流，就于原配处所……"改为"流人重犯流者，若再加流，则地过远，故于原配处所……"，又如将"徒人重犯徒者，不必再徒，就于原役处所……"改为"徒人重犯徒者，如再加徒，则年过久，故于原役处所……"。此二处修改实际上讲明了流人犯流不再加流以及徒人犯徒不再加徒的原因。

（22）"老小废疾收赎"律后注与洪氏同。洪氏与沈氏同，唯将"真犯死罪"改为"实犯死罪"。修改原因在于避讳。

（23）"犯罪时未老疾"条律后注与沈氏、洪氏同。

（24）"给没赃物"条律后注与洪氏同。洪氏与沈氏大略同，其间差别有二：一是改"均不得免放也"为"概行入官，不用上未抄入官及已送官未分配并从免放之律"。这一改动是为了更进一步说明律意。二是改"钱六十文"为"八分五厘五毫"。

（25）"犯罪自首"条律后注与洪氏同。而洪氏律后注与沈氏多有不同，如洪氏将"未经发觉"改为"事未发觉，人未到官"，实际上是对明清时期诸多律家未曾明确解释的"未经发觉"进行阐释。其余各处改动甚多。

（26）"二罪俱发以重论"条律后注与沈氏、洪氏同。

（27）"犯罪共逃"条律后注与沈氏、洪氏同。

（28）"同僚犯公罪"条律后注与沈氏、洪氏同。

（29）"公事失错"条律后注与洪氏同。洪氏与沈氏大略同，唯删去沈氏律后注末"应连坐之人并同，不得如上觉举皆免之例"一句。

（30）"共犯罪分首从"条律后注与沈氏、洪氏同。

（31）"犯罪事发在逃"条律后注与洪氏同。洪氏与沈氏大略相同。唯于沈氏"而一人未到官在逃"一句删去"未到官"三字，并将沈氏"未定虚实"改为"虚实未定"，又将沈氏"无待质对，其狱已成矣"一句改为"其狱已成，无庸质对"。

（32）"亲属相为容隐"条律后注与洪氏同。洪氏与沈氏多有文字差异。如将沈氏"此谓凡人而言也"改为"此容隐泄露指凡人言也"。等等。总之，洪氏的修改使得语义更为明晰。

（33）"处决叛军"条律后注与洪氏同。而洪氏律后注与沈氏多有差异，如"若待请命而后正法"改为"若待请命而处治"等。此外，因律文变动，即康熙九年校正律中"行移都指挥使司，委官审问无冤，随即依律处治，具由申达兵部衙门，奏闻知会。若有布政司、按察司去处，公同审问处治"一句于雍正三年律中被改为"申报督抚提镇，审问无冤，随即依律处治，具由奏闻"，故洪氏律后注也随之修改。

（34）"化外人有犯"条律后注与沈氏、洪氏同。

（35）"本条别有罪名"条律后注与洪氏同。而洪氏律后注较之沈氏更为简洁。

（36）"加减罪例"条律后注与沈氏、洪氏同。

（37）"称乘舆车驾"条律后注与沈氏、洪氏同。

（38）"称期亲祖父母"条律后注与沈氏、洪氏同。

（39）"称与同罪"条律后注与沈氏、洪氏同。

（40）"称监临主守"条律后注与沈氏、洪氏同。

（41）"称日者以百刻"条律后注与洪氏同。洪氏与沈氏略同，唯将沈氏律注中"至巳时即为限外"改为"至辰时即为限外"。按辰时至辰时即已超过一天，辰时至巳时恰为十二时辰，故洪氏对沈氏的这一疏漏予以纠正。

（42）"称道士女冠"条律后注与洪氏同。洪氏与沈氏略同，唯于最后增"其同师道相犯者，仍照常人论"一句。而该句系来自沈氏该条律上注。①

（43）"断罪依新颁律"条。洪氏、沈氏该条均无律后注。其律后注与律上注均系胡肇楷等新增。②

（44）"断罪无正条"条律后注与洪氏同。洪氏与沈氏略同，唯将沈氏"定拟罪名，达部奏闻"改为"定拟奏闻"。其中原因在于康熙九年校正律中该条有"转达刑部"一句，而该句于雍正三年律中已被删。

（45）"徒流迁徙地方"条。沈氏、洪氏书中该条均无律后注。其律后注均为胡肇楷等新增。③

（46）"充军地方"条。沈氏、洪氏书中该条均无律后注。其律后注

---

① 该段律上注如下："或云同师之子弟相犯，当依堂兄弟。非也。虽同受业于师，实凡人也，本无天亲，岂得分长幼为兄弟？律止言师与弟子，既无正文，岂可附会？以凡论为是。"见（清）沈之奇：《大清律辑注》卷1，《名例》"称道士女冠"条下。

② 该段律后注原文如下："此见律为一代之章程，当恪守而遵行也。盖大经大法历代不易，而斟酌损益，必因时制宜，故凡事犯在未经结案者，自新律颁到之日，即当遵照科断，不当仍泥旧文，致有错误。"此外该条又有律上注三段如下："乾隆四年颁律凡例颁发之后内外衙门凡有问拟，悉合遵照办理，其有从前例款，此次修辑所不登入者，皆经奏准删除，毋得以曾经通行，仍复援引，违者论如律。玩注内例应轻者，照新例行，则新例严者，其犯在例前，应照旧例矣。援引新例，须将年分写出，不得用新例字样。雍正二年例。"见（清）胡肇楷、周孟邻：《大清律例重订辑注通纂》卷5，《名例律下》"断罪依新颁律"条下。

③ 该律后注原文如下："此言徒流迁徙之别，皆因罪之轻重以定役之久暂、地之远近也。徒者，拘系其身，役满释放，止配本省驿递。流则罪重于徒，照依犯人本省地方，计所犯应流道里，流之别省荒芜及濒海之地，不得复归本省。至于迁徙，则视五徒较重、视三流较轻，故于本犯乡土一千里之外安置。不得复归本籍，亦与流罪同。"见（清）胡肇楷、周孟邻：《大清律例重订辑注通纂》卷5，《名例律下》"徒流迁徙地方"条下。

为胡肇楷等新增。①

通过以上比较，我们可以看到，《大清律例重订辑注通纂》一书的律后注确以洪弘绪修订后的沈之奇律注为主，但同时又不拘泥于沈、洪二氏而略有修改和补充。其间律注改动之大者当属"五刑"条，即胡肇楷等删去了沈氏和洪氏所做全部律注。此等删改使得《大清律例重订辑注通纂》律注更富有实用性的特点。此外，对于原沈氏和洪氏均未做律注的少数几条律文即"断罪依新颁律""徒流迁徙地方"及"充军地方"三条，胡肇楷等又新增律注。以上三条律注首句均对本条律意进行总括，其后解释律意。这样的做法显然继承自包括沈之奇在内的先辈律家。

2. 律上注

《大清律例重订辑注通纂》一书首先采辑洪弘绪《大清律辑注》之律上注、兼采其他律书。其采辑洪弘绪《大清律辑注》以及明清时期各律书情形如表5-1所示。

表5-1 《大清律例重订辑注通纂》之律上注采自明清各律书数目统计

	辑注	集注	笺注	笺释	全纂	琐言	据会	示掌	集解	汇纂	总计
名例	168	13	0	10	4	0	2	1	0	1	199
吏律	85	7	0	11	1	0	1	1	1	0	107
户律	386	17	0	12	4	1	5	8	1	3	437
礼律	49	2	0	0	0	0	1	2	0	1	55
兵律	204	12	1	2	0	0	3	5	0	0	227
刑律	999	54	1	20	6	2	7	5	1	12	1107
工律	18	6	0	2	0	0	0	0	0	0	26
总计	1909	111	2	57	15	3	19	22	3	17	2175

---

① 该律后注原文如下："此言定军罪充发之地也。军罪情有重轻，故定地有附近、近边、边远、极边、烟瘴之分。各计罪人原籍之府属，照所限之道里定地充发。某某府属应发某省某府，悉载五军道里表内。军犯系充军役，故事由兵部。外省巡抚定地，亦知会兵部稽核。若边外为民，则仍充户口，非兵部之事，故节户部编发。"见（清）沈之奇原注，胡肇楷、周孟邻增辑：《大清律例重订辑注通纂》卷5，《名例律下》"充军地方"条下。

可见，《大清律例重订辑注通纂》一书的律上注之数量以采自洪氏
《大清律辑注》者为最，且远超过其他所有律书，并构成该书律上注之
主体。按洪氏律上注多来自沈氏《大清律辑注》，故在此我们可以认为
《大清律例重订辑注通纂》之律上注多来自沈之奇《大清律辑注》。此
处将以《大清律例重订辑注通纂》一书"强盗"条律上注为例以说明
之。

（1）"强盗"条律上注

1．《辑注》：此条分六项：已行不得财；已行而但得财；以药
迷人图财；窃盗临时拒捕杀伤人；因盗而奸；弃财逃走因追还而拒
捕。

2．《辑注》：凡论盗，须参看盗贼窝主与共谋为盗二条。

3．《辑注》：强盗律最重，叙于监守常人盗之后，重官物也。

4．《辑注》：以药迷人图财，如蒙汗、闷香之类，但以迷人图
财，非毒药杀人之类物，然亦足以杀伤人，故与强盗同科。

5．《辑注》：若以砒霜等药与人吃而得财死者，依谋杀人因而得
财律；得财不死依以药迷人律。如不死又不得财，则依谋杀人伤而不
死律。盖砒霜等药，服之必死，与迷人之药不同也。

6．《辑注》：若共谋时先日事主捕即拒之，有妇女即奸之，则是
强盗而非窃盗矣。在旁恐吓助势亦是助力。先既未有此谋，临时又不
助力，所云不知拒捕杀伤人及奸情者，直是不曾见耳。

7．《辑注》：窃盗二节，律意甚微，须逐字推勘。曰窃盗，则其
所谋所行皆系为窃，未有拒捕杀伤之意也。曰临时，则拒捕杀伤乃临
时猝起之事，非预有此谋也。曰有者，独言之也……本律重在强，而
论罪重在财，强盗但得财者皆斩，不得财止皆流。①

8．《辑注》：因而拒捕，不言杀伤者，以罪人拒捕律有杀伤科法
也。注内自首云云，正指拒捕伤人者言之。自首，则盗与拒捕之罪得
免，而伤人之罪应科，名例所谓侵损于人不免，而得免所因也。既已
弃财，是不得财矣，窃盗不得财，本罪是笞五十，罪人拒捕，应于本
罪上加二等，是杖七十。折伤与死，分别绞斩，若未至折伤，而内损

---

① 按此条律上注即沈氏原律上注第八条，因其文字相同，故笔者此处毋庸全行引用而简略之。

吐血，应杖八十，重于本罪，亦应从重论。

9.《辑注》：如赃已为伙贼携带先行，后因被擒及追逐拒捕致死事主者，仍依罪人拒捕律科罪。若弃财逃走，因追逐拒捕打倒事主复攫财而去，应依临时拒捕科断。

10.《辑注》：若他人见人盗物而捕之，被杀伤者，虽不系应捕之人，亦照罪人拒捕科之。贼盗罪犯，人人得而捕之也。

11.《据会》云强劫与抢夺相似。人少而无凶器，或途中，或闹市，见人财物而强夺者，抢夺也；人多有凶器，无分人家道路夺人财物，或见人财在前却先打倒而后劫财者，强盗也。若先抢夺后打，或虑事漏抢回而打者，止依抢夺。其三五成群执持棍棒于僻静处打夺人财，虽类抢夺，实强盗也。又有先行窃盗潜入人家，然后明火执仗，此暗进明出，乃临时行强，须体认明确，不可误拟。

12.《集注》：不得财者，因追逐而不得也。若入盗手即谓之赃，其未分受者，是不分赃，非不得财也。

13.《集注》：临时行强与临时拒捕，总分在得财先后。如将事主按捺捆缚打伤之后，攫赃而去，或一人架住事主，而群盗入室搜赃，皆为临时行强。若赃已入手，事主惊起追逐，因而格斗，即临时拒捕也。此中分别最宜详慎。

14.《全纂》：造意不行而分赃，律无文，可否比照窝主身虽不行而但分赃者斩例，存参。

15.乾隆十七年部议：嗣后伙盗不同行、事后分赃之犯，比照强盗问拟发遣、知情分赃之父兄减一等例，杖一百、徒三年。[①]

（2）对"强盗"条律上注的分析

沈之奇《大清律辑注》"强盗"条共有律上注十一段，洪弘绪重订时保留了其中十段，删去一段，即沈氏"强盗"条律上注第十段，[②] 而代之以"如赃已为伙贼携带先行，后因被擒及追逐拒捕致死事主者，仍依罪人拒捕律科罪。若弃财逃走，因追逐拒捕打到事主复攫财而去，应依临时

---

① 以上各段见（清）沈之奇原注，胡肇楷、周孟邻增辑：《大清律例重订辑注通纂》卷23，《刑律·贼盗上》"强盗"条下。

② 关于该段律上注原文，可参看第二章对"强盗"律上注之分析一节。

拒捕科断。俱有成案汇入质疑集"一段。① 而"俱有成案汇入质疑集"一句又被胡肇楷等删去。要之，洪弘绪的这一解释其实还是对窃盗临时拒捕的补充。此外，洪弘绪对所保留之沈之奇律上注也有所修改，其中改动之大者如将律上注"窃盗二节"一段中对"拒捕"的解释即"事主捕之，盗者拒之，两相格斗，谓之拒捕"一句删去，其余修改多系一字之差而原意不变。而胡肇楷在删定洪氏律注时，又将沈氏、洪氏"强盗"条律上注第六段"窃盗拒捕，必持有器械，或自带去，或即取事主家者，与之格斗，方是"删去。前文已经论及沈之奇这一律上注的合理之处，故胡肇楷似可不必将之删去。此外，胡肇楷改动之大者，即将沈氏、洪氏"强盗"条律上注第八段"此窃盗临时拒捕及杀伤人者，实皆指已得财者言之也"一句起至该段句末概行删去。从其修改的内容来看，胡氏等修改的原因似因沈氏原律注与"强盗"条所附条例语意重复。在保留沈氏、洪氏多数律上注之外，胡肇楷又新增五条律上注，分别采自彭应弼《刑书据会》、万维翰《大清律例集注》及黄忍斋《大清律例全纂》三书以及乾隆十七年部议。

第一，关于第十一段律上注。《大清律例重订辑注通纂》"强盗"条援引《刑书据会》之释文其目的应在于辨析强劫与抢夺。按清律"强盗"条中并未有对强盗与抢夺之区分文字，沈之奇律注中也无相应解释。而清律"白昼抢夺"条则有采自《明律笺释》释文之小注"人少而无凶器，抢夺也；人多而有凶器，强劫也"一段。沈之奇在"白昼抢夺"条律上注第二段对该小注曾予批评或补充解释："注虽以人少人多、有无凶器分别抢夺、强劫，然亦不可拘泥。有人少而有凶器为强劫者，有人多而无凶器为抢夺者。总以情形为凭，不在人多人少。"② 笔者认为，沈之奇的这一补充解释已经颇为清晰地指出了强劫即强盗与抢夺的区别，即其间区别在于行为的暴力性或暴力威慑性而非主体的多数性。而《刑书据会》的解释则并不明确，似未脱离王肯堂窠臼。

第二，关于第十二、十三段律上注。第十二段律上注是对不得财的补充解释。按不得财的原因并非追逐一种，也可能因实行行为中遇到其他障

---

① （清）沈之奇原注，洪弘绪重订：《大清律辑注》卷18，《刑律·贼盗》"强盗"条下。所谓《质疑集》，即前述洪氏所辑《成案质疑》一书。

② （清）沈之奇：《大清律辑注》卷18，《刑律·贼盗》"强盗"条下。

碍而不能控制财物。故万维翰将不得财释为因追逐而不得颇为牵强。第十三段律上注则强调临时行强在得财之先，而临时拒捕在得财之后。沈之奇本条律上注第八段末亦曾指出临时拒捕在得财之后，不过未曾对临时行强予以说明。故万维翰的这一分析颇可补足沈氏律注之未及。临时行强在得财之先，而临时拒捕在得财之后，故沈之奇律上注第八段中有关窃盗不得财而拒捕的议论便似属多余，故胡肇楷将之删去。

第三，关于第十四段律上注。关于造意不行而分赃者如何处断，在"强盗"条律后注第二段，沈之奇并不反对将其照盗贼窝主例处斩。虽然《大清律例重订辑注通纂》仍大致保留了沈之奇此段律后注，但也许因沈之奇释文较长，故胡肇楷又将《大清律例全纂》中这一相对简洁的释文列于上栏。

第四，关于乾隆十七年部议。关于伙盗不行而分赃者，按沈之奇在"强盗"条律后注第二段曾对谋而不行但分赃的强盗有过论述，即对此等伙盗，当"推其共谋之情、不行之故"，其"不行"已说明其人有"悔悟之意"，如"他盗得财之后，恐其发觉而强与之"，便不可将其以窝主论、处斩，而当比照窃盗或盗后分赃斟酌具请。洪弘绪也认为，对此等伙盗，当"推其共谋之情、不行之故"，如其"悔而不行，或与事主认识不便，托故不行，后虽分赃情犹可原"，或者"得财之后，他盗恐其发觉而强与之"，则"其情更轻"，"此律例所以仅予徒杖及照盗后分赃律科断也"。此处所谓"盗后分赃律"，应系《大清律例》"强盗"所附之迭经修改之雍正七年条例以及乾隆四年浙江巡抚卢焯条奏定例。① 而根据乾隆十七年部议，伙盗不行而分赃者加重至问拟发遣，故胡肇楷便将洪弘绪修订后之沈之奇"强盗"条第二段律后注中相应阐释删去。

3. 例上注

《大清律例重订辑注通纂》等集成类律学著作有别于沈之奇《大清律辑注》、洪弘绪重订《大清律辑注》的最大特点，便是第二栏内容的异常丰富性，其中不仅罗列采自《大清律辑注》《大清律集注》《大清律目附例示掌》等律书的律上注、例上注，更多的则为谕旨、中枢政考、各部则例、成案、条例、通行等。其例上注采辑各私家律书次数如表5-2所示。

---

① 该条例见（清）吴坛：《大清律律例通考》卷23，《刑律·贼盗上》"强盗"条下。

表 5-2　《大清律例重订辑注通纂》引用《大清律辑注》等律书次数统计

	辑注	集注	笺释	全纂	琐言	据会	示掌	汇纂	总计
名例	7	2	0	3	0	0	2	0	14
吏律	0	1	2	0	0	1	0	0	4
户律	13	3	2	2	0	0	2	0	22
礼律	4	1	1	1	0	0	1	1	9
兵律	3	0	1	5	0	0	1	1	11
刑律	47	15	3	2	0	2	6	4	79
工律	0	0	0	0	0	0	0	0	0
总　计	74	22	9	13	0	3	12	6	139

可见，《大清律例重订辑注通纂》一书的例上注以采自《大清律辑注》者为最，且其数量远超过其他所有律书。按沈之奇《大清律辑注》一书中原有例注约 325 条。洪弘绪重订之后保留沈之奇例注或大致保留者约 103 条。而《大清律例重订辑注通纂》又删去其中 29 条而保留 74 条。笔者本欲仍以《大清律例重订辑注通纂》"强盗"条第二栏内容为例以说明该书对沈之奇《大清律辑注》例注的采辑情形，但《大清律例重订辑注通纂》"强盗"条所保留沈之奇《大清律辑注》"强盗"条例注较少，而且《大清律例重订辑注通纂》一书中"强盗"条第二栏内容多达 96 则而颇有不便，故本书将以《大清律例重订辑注通纂》一书中"盗园陵树木"条第二栏内容为例以说明之。

按康熙九年校正律《大清律》"盗园陵树木"条附例二，其中第二条条例有沈之奇所作例上注三条。该条例文如下：

> 凡山前山后，各有禁限。若有盗砍树株者，验实真正椿楂，比照盗大祀神御物斩罪，奏请定夺。为从者，发边卫充军。取土取石，开窑烧造，放火烧山者，俱照前拟断。①

该条例三条例注依次如下：

---

① （清）沈之奇：《大清律辑注》卷 18，《刑律·贼盗》"盗园陵树木"条下。

"禁限"二字须细看。若在禁限之外，则当别论矣。树木亦可妄指，必须实验椿楂，确系新伐者，乃坐。

  树株关系山陵荫护，盗砍与取土取石、开窑放火者，俱于山陵有伤，亦大不敬也，不论监守、常人，为首者，斩；为从者，充军。

  若有牧放作践，及看守官不行约束者，俱问违制。①

  第一条例注意在强调"禁限"乃构成"盗园陵树木"本条之罪的关键，并解释必须"实验椿楂"的理由。第二条例注意在说明该条例禁伐山陵树木的理由，当然这一例注也同时解释了"盗园陵树木"本律中禁盗山陵树木的原因。第三条例注是对律例均有规定的于禁限内"牧放作践"行为的补充解释。

  "盗园陵树木"所附第二条条例于顺治三年、乾隆五年曾两次修改，但以上三例注在洪弘绪重订《大清律辑注》中仍全部原文保留，这应当是洪弘绪重订《大清律辑注》中绝无仅有之一例。后于嘉庆六年、十年再经修改，但沈之奇的三条例注仍在《大清律例重订辑注通纂》一书中原文保留。除了以上三条来自沈之奇《大清律辑注》的例注外，《大清律例重订辑注通纂》"盗园陵树木"条第二栏又有来自《大清律目附例示掌》之例注一：

  《示掌》云：禁山前后盗枯树取土石者，应仍照本律。若于禁限外盗者，仍以盗山野柴草木石论。②

  从该条例注文字及位置来看，该条例注仍在解释"盗园陵树木"条第二条条例。此外，《大清律例重订辑注通纂》"盗园陵树木"条第二栏又有处分则例一及乾隆四十二年失火案件一：

  旗人祖茔树木，地方员弁经管不严，以致有偷砍等事者，罚俸一年。见《处分则例》及《中枢政考》。

---

① 以上三段见（清）沈之奇：《大清律辑注》卷18，《刑律·贼盗》"盗园陵树木"条下。
② （清）沈之奇原注，胡肇楷、周孟邻增辑：《大清律例重订辑注通纂》卷23，《刑律·贼盗上》"盗园陵树木"条下。

刑部审马兰镇兵丁陶文启等失火延烧荒草，把总李文瑞畏罪自刎身死一案。查律载，山陵兆域内失火者，虽不延烧林木，杖八十、徒二年等语。今陶文启、张宗信奉派在于后龙江禁内守值，自应加意小心。乃因夜寒烤火，并不收拾洁净，以致遗失火种，延烧荒草，并未伤及树木。但陶文启、张宗信等系专司巡守之兵，已与平人不同，而该犯等于失火之后，复敢畏罪潜逃，情殊藐法。若仅依失火本律上加逃罪二等拟以满徒，不足示惩。应将陶文启、张宗信从重发往伊犁给与厄鲁特为奴，云云。乾隆四十二年八月题结。①

以上第一案可以看作是对盗旗人祖茔树木的补充解释，第二案则是对在山陵兆域内失火延烧荒草的补充解释。这一案例正可与前述沈之奇第三条例注相呼应，其意仍在解释"盗园陵树木"条之律意与例意。

前已述及，《大清律例重订辑注通纂》"盗园陵树木"条原文保留了沈之奇《大清律辑注》一书中该条第二条条例的全部三条例注。但这样的情形在《大清律例重订辑注通纂》一书中极为罕见，甚至可谓绝无仅有。按沈之奇《大清律辑注》中共有例注325条，到了洪弘绪重订之《大清律辑注》中，已有约222条被删除。而保留下来的约103条例注中，也有为数不少的例注已经洪弘绪修改而非沈之奇原文。其中的原因笔者以为应当比较容易理解，即沈之奇《大清律辑注》中所附全部445条条例绝大多数为明例。而其中沈之奇为之作注者为196条，尚不及附例总数的一半。自清初以来至雍正初年修律，其间已历近80年，在此期间，清代不断修订条例，雍正三年律中所附明例已减少至321条。乾隆五年修律时，对明例又有修改和删除。因此，洪弘绪重订《大清律辑注》中的沈之奇原例注数量必然随之减少。加之沈之奇例注中有少数并非对条例的解释而是对相关新例的提及，② 此等例注在洪弘绪重订《大清律辑注》中悉被删除。自乾隆十年至嘉庆十三年，其间又经历了60多年，而乾隆年间

---

① 以上两段见（清）沈之奇原注，胡肇楷、周孟邻增辑：《大清律例重订辑注通纂》卷23，《刑律·贼盗上》"盗园陵树木"条下。

② 比如沈之奇《大清律辑注》"给没赃物"条第一条条例下两条例注："追赃，家产尽绝者，有新例。埋葬银两，如果贫难，量追一半。"该两条例注在洪弘绪重订《大清律辑注》时悉被删去。据笔者统计，这样的例注在沈之奇《大清律辑注》中约有37条。

正是清代修例最为频繁、条例数量增加最多的时期。① 因此，在这一时期，随着条例的不断修定，洪弘绪所保留之沈之奇例注又有被删除合并者。故嘉庆十三年刊刻的《大清律例重订辑注通纂》所保留之来自《大清律辑注》的例注数量并不多。不过，虽然如此，《大清律例重订辑注通纂》中来自各律书之例注仍以来自沈之奇《大清律辑注》者为最多，由此也可进一步印证该书纂辑者胡肇楷在自序中对沈之奇《大清律辑注》的高度评价。

第二节　考证类律书对《大清律辑注》的援引

所谓考证类律书，是指如《大清律例通考》、《大清律例按语》、《大清律例根原》、《读例存疑》等考证律例源流之律书。目前，笔者所看到并方便利用的考证类律书正是《大清律例通考》《大清律例按语》《大清律例根原》及《读例存疑》四种。笔者看到的中国政法大学图书馆所藏《大清律例按语》一书为两函、十二册，其内容是对道光四年、九年、十四年、十九年修订条例的记录。经笔者考察，其中未曾明确提及是否参考《大清律辑注》一书。笔者看到的中国政法大学图书馆所藏的《大清律例根原》一书为共十函、一百册（第一函缺第一册），是对雍正三年至同治九年间历次修订律、注、例的记录。此外，又有道光二十七年海山仙馆刊行《大清律例按语》一书，其中对修订条例的记述始自雍正三年，终于道光十九年。该书内容与《大清律例根原》中相应部分当略同。因《读例存疑》一书是清代对条例进行梳理的最后著作且卷帙稍简，故书此处选择以清末薛允升所撰《读例存疑》一书为重点研究对象。

---

① 乾隆元年确定了三年一届修例的原则。至乾隆十一年，定制为五年一小修、十年一大修。而乾隆年间共计修例 11 次。之后的嘉庆年间至同治九年共修例 12 次。而自同治九年之后，定期修例制度基本停止。至于条例数量，乾隆五年《大清律例》附例 1049 条，至乾隆二十三年增至 1456 条，而至乾隆四十三年则增至 1508 条。同治九年清律附例总数达到峰值即 1892 条。

一、关于《读例存疑》一书

1. 《读例存疑》内容简介

《读例存疑》一书由卷首与正文五十四卷构成。其卷首部分内容依次如下：第一，光绪二十九年刑部奏请将《读例存疑》一书饬交修例馆以备将来修例采择折；第二，光绪二十六年薛允升自序；第三，光绪三十二年袁世凯序；第四，光绪甲辰年（光绪三十年）沈家本序；第五，薛允升所作《读例存疑》总论；第六，《读例存疑》一书例言，凡六条。正文五十四卷可分为三部分，卷一至卷五十一为律例考释，卷五十二系比引律条，卷五十三、五十四则为督捕则例两卷。卷一至卷五十一为《读例存疑》一书的核心内容。在这部分中，薛允升对律文、小注的渊源及其修改予以简略追溯，而重在疏证条例之间"彼此抵牾、前后歧异"者，同时指出其间"或应增应减，或畸重畸轻，或分晰之未明，或罪名之杂出者"。① 此处笔者将以"二罪俱发以重论"条为例，对《读例存疑》一书中对律文、小注以及条例的考释予以介绍。

首先，在该条正文之后，薛允升对该条律文渊源及律文、小注的修改情形予以叙述，并有所评论：

> 此仍明律。其小注系国初时添入。又原律小注"二十两后发"下系难同止累见发之赃，而无不枉法赃数语。乾隆五年以难同止累见发之赃等字语意未明，因将此注增删。按此《唐律疏议》中语也，不解唐律，故以为语意未明。②

按薛允升本人多推崇唐律并以唐律为准批评明清律，故最后又以唐律为据批评乾隆五年所增小注并非必要，而系对唐律理解不够透彻之故。

其次，"二罪俱发以重论"条附例有三。在每条之后，薛允升均述明其渊源并有按语对其中有关问题有所提及及评论。如在第一条条例之后，

---

① （清）薛允升：《读例存疑》，光绪二十九年刑部奏请将《读例存疑》饬交律例馆以备采择折。
② （清）薛允升：《读例存疑》卷4，《名例律下之一》"二罪俱发以重论"条下。该书中"按此"一句之前有空格。

薛允升首先说明"此条系嘉庆六年刑部议准定例",随后又有"谨按"如下:

> 此专指命案内律不应抵者而言。各条内唯家长有服亲属强奸奴雇妻女未成致令自尽一条情节为重,且内有死系一命、按律亦应拟抵者、原例概拟充军已属含混。此例二命仍拟充军,三命以上以次加等,尤觉未协,而奴雇亦大有区别。设家长之功缌亲属强奸奴雇妻女未成致死三四命以上并无死罪,殊与例意不符。
>
> 谋殴致毙非一家三四命以上,原谋按照人数,以次加等,见斗殴及故杀人。
>
> 调奸未成,和息后,本妇及其亲属自尽二命,发边远充军。秽语致本妇轻生,又致其夫自尽,拟绞入缓。均见威逼人致死。亦应参看。①

在以上释文中,薛允升首先对"二罪俱发以重论"所附第一条条例之例意予以概括。之后分别指出该条例与相关各条例之互相抵牾者。

在第二条条例后,薛允升也首先叙述该条例制定及修改经过:

> 此条系嘉庆九年刑部核覆江西巡抚秦承恩题龙南县民缪细妹致伤小功堂兄缪三康身死并缪细妹之母黄氏自缢身死一案奉旨恭纂为例。十四年增定。②

之后是薛允升"谨按"如下:

> 不同律例者加枭,同一律例者毋庸枭示,虽义无所取,唯一概加重,究与律意不符,故于从严惩办之中,仍寓从一科断之意。③

因为嘉庆九年制定的该条例规定,如果身犯两项罪名应斩决者,如所犯系不同律例则应加枭示,如所犯系同一罪名者则否。虽然薛允升认为此举甚

---

① 以上三段见(清)薛允升《读例存疑》卷4,《名例律下之一》"二罪俱发以重论"条下。
② (清)薛允升:《读例存疑》卷4,《名例律下之一》"二罪俱发以重论"条下。
③ 同上。

属无谓而不合理，但究竟条例仍有加重处罚之意，故薛允升对该条例的规定颇有赞许之意。

在第三条条例后，薛允升仍然首先说明"此条系嘉庆十六年刑部遵旨议准定例"，并有"谨按"如下：

> 此条似可无庸纂入。法至凌迟，至矣尽矣。即或情罪重大，连坐其妻子，籍没其财产，已足蔽辜。此例于凌迟之外又行加重，且明纂为例文，似可不必。①

按凌迟乃法之极者，何必更增加刀数徒添惨酷，且可以其他附加刑等表示加重处罚之意，故薛允升直言该条例"毋庸纂入"。

又，"二罪俱发以重论"条所附的后二条条例于光绪三十一年三月十三日由修订法律馆奏准删除。在《大清现行刑律按语》一书中，该条所附第一条条例经修改后被保留，而在后来正式出台的《大清现行刑律》中，这一条例也被删除。

2. 《读例存疑》一书的成书与刊刻

根据光绪二十六年薛允升自序，《读例存疑》一书原本卷帙浩繁，经薛允升屡次删削之后，方集为五十四卷。同治九年之后，清代的定期修例工作实已中断。作为同治九年修例的参与者，薛允升对此状况深感忧虑，因此他撰写此书的目的，便是期望此书能成为"孤竹之老马"，以为将来修例之用。遗憾的是，薛允升非但未能看到律例馆再次开馆修例，甚至未能眼见《读例存疑》一书之付梓，便于该书成书之次年即光绪二十七年驾鹤西归。光绪二十九年十一月二十九日，刑部官员齐普、松武等至少20人联名上奏，请将该书饬交律例馆以备修例之用，并获皇帝同意。后由刑部官员段书云集资，许世英校雠，沈家本实任编辑，《读例存疑》一书遂于光绪甲辰年冬十月刊刻告竣，而此时距薛允升故去已历三年。虽然薛允升去世后，因时政变化，传统的修例工作已经终止，不过沈家本主持的修订法律馆在制定《大清现行刑律》时，仍多采《读例存疑》之说。②

---

① （清）薛允升：《读例存疑》卷4，《名例律下之一》"二罪俱发以重论"条下。
② 见（清）沈家本：《寄簃文存》卷3，《故杀胞弟二命现行例部院解释不同说》一文。又见董康《中国修订法律之经过》。该文载于何勤华、魏琼编，《董康法学文集》，中国政法大学出版社2005年版，第460—467页。

今国家图书馆藏有光绪三十一年北京琉璃厂翰茂斋刊刻之《读例存疑》一书，四函、四十册。1970年台北成文出版社曾出版该书，书名为《读例存疑重刊本》，共五册，由黄静嘉编校。1994年中国人民公安大学出版社曾出版该书的简体横排版，书名为《读例存疑点注》，由胡星桥、邓又天等六人编写。

二、《读例存疑》对沈之奇《大清律辑注》的援引

在考释律文、条例时，薛允升广泛援引明清各私家律书。据笔者考察，《读例存疑》一书中援引明清私家律书的条例约有123条，对各种律书的援引总次数约279次。其所援引的律书包括《读律琐言》《明律笺释》《读律佩觽》《大清律例朱注广汇全书》《大清律辑注》《大清律集注》《大清律例通考》《大清律目附例示掌》《明刑管见录》《律例条辨》《大清律例全纂》等书。其具体采辑情形如表5–3所示。

表5–3 《读例存疑》所引《大清律辑注》等律书次数统计

	辑注	全纂	笺释	律例通考	琐言	示掌	集解	管见	律例条辨	总计
名例	19	1	4	2	0	6	10	1	1	44
吏律	1	0	3	0	1	3	8	0	0	16
户律	12	0	9	3	1	5	18	0	0	48
礼律	2	0	0	0	0	0	1	0	0	3
兵律	5	0	2	0	0	4	4	0	0	15
刑律	60	1	23	12	4	11	31	5	1	148
工律	0	0	3	0	0	0	2	0	0	5
总 计	99	2	44	17	6	29	74	6	2	279

除表5–3列举各书之外，《读例存疑》一书又援引《大清律例朱注广汇全书》《读律佩觽》及《大清律集注》各1次。根据表5–3及笔者考察，《读例存疑》一书中援引诸家律书次数最多者当推《大清律辑注》。而清律七篇中援引《大清律辑注》次数最多者则是律典中最重要的《名例律》及《刑律》二篇。而且在这两篇中，与其他律书相比，《大清律辑注》被援引的次数仍为最多。由此可见薛允升对《大清律辑注》的看重。

除表5–3之外，笔者在此欲对有关《读例存疑》一书援引《大清律

辑注》一书的其他数据予以补充：一是各篇中援引《大清律辑注》的律例条目，即《名例律》中援引《大清律辑注》之律例共 11 条，《吏律》1 条，《户律》10 条，《礼律》2 条，《兵律》3 条，《刑律》34 条，《工律》0 条，总计 61 条。其中援引《大清律辑注》例注数量最多的律文或条例是"殴祖父母父母"条第二条附例，其中全文援引了沈之奇该条全部 6 个例注。不过，像这样的情形在《读例存疑》一书中应属孤例。二是《读例存疑》一书所援引的《大清律辑注》注释类型，即图后注 1 条，律上注 19 条，例注 79 条。在所援引的 19 条律上注中，被援引以解释律文者 7 条，以解释条例者 12 条。而援引律上注所解释的条例中，又有 7 条为解释清代制定的 7 个条例。其余所有援引《大清律辑注》中的图注、律注、例注以解释的条例，均为明代条例或修改后的明例以及明例与清例合并后的条例，并无一条为清代新制定条例。当然，此等情形的产生并不应令人意外，因为沈之奇《大清律辑注》所本之康熙九年校正律中所附条例绝大多数为明代条例。

另，薛允升并未明确提及《读例存疑》一书所援引之《大清律辑注》系沈之奇原本或洪弘绪重订本，而经考察之后，笔者发现，薛允升所援引自《大清律辑注》之图注、律注、例注中，与沈之奇《大清律辑注》完全相同者 73 条，与洪弘绪《大清律辑注》完全相同者 3 条，与沈之奇、洪弘绪《大清律辑注》皆相同者 50 条，与沈之奇、洪弘绪注解均不同而由薛允升自作修改者 20 条，薛允升援引自沈之奇《大清律辑注》而被洪弘绪删除的律注、例注总计 20 条。《读例存疑》一书更多地援引沈之奇注解原文的这一做法应当可以说明薛允升更看重沈之奇《大清律辑注》而非洪弘绪修订之后的《大清律辑注》。薛允升的这一态度与集成类律书纂辑者如胡肇楷等人颇相异趣。

以下笔者将略举数例，就薛允升《读例存疑》一书中援引《大清律辑注》的各种情形予以说明。

1. 援引《大清律辑注》赎刑图后注以解释"五刑"条赎刑条款

在《读例存疑》一书中之《名例律》"五刑"条所附赎刑条例下，薛允升援引了诸多文献如《明刑管见录》《大清律集解》《大清律辑注》《唐律疏议》《周礼》等以解释赎刑之源流、有关概念区分及其适用等问题，其中所援引《大清律辑注》中的一段释文乃沈之奇原作、经洪弘绪修改之后的赎刑图后注：

　　金作赎刑，始于上古。唯以待夫情可矜、法可疑者。自汉以后，其例不同。明律准唐律而稍有增损，国朝因之。自答杖徒流死五刑，皆有赎法。查折赎虽分有力、无力、稍有力，而应赎不应赎，律皆不载。唯条例有之，亦不赅括。今唯官员犯答杖徒流杂犯，俱照有力折赎。其贪赃官役流徒杖罪，概不准折赎。并除实犯死罪，干涉十恶，常赦不原，干名犯义，贪赃枉法，受财故纵，一应犯奸犯盗、杀伤人者外，其余出于不幸，为人干连，事可矜悯，情可原谅者，皆可折赎，当随事酌定，或据情以请也。至于收赎，银数甚微，唯老幼、废疾、天文生、妇人等，得以原照，所以悯老恤幼，矜不成人，宽艺士而怜妇人也。若夫赎罪，则为律应决杖一百、收赎余罪者而设。图内银数，前多后少。条例云：妇人犯答杖并徒流充军杂犯死罪该决杖一百者，审有力与命妇、官员正妻，俱准纳赎。盖答杖并徒流等项之杖一百、原应的决者，念其为妇人而有力及命妇正妻，故从宽许其赎罪，其数多。答一十，则赎银一钱。每加罪一等，即加银一钱。至杖一百，则赎银一两。所谓例赎也。其徒流并杂犯绞斩准徒，非妇人所能胜任，原应收赎者，故除杖一百或决或赎外，所余徒流折杖赎银，其数少，自徒一年折银七分五厘起，每加罪一等，改加银三分七厘五毫。至流二千里，倍加银七分五厘。流三千里，折银三分七厘五毫。至斩绞，又倍加银七分五厘，折银四钱五分。所谓律赎也。①

以上注解依次对当时的收赎、折赎、赎罪制度予以叙述。洪弘绪修订后之注解其大意与沈之奇一致，而似比沈氏注解更为简洁而清晰。薛允升弃沈之奇注解而援洪弘绪注解的缘由也当在此。按赎刑在我国渊源已久。唐律中当然有对赎刑的规定。明律因之，并有所发展。根据上文沈氏、洪氏注解，自清初以来，赎刑有三种，即折赎、收赎及赎罪。折赎律无明文，唯条例中有所规定。其适用对象为官员犯答杖徒流并杂犯死罪者等。收赎的对象为老幼、废疾、工匠、乐户、天文生、妇人等。赎罪的对象则为律应杖一百、余罪收赎者。明代赎罪制度有两种：一即"律得赎罪"，简称"律赎"；二即"例得赎罪"，简称"例赎"。洪弘绪注解中"条例云"及沈之奇注解中"律后条例有"一节中规定妇人等准纳赎，即明代之"例

---

① （清）薛允升：《读例存疑》卷1，《名例律上之一》"五刑"条下。

赎"。而洪弘绪"条例云"一节后及沈之奇"律后条例有"一节后有关妇人犯徒流杖一百、余罪收赎之文乃"工乐户及妇人犯罪"律所规定，即明代之"律赎"。按明代律赎以纳钞为主，例赎的方式先多为役赎如运炭、运砖等，后渐转为物赎如纳米、纳马及纳银、纳钞。清初顺治三年律中始将赎刑诸图正式列入法典，其中仍有做工、运囚粮、运灰、运砖等项，并将此等力役折银数目等列明，同时又将唐、明律中旧有之"五刑"条中折铜、折钱数目小注删去。康熙九年校正律、雍正三年《大清律集解》同。乾隆五年《大清律例》删去做工、运囚粮等各项役赎，保留纳米、纳谷两项物赎及折银数目，并仍将赎刑诸图列于律例正文前，又始将赎刑条款附于"五刑"条例中，成为其中第十条例文。其全文如下：

> 赎刑五刑中俱有应赎之款，附列于此，以便引用。
> 纳赎：无力依律配决，有力照律纳赎。
> 收赎：老幼、废疾、天文生，及妇人折杖，照律收赎。
> 赎罪：官员正妻，及例难的决，并妇人有力者，照律赎罪。[①]

由此可见，至迟到了乾隆年间，清代的赎刑较之清初已经发生了较大变化，如"折赎"改为"纳赎"，并将沿自明代的"稍有力"一项删去。但令人疑惑的是，洪弘绪注解中仍保留"折赎"之名及"稍有力"一项。至嘉庆年间，纳赎制度又有变化，即无论有力、无力，俱准纳赎。而到了薛允升生活的年代，赎罪制度限制更严，即"在内由部臣奏请，在外由督抚奏请，皆斟酌情罪，有可原者方准纳赎"，故薛允升云赎罪条例中有关赎罪一层及其小注俱已属赘文。

2. 援引沈之奇"老小废疾收赎"条律上注以解释乾隆十年条例

《大清律例·名例律》"老小废疾收赎"条于乾隆十年增加附例一，其文如下：

> 凡瞎一目之人，有犯军流徒杖等罪，俱不得以废疾论赎。若殴人瞎一目者，仍照律科罪。[②]

[①] 《大清律例·名例》"五刑"条下。
[②] 《大清律例·名例》"老小废疾收赎"条下。

该条下薛允升援引了《大清律辑注》"老小废疾收赎"条第七段律上注原文：

> 废疾者，或折一手，或折一足，或折腰脊，或瞎一目，及侏儒、聋哑、痴呆、疯患、脚瘸之类，皆是。笃疾者，或瞎两目，或折两肢，或折一肢、瞎一目，及颠狂、瘫癞之类，皆是。①

而洪弘绪重订之"老小废疾收赎"条也原文保留了此段律上注。根据"老小废疾收赎"律小注，废疾指瞎一目、折一肢之类。废疾者犯流罪以下收赎。笃疾指瞎两目、折两肢之类，犯杀人应死者上请，盗及伤人者收赎，余皆勿论。而上述乾隆十年条例的规定与律文相冲突，比律文处罚更严。在援引沈之奇律上注之后，薛允升又有"谨按"云：

> 此专指瞎一目之人而言。以此等人原与平人无异也。非此而与此相类者，似应一并添入，凡侏儒痴呆等皆是也。②

按清代条例常有变更律文而加重处罚者，而薛允升本人也认为瞎一目之人与健全人的认知能力无所差别，故薛允升并未对该条例加重处罚的规定表示异议。从以上按语来看，薛允升援引沈之奇律上注的目的在于说明该条例应将与瞎一目"相类者"如折一手、折一足、折腰脊、侏儒、聋哑、痴呆、疯患、脚瘸等项一并添入，以免挂一漏万。

3. 援引沈之奇"监守自盗仓库钱粮"例注以解释修并之后的明例

雍正三年律中曾将"监守自盗仓库钱粮"条所附二条明例修并为一条，此即该律所附第一条条例：

> 凡漕运粮米，监守盗六十石入己者，发边远充军。入己数满六百石者，拟斩监候。③

该条例前一句即"凡漕运粮米，监守盗六十石入己者，发边远充军"一

---

① （清）沈之奇：《大清律辑注》卷1，《名例》"老小废疾收赎"条下。
② （清）薛允升：《读例存疑》卷1，《名例律上之一》"五刑"条下。
③ 《大清律集解·刑律·贼盗》"监守自盗仓库钱粮"条下。

句系由下述明代条例修订而来：

> 凡仓库钱粮，若宣府、大同、甘肃、宁夏、榆林、辽东、四川、建昌、松潘、广西、贵州，并各处沿边沿海去处，有监守盗粮四十石、草八百束、银二十两、钱帛等物值银二十两以上，常人盗粮八十石、草一千六百束、银四十两、钱帛等物值银四十两以上，俱问发边卫永远充军。在京各衙门及漕运并京、通、临、淮、徐、德六仓，有监守盗粮六十石、草一千二百束、银三十两、钱帛等物值银三十两以上，常人盗粮一百二十石、草二千四百束、银六十两、钱帛等物值银六十两以上，亦照前拟充军。其余腹里但系抚按等官盘查去处，有监守盗粮一百石、草二千束、银五十两、钱帛等物值银五十两以上，常人盗粮二百石、草四千束、银一百两、钱帛等物值银一百两以上，亦照前拟充军。以上人犯，俱依律并赃论罪，仍各计入己之赃，数满方照前拟断，不及数者，照常发落。若正犯逃故者，于同囊家属名下追赔，不许滥及各居亲属。其各处征收在官应该起解钱粮，有侵盗者，俱照腹里例拟断。[①]

薛允升在援引以上条例大部文字之后，又分别援引了《明律笺释》及《大清律辑注》中例注各一段，其中所援引《大清律辑注》例注如下：

> 此例分三项：首言沿边、沿海仓库之钱粮，重边防也。次言漕运并京、通各仓之钱粮，重漕务也。唯腹里地方之钱粮为最次。[②]

查洪弘绪重订之《大清律辑注》"监守自盗仓库钱粮"条并无此段例注，而沈之奇《大清律辑注》中有例注如下：

> 此例分三项：边海为重，京漕六仓次之，腹里地方又次之。监守常人二项，但各满三项数目，俱是边卫永远充军。[③]

---

① （清）沈之奇：《大清律辑注》卷18，《刑律·贼》"监守自盗仓库钱粮"条下。
② 同上。
③ 同上。

故薛允升所援引之例注系修改沈之奇例注而来。除了仍旧将该条例分为三项之外，薛允升更对各项事务重要性予以说明，从而有助于人们理解该条例意。

4. 援引沈之奇例注以解释雍正三年已删条例

《读例存疑》一书中"放火故烧人房屋"条下收录了雍正三年已删除的一个明例，其原文如下：

> 凡放火故烧自己房屋因而延烧官民房屋及积聚之物，与故烧人空闲房屋及田场积聚之物者，俱发边卫充军。①

在该条例文之下，薛允升援引了沈之奇《大清律辑注》中该条例之注解，其引文如下：

> 故烧己房而延烧官民房屋积聚者，本律是徒；故烧空闲房屋、田野积聚者，本律是流，例内问发充军。盖延烧虽轻，而非空房、田野积聚之比；故烧虽重，而非官民房屋积聚之比，其罪应同也。②

薛允升所引例注与沈之奇该例注有一处不同，即将沈之奇原注中"例内问发边卫充军"一句中"边卫"二字删去。之所以作此修改，是因为乾隆五年《大清律例》中以近边充军取代边卫充军。

根据薛允升解释，雍正三年因该条例与律不符因而被删。根据"放火故烧人房屋"律规定，放火故烧自己房屋因而延烧官民房屋及积聚之物者，杖一百、徒三年。而故烧人空闲房屋及田场积聚之物者，杖一百、流三千里。而根据前述条例，以上二者的处罚一律加重至边卫充军。在清代，条例中规定的处罚比律文加重本属平常。但是该条例将原本差距较大的两个法定刑一律加重至同一法定刑，这样的做法在雍正三年修律时可能被认为不免有畸轻畸重之嫌。所谓"与律不符"，即应指此。不过，沈之奇并不认为该条例的规定有何失当之处。因为从主观恶意而言，延烧者较故烧者为轻，但故烧的对象为空房及田场积聚之物，而延烧的

---

① （清）薛允升：《读例存疑》卷44，《刑律之二十·杂犯》"放火故烧人房屋"条下。
② 同上。

对象则为"官民房屋及积聚之物"即有人居住之房屋及房屋附近的积聚之物，因此延烧的危害后果较之故烧空房及田场积聚之物更重。综合主观恶意与危害后果二者考虑，沈之奇认为延烧与故烧二者处罚应相同。沈之奇的观点为薛允升所赞同，因为薛允升在援引沈之奇律注之后又有"谨按"云：

> 此等议论最为平允。强盗例内自首充军一条即本于此。此例似不可删。①

反对雍正三年将此例删去。

第三节　清末吉同钧《现行刑律讲义》
对《大清律辑注》的援引

一、吉同钧《现行刑律讲义》一书简介

笔者所见吉同钧《现行刑律讲义》一书为中国政法大学图书馆古籍阅览室所藏，共八卷、八册，每卷一册。其封面题名为《新订现行刑律讲义》，由刘敦谨题签。扉页题名为《现行刑律讲义》，并标明"宣统二年七月，法部律学馆版权"。扉页之后有序言五篇，依次为宣统二年六月崇芳序、宣统二年季度法部律学馆监督陈康瑞序、宣统二年七月法部郎中刘敦谨序、宣统元年六月沈家本《大清律例讲义》原序、宣统庚戌（即宣统二年）仲夏法部郎中吉同钧自序。五篇序言之后为纂著者等姓名列表，其中纂著者为吉同钧，总辑为崇芳、陈康瑞、刘敦谨等三人，分辑为吴思璘、韩文魁、段振基等三人，又有勘误刘映奎等八人及校对韩祖翼等17人。之后为该书"凡例"，共十条。"凡例"之后为律文目录，目录之后即为该书正文。正文首页题名为《大清现行刑律讲义》，其下有"韩城

---

① （清）薛允升：《读例存疑》卷44，《刑律之二十·杂犯》"放火故烧人房屋"条下。

吉同钧纂辑"一行字。

吉同钧原任法律学堂《大清律例》一课主讲，在此期间并编成《大清律例讲义》（《大清律讲义》）十册。光绪戊申年（光绪三十四年）冬律学馆曾将其中《名例律》及《刑律·贼盗》两部分印刷数千册。至宣统己酉年（宣统元年）秋律学馆又将《刑律》十一门以及《吏律》中的"职制""公式"两门等付梓。以上两次共计将《大清律例讲义》印出约一半。至宣统二年春全书一体脱稿。因当时正值《大清现行刑律》告成，参与修订《大清现行刑律》担任总纂官的吉同钧又根据《现行刑律按语》及《核定现行刑律》《修正现行刑律》等对《大清律例讲义》原稿逐条修改，完成之后定名为《现行刑律讲义》，由律学馆同人醵资付印。

《现行刑律讲义》一书所注律文即《大清现行刑律》律文389条，较之《大清律例》减少47条。按《大清现行刑律》本将全部律文分为30门，其中《名例》一门仍系总则部分，其余29门标题则与《大清律例》中六篇分则中的二级标题相同。《现行刑律讲义》一书体例与《大清现行刑律》大体一致，其中略有不同者，则为吉同钧又将《名例》门分为上下两部分、《贼盗》门分为上中下三部分、《斗殴》门分为上下两部分、《断狱》门分为上下两部分。

《现行刑律讲义》一书正文结构如下：首律文，次"讲义"，次例文。该书绝大多数律文后有"讲义"即按语。按语比律文低三格，并一律以"按"字开头。有的律文按语不止一段，其第二段（以及第三段）则以"又按"或"再"等字起首。律文按语之后为条例，各条例首行比律文低二格，每条例文之前并加"一"以为标志。条例偶有按语，条例的按语比例文低一格，有时以"按"字开头，有时则否。

吉同钧的注律风格、内容与传统律学家大体一致，即在律文按语中首先阐述该律渊源、于何年修改，小注又系何年添入，然后解释律文。但与明清时期诸多律学家相比，吉同钧的律注内容又有其独特之处：一是吉同钧常援引前代律文，特别是唐律有关条款原文；二是吉同钧常将清律条文与英、美、德、法、俄、日等国刑律相比较。其中中西刑律比较更是吉同钧该书与此前所有传统律书的最大不同之处。通过与本国过往立法的纵向比较以及与同时代国外立法的横向比较，清律的优长与不足得以凸显。而吉同钧如此做的原因，便是因当时正值新刑律修订过程中，在吉同钧等新刑律的纂修者看来，新刑律的出台既须模范列强，又不能忽视"本土资源",故吉同钧在律文按语中常援引泰西各国及日本刑律并唐、宋、元、明律中相关条款与清律相对比,指出其间异同优劣,以为修订新刑律起到"明修栈道,暗度陈仓"之用。当然,不可否认,总的来说,吉同钧对本国刑律有更多的赞颂甚至溢美之词。而正是由于《现行刑律讲义》成书的特定时代背景以及由此而导致的其"讲义"所新增中外刑律对比这一独特内容,故笔者选择该书作为本节的最后考察对象,以发现在此新旧交替时期沈之奇《大清律辑注》的命运。以下仅举该书中"强盗"条一例,以便读者了解该书正文结构及其律注的独特之处。

《现行刑律讲义》"强盗"条律文如下:

> 凡强盗已行而不得财者,皆流三千里。但得事主财者,不分首从,皆绞虽不分赃亦坐。其造意不行又不分赃者流三千里。伙盗不行又不分赃者工作十个月。若以药迷人图财者,罪同但得财皆绞。若窃盗临时有拒捕及杀伤人者,皆绞监候。得财不得财皆绞。须看临时二字。因盗而奸者,罪亦如之不论成奸与否,不分首从。共盗之人不曾助力、不知拒捕杀伤人及奸情者,审确止依窃盗论分首从得财不得财。其窃盗,事主知觉,弃财逃走,事主追逐,因而拒捕者,自依罪人拒捕律科罪于窃盗不得财本罪上加二等。至折伤以上,绞;杀人者,亦绞。为从者,各减一等。凡强盗自首不实不尽,以名例自首律内至死减等科之,不可以不应从重科断。窃盗伤人自首者,但免其盗罪,仍依斗殴伤人律论。[①]

《现行刑律讲义》"强盗"条"讲义"即按语如下:

> 按此系明律。其小注系顺治三年添入。雍正三年修改。乾隆五年复添不行不分赃两项。现又删改从轻。唐律:"强盗不得财,徒二年。一尺徒三年,二匹加一等,十匹及杀人者绞,杀人者斩。其持杖者,虽不得财,流三千里。五匹绞。伤人者斩。"又元《刑法志》:"强盗持杖伤人,虽不得财,皆死。不得财、不伤人,徒二年半。但得财徒三年。至二十贯,首犯死。余人徒三年。"又《宋刑统》:"强

---

① (清)吉同钧:《现行刑律讲义》卷5,《贼盗上》"强盗"条。

盗，一贯徒二年，十贯及伤人者绞。因盗奸人及用药酒迷人，从强盗法。死者，加一等"云云。皆以赃数之多寡及有无持械并伤人杀人分别徒流绞斩。明改从严，不分赃数多少、有无持械杀伤，概拟斩决。情重者，又加枭示。虽因世道风俗日趋险诈、盗情百出不穷，不得不设重法以示惩警，然立法如此严厉，而盗风仍未少戢。且法愈重而犯愈多。可见弭盗之方在教养不在文法也。外国强盗均无死罪。俄律凡强劫住宅村落者，罚作十年以上苦工。如在街衢大道或乡村支路及江湖河海者，减一等。又强劫不在住宅及穷乡僻壤者，又减一等。如强劫时伤残人或殴折者，加一等。又德律凡强盗者，处惩役。如强盗伤害人或致死者，处无期惩役。又法国律凡以暴行犯盗罪者，处有期徒刑。若致受害者受有斫伤，处无期徒刑。又英律强取财物五磅以上，处五年至十四年徒刑或二年囚狱加苦役隘牢。如持凶器或纠众者，处五年至终身徒刑，或处囚狱加笞刑。又美律凡向邮吏行强盗者，处五年至十年囚狱加苦役。伤人及持凶器者，终身囚狱加苦役。又日本刑法唯强盗杀人处死，强盗伤人及强奸妇女处无期徒刑。若无以上重情，虽结伙持械、用药迷人，俱分别处以惩役云云。互相比较，彼法轻而盗风日减，我法重而盗案日增。以外国比中国，更可见严刑重法仅治盗之标，非弭盗之本也。现在新例已将强盗罪名略为轻减，盖统古今中外刑法源流而合参之，并非曲为宽恕也。此律之意，首言强盗之罪，而因及类于强者，有差等也。所谓强者，须先定有强谋、执有器械、带有火光，公然攻打门墙者，皆是。《据会》云强盗与抢夺相似，人少而无凶器，或途中，或闹市，见人财而抢夺者，抢夺也；人多有凶器，不分人家道路，夺人财物，或见人财物在前，先打倒而后劫财者，强盗也。若先抢夺后打，或虑事露抢回而打，仍是抢夺而非强盗。又有先行窃盗，潜入人家，然后明火执仗，此暗进明出，乃临时行强，仍应以强盗论。又《辑注》临时行强与临时拒捕，总分在得财先后。如将事主捆缚打伤之后，携赃而去，或一人架住事主，而群盗入室搜赃，皆为临时行强，若赃先入手，事主惊觉追逐，因而格斗，即临时拒捕也。此中分别微细，最宜详慎，凡不拘何物，在事主家者，皆谓之财；一入盗手，即谓之赃；劫取而去，谓之得财；各分入己，谓之分赃。强盗之赃虽未分，而事主之财则已失，故但论财之得与不得，不论赃之分与不分。凡上盗之人，虽不分赃，亦

坐绞罪，与他律各计入己之赃以定罪者，大不同也……①

该条按语首先简要叙述了清律"强盗"条的历次修订，随之追溯了唐、宋、元、明诸时期律典中"强盗"条的规定，然后又分别援引俄德、法、英诸国刑律中有关"强盗"之立法例，将其与清律"强盗"条相对比，指出清律中"强盗"处罚太重而弭盗之法在文化教养而不在严刑峻罚，由此为新律例中对强盗处罚减轻的规定张目。在进行古今中外的对比之后，吉同钧接着解释"强盗"条律意。在解释律意时，吉同钧明确提及的律书为《刑书据会》与《大清律辑注》两种，但实际上其注解则是以往各家律注的融合。

"强盗"条按语之后有附例35条。条例之后又有按语如下：

> 以上各例而外，又有情罪凶暴、比照强盗问拟者数项，如纠伙骑马持械并聚至十人以上，倚强肆掠抢夺者，抢夺纠伙三人持械威吓伤人者，大江洋海官弁兵丁遇船遭风尚未覆溺不救反抢取财物者，纠众发冢起棺索财取赎者，发冢后将尸骨抛弃并将控告人杀害者，捉人勒赎纠伙三人以上入室搠捉者，纠众图财放火故烧房屋者，谋杀人因而得财者，皆散见各门比照强盗不分首从治罪，应与强盗律合参。②

这一按语是对比照强盗问拟各事项的总括。《大清现行刑律》"强盗"条中除处罚减轻外，其余内容与《大清律例》该条无异。其中规定的强盗的行为样态不仅包括先强后盗这一强盗行为的典型样态，也包括以药迷人图财、窃盗临时拒捕及杀伤人及因盗而奸等行为。但除此之外，其他律例中还有比照强盗论的诸多事项，故吉同钧在按语中一并提及，以供参考和对比。

在上述按语之后，吉同钧又制作了两个表格：一是日本、英吉利、美利坚、德意志、法兰西、俄罗斯等六国刑法中关于强盗、强盗杀人、强盗伤人、强盗持械的处罚列表；一是我国唐、宋、元、明、清五代刑法中关于强盗杀人、强盗伤人、强盗得财、强盗赃多、强盗未得财的处罚列表。

---

① （清）吉同钧：《现行刑律讲义》卷5，《贼盗上》"强盗"条下。
② 同上。

相对于吉同钧律文之"讲义"中的有关文字叙述,表格可使读者对各国以及我国历史上不同时期律典中强盗罪刑罚的差异有更为清晰的了解。

以上二表之后,吉同钧又将《现行刑律》与《大清律例》"强盗"条所附条例各项处罚变化列举如下:强盗旧例斩枭现改斩决各项,共 11 项;斩决现改绞决各项,共 11 项;斩候现改绞候各项,共八项;绞决现改绞候一项;绞候各项,共 4 项;遣罪各项,共 11 项;流罪各项,共 18 项;徒罪各项,共 12 项;旧例杖罪现改工作及罚金各项,共九项。总计 85 项。按同治九年修例之后的"强盗"条共有条例 49 条,《现行刑律》中"强盗"条共附例 35 条。吉同钧将保留下来的各条例规定的各项刑罚变化列明,此举当有助于人们了解《现行刑律》"强盗"条所附条例刑罚减轻的总体状况。

二、《现行刑律讲义》中援引《大清律辑注》的具体情形

按吉同钧《现行刑律讲义》"自序"云:

> ……以律意精深,非口说能尽,更作讲义,以笔代舌……遇有深奥之处,或援经史以阐其理,或引刑案以实其事。此外如王氏之《笺释》,洪氏之《辑注》,吴中丞之《律例通考》,薛尚书之《读例存疑》,苟有发明,均为采入。①

作为长期供职刑部的官员以及法部律学馆《大清律例》《现行刑律》二课程之主讲,吉同钧深谙以往诸家律说。而经考察后笔者发现,《现行刑律讲义》一书中所明确提及的援引律书有《大清律辑注》《明律笺释》《大清律目附例示掌》《读例存疑》等约 11 种之多。为方便起见,笔者此处仍将按《大清律例》体例暂将《现行刑律讲义》中的 35 篇律文合并为《名例律》《吏律》《户律》《礼律》《兵律》《刑律》《工律》七律,并将《现行刑律讲义》一书中明确提及之各援引律书及援引次数予以统计,其具体援引次数如表 5-4 所示。

---

① (清)吉同钧:《现行刑律讲义》,"自序"。

表 5 – 4　《现行刑律讲义》援引《大清律辑注》等律书次数统计

	辑注	笺释	据会	集注	示掌	读例存疑	读律佩觿	总计
名例	1	0	0	0	0	0	0	1
吏律	1	0	0	0	0	0	0	1
户律	10	3	1	0	0	2	0	16
礼律	2	1	0	1	0	1	0	5
兵律	3	4	0	0	9	0	0	16
刑律	44	6	3	2	2	6	2	65
工律	1	0	0	0	0	0	0	1
总　计	62	14	4	3	11	9	2	105

此外，该书《刑律》部分又援引《读律琐言》及《律例条辨》各1次。根据表5－4，清律中最重要的两篇即《户律》与《刑律》援引各律书的条款最多。而律典七篇中援引《大清律辑注》最多者，亦属《户律》与《刑律》。当然，除了标明援引自《大清律辑注》之律注等以外，吉同钧不指明出处而实际援引《大清律辑注》律注者更多。由此可见吉同钧于诸多律书中对《大清律辑注》更为看重。而从吉同钧对《大清律辑注》律注等的援引来看，该书对清代律学的影响自其问世之后不久持续至清末法律改革时期。以下笔者将略举几例对吉同钧书中明确、不明确提及并援引《大清律辑注》注解者分别予以说明。

1. 明确提及并援引《大清律辑注》注解者

前文提及，吉同钧在《现行刑律讲义》"自序"中说明其所援引之《大清律辑注》系洪弘绪重订之《大清律辑注》。而洪弘绪律注多与沈之奇律注相同，改动者不多。因此，吉同钧书中明确标明援引自《大清律辑注》者，同时亦多为沈之奇作律注。此外，吉同钧在援引洪弘绪《大清律辑注》律注时，并非原文照抄，而是时有修改。而除了援引《大清律辑注》以解释《大清现行刑律》条款之外，吉同钧有时也会对《大清律辑注》中有关解释予以批判。但吉同钧的批评仅针对沈之奇观点而不涉及解释方法等。无论如何，吉同钧对沈氏律注的赞同或批判都足以说明该书直到清末仍然深受重视的事实。以下试分别举例以说明之。

（1）援引《大清律辑注》律上注以解释《大清现行刑律》"脱漏户口"条律文

吉同钧在"脱漏户口"条按语中明确提及的律书有二种，即《明律笺释》与《大清律辑注》，而援引自后者之律注更长，其文如下：

> 《辑注》谓计家而言曰户，计人而言曰口，田地税粮曰赋，人丁差徭曰役。有赋役，谓有田产税粮而当差役之出于赋者也。无赋役，谓无田产税粮止当本身杂泛差徭役之出于丁者也。故曰赋役。此条专以役言，故载于户役之首。共分六节，首节言脱自己之户，二节言隐冒他人及亲属之户，三节言虽脱户而系在官役使仍依漏口之法，四节言漏自己丁口，五节言隐蔽他人丁口，六节承上数节言里长官吏失勘知情受财之罪。盖脱户又分二等，有赋役则所避者多，无赋役则所避者少。漏口亦分二等，已成丁者有所规避，未成丁者无所规避，故罪各分轻重。夫亲属与罪犯得相容隐，而户口非犯罪之比，仍减他人二等者，盖隐蔽他人而有奸贪之弊，隐蔽亲属，犹出亲爱之意也。隐蔽亲属提出另居二字，则泛泛同居不限籍之同异，均不在此限矣。①

吉同钧所援引上述律注与洪弘绪重订《大清律辑注》"脱漏户口"条律上注相应内容更为接近，而其中"有赋役，谓有田产税粮而当差役之出于赋者也。无赋役，谓无田产税粮止当本身杂泛差徭役之出于丁者也"一节则与洪弘绪律上注完全相同而与沈之奇略有差异，即洪弘绪将沈之奇原注中"有赋役，谓有田粮当差者也。无赋役，谓无田粮止当本身差徭者也"一节略为修改。除此之外，与吉同钧所援引《大清律辑注》其他律注相应的洪弘绪律注内容与沈之奇完全相同，而吉同钧律注则既非洪氏原文，又与沈氏不尽相同，而是略有修改，如其中增加"共分六节"一句，将沈氏、洪氏"三节言虽脱户而止依漏口之法"一句加以修改，等等。此等修改多使得沈氏原律注意义更明。吉同钧大量援引沈氏律注的事实既说明沈氏对律意的精确把握得到吉同钧的认可，同时也可说明清代的户口赋役制度自康熙末年以来基本稳定而较少变化。

---

① （清）吉同钧：《现行刑律讲义》卷2，《户役》"脱漏户口"条下。

（2）对《大清律辑注》"斗殴及故杀人"律注予以批判

《现行刑律讲义》"斗殴及故杀人"条有按语如下：

> 唐律"诸斗殴杀人者，绞；以刃及故杀者，斩。虽因斗，而用兵刃杀者，与故杀同。人以兵刃逼己，因用兵刃拒而伤杀者，依斗法。虽因斗，但绝时而杀伤，从故杀伤法"云云。可见斗与故之分在于用刃不用刃，又在于当时与绝时。斗而用刃，即有害心，唯人以刃来逼，己用刃拒杀，方为斗杀。如因斗，用刃杀人，即为故杀。又斗殴之际，当时用他物杀人者，谓之斗杀。若绝世而杀，如忿竞之后，各已分散，声不相接，去而又来杀人者，虽斗亦为故杀。此斗与故之界限也。明律改为不论金刃他物均为斗杀，又去绝时杀伤一节，而以有意欲杀为故。故注云"临时有意欲杀，非人所知"。《辑注》谓此十字乃故杀之铁板注脚，一字不可移，一字不可少。若先前有意不在临时，则是独谋于心矣。若欲杀之意有人得知，则是共谋于人矣。临时谓斗殴共殴之时也。故杀之心，必起于殴时；故杀之事，即在于殴内。此故杀所以列于斗殴共殴两项之中而不与谋杀同条也。此解故杀虽极详悉，但唐律以刃杀为故，是以显然有凭之具为准也。明律以有意欲杀为故，是以犯人之供词为准也。设供称无心致死，即金刃十余伤，倒地后恣意迭砍，亦谓之斗，恐奸人狡供者多幸免，而愚民吐实者反抱屈矣。以古例今，似不如唐律之平允，故薛氏《读例存疑》云，自不问手足他物金刃并绞之律行，而故杀中十去其二三矣。自临时有意欲杀非人所知之律注行，而故杀中又十去其二三矣。从前应以故杀论者，今俱不为实抵，杀人不死，未免过宽。而近日沈少司寇又著有故杀解释一篇，详言现在办理故杀之案，未能允当，援古证今，更为法学圭臬。①

在上段按语中，吉同钧追溯了唐明清律中关于故杀的规定，并特别详细叙述了唐律中的相应内容，其意主要在于批判明清时期律典中对故杀的重新界定。而沈之奇对故杀的解释便服从于律典。当然我们不能因此认为沈之奇缺乏对律典的批判意识，因为明清律典中对故杀的规定以及明代律学家

① （清）吉同钧：《现行刑律讲义》卷6，《人命》"斗殴及故杀人"条下。

如雷梦麟、王肯堂等以及沈之奇的相应解释并非毫无道理。但是由于主观意图的难以确定，因此，在清代的司法实践中，犯人的供词实际上很可能成为认定故杀的主要依据，由此导致许多故杀案件被认定为斗杀。薛允升在《读例存疑》一书中曾对明清律中故杀概念的这一变化予以批评。① 沈家本在《论故杀》一文中也援引了薛允升《读例存疑》中有关故杀的一段言论，并对之表示赞同，该文最后并结合唐律"斗殴即故杀人"条及英、日等国刑法，提出了故杀的认定标准：

> 酌拟嗣后凡有意杀人者，二人以上谋杀者无论矣，其一人独谋诸心及临时有意欲杀者，皆以谋杀论。故殴伤者为故殴，伤人因而致死者，以故杀论。必有互殴之状者，乃以斗殴杀论。如此分作三级，界限较为分明。②

也即直到清末，以沈之奇律注为代表的明清时期律家以及司法实践中对"故杀"的认定标准才得到矫正。

（3）对沈之奇"投匿名文书告人罪"条律注的认可

《现行刑律讲义》中"投匿名文书告人罪"条有按语如下：

> ……律注有须寻常骂詈及虽有匿名文书尚无投官确据不坐此律之文。可见律文曰投，必送入官司方是。若仅粘贴要路，即不得谓之投也。《辑注》云，若在其家中，或别于闲处，虽有匿名文书，尚无投官之据，安知其不悔悟中止？岂可使捉获解官，问拟死罪云云，即是此意。而王氏《笺释》谓粘贴要路亦是，未免涉于深文周内，殊不可从。③

上文所引《大清律辑注》文字与沈之奇、洪弘绪《大清律辑注》该条律上注文字大体一致，其中仅有三字之差，即吉同钧将原注中"焉知"改为"安知"，"岂可便捉获解官"改为"岂可使捉获解官"，"问其死罪"

---

① 见（清）薛允升：《读例存疑》卷33，《刑律之九·人命之二》"斗殴及故杀人"条下。
② （清）沈家本：《寄簃文存》卷2，《论故杀》一文。
③ （清）吉同钧：《现行刑律讲义》卷6，《刑律·人命》"斗殴及故杀人"条下。

改为"问拟死罪"。这些个别的文字改动无损沈之奇原注的完整性。

按沈之奇及洪弘绪"投匿名文书告人罪"条均有律上注如下:

> 此条重在告言以陷人。《笺释》谓粘贴要路亦是,殊谬。本文曰投隐匿姓名文书,夫送入官司曰投,即俗言投文之谓。粘贴要路,岂得谓之投乎?下文曰将送入官司,又连文书捉获上注"于方投时"四字,曰将送,曰方投,皆指官司而言,亦未有粘贴之意也。①

按投匿名文书告人罪与诬告有相似之处,即二者均可谓行为犯。"诬告"条并未明确规定必须到官府诬告方构成诬告罪。因为如果行为人没有到达官府便不可能为诬告之行为。所以必须至官府诬告才能构成诬告罪是不言而喻的。同理,须至官府投匿名文书才能构成此罪。但王肯堂等人却认为"粘贴要路"者亦构成此罪。如此则未至官府而向他人叙述受害人的"罪行"也构成诬告。可见王肯堂等人的解释殊不合理。将沈之奇律上注与前述吉同钧按语合参,我们更可全面、深入理解吉同钧对沈之奇观点的赞同,而反对王肯堂的见解。类似前述"投匿名文书告人罪"条按语、赞成沈之奇律注而批评他人观点的做法在《现行刑律讲义》一书中并非仅此一例。而笔者特别将吉同钧此按语择出的理由是《大清律集解》"投匿名文书告人罪"条总注中关于"投"的解释系采取王肯堂的见解:

> 凡告言人罪必须出名指实告官。若于文书内隐匿自己姓名及诡写他人姓名讦人阴私过端投递官府,或用匿名词贴粘贴通衢,令人被其倾陷而莫知所由,则奸恶已甚,故坐绞监候。②

查嘉庆十三年《大清律例重订辑注通纂》《大清律例刑案汇纂集成》《大清律例汇辑便览》等书中既保留了前述沈氏、洪氏律上注,而同时其后又有如下言论:

---

① (清)沈之奇:《大清律辑注》卷22,《刑律·诉讼》"投匿名文书告人罪"条下及(清)沈之奇原注;洪弘绪重订:《大清律辑注》卷22,《刑律·诉讼》"投匿名文书告人罪"条下。
② (明)王樵、王肯堂:《明律笺释》卷22,《刑律·诉讼》"投匿名文书告人罪"条下。

按《辑注》所议虽是，但律文"投"字下明注一"贴"字。且细玩"见者即便烧毁，若不烧毁，将送入官司"句，明有见人粘贴之意。似应仍从《笺释》为是。存参。①

可见以上三书均赞同王肯堂解释，而《大清律例会通新纂》则认可沈之奇解释而原文保留沈氏、洪氏律上注。又查薛允升《唐明律合编》一书中"投匿名文书告人罪"条下有按语云：

再，原律本无"贴"字，《笺释》谓粘贴要路亦是，而《辑注》驳之，以为粘贴与送入官司不同，下文曰送入官司，又连文书捉获上注"于方投时"四字，均无粘贴之意。所议虽是，但细玩"见者即便烧毁，若不烧毁，将送入官司"语句，明有见人粘贴之意。律于"投"字下注一"贴"字，即本于《笺释》也。贴与投不同，以尚未送官司也，岂可遽拟绞罪。然所贴之处，亦有不同。或所贴之处，使将官府触目即见，即与投递何殊，似又未可一概而论也。唐律有"弃置悬之俱是"之语，则"贴"字即在其中矣，特罪名轻重不同耳。②

薛允升的观点似乎是王肯堂与沈之奇的折中。但与薛允升这位同乡先辈、刑部长官兼律学大家以及明清时期诸多律家乃至《大清律集解》不同，吉同钧明确反对王氏意见而支持沈之奇解释。

2. 不明确提及而实际援引《大清律辑注》者

(1)《现行刑律讲义》"十恶"条按语

《现行刑律讲义》"十恶"条计有六项其按语中有采自沈之奇、洪弘绪《大清律辑注》者，如"谋反"一项其按语如下：

臣下将图逆节，危及天下，不敢斥指，故曰社稷也。③

---

① （清）沈之奇原注，胡肇楷、周孟邻增辑：《大清律例重订辑注通纂》卷30，《刑律·诉讼》"有匿名文书告人罪"条下。又见《大清律例汇辑便览》卷30《刑律·诉讼》"有匿名文书告人罪"条下及《大清律例刑案汇纂集成》卷30《刑律·诉讼》"投匿名文书告人罪"条下。

② （清）薛允升：《唐明律合编》卷24，《斗讼四》"投匿名文书告人罪"条下。

③ （清）吉同钧：《现行刑律讲义》卷1，《名例上》"十恶"条下。

这一按语的作用在于说明何以"谋反"被释为"谋危社稷"。而查沈之奇、洪弘绪《大清律辑注》"谋反"项律后注内容相同，其文如下：

> 社稷者，天下之辞社为土神，稷为田正。所以神地道而司稼穑。君为神主，食为民天。臣下将图逆节，危及天下，则社稷安恃？不敢斥指，故曰社稷也。①

可见吉同钧该项按语应即采自沈之奇《大清律辑注》。

又《现行刑律讲义》"不义"项按语如下：

> 上条五服亲属以天合者，此项部属、师生、夫妇，皆非天合，以义相维，背义而行，故曰不义。②

该按语意在解释部民杀本属知府、杀见受业师、闻夫丧匿不举哀等行为何以被总括而称为"不义"。吉同钧此项注解应来自沈之奇、洪弘绪《大清律辑注》该项律后注。查沈之奇、洪弘绪《大清律辑注》中"不义"项律后注内容相同，其文如下：

> 此条所犯，部属、师生、夫妇，原非天合，以义相维。背义而行，故曰不义。③

除以上"谋反""不义"等项按语应系采自沈之奇律书外，在《现行刑律讲义》"十恶"条末按语中，吉同钧又与沈之奇、洪弘绪不约而同地援引了《礼记》中以下文字：

> 《礼记·王制》云：凡制五刑，必即天伦。又凡听断五刑之讼，

---

① （清）沈之奇：《大清律辑注》卷1，《名例》"十恶"条下及（清）洪弘绪：《大清律辑注》卷1，《名例》"十恶"条下。
② （清）吉同钧：《现行刑律讲义》卷1，《名例上》"十恶"条下。
③ （清）沈之奇：《大清律辑注》卷1，《名例》"十恶"条下及（清）洪弘绪：《大清律辑注》卷1，《名例》"十恶"条下。

必原父子之亲、立君臣之义。①

而沈氏、洪氏"十恶"条律上注云：

> 《周官》曰：断五刑之讼，必原父子之亲、君臣义。又曰：凡制五刑，必即天伦。②

查《礼记·王制》有"凡制五刑，必即天伦。邮罚丽于事"一段及"凡听五刑之讼，必原父子之亲、立君臣之义以权之……"一段。而沈之奇误以为以上引文出自《尚书·周书·周官》，且沈之奇、洪弘绪引文均与《礼记》原文略有参差。而吉同钧按语中相应引文可视为对《大清律辑注》相应文字的更正。而沈之奇、洪弘绪以及吉同钧等人援引《礼记》原文的目的，即在于说明"十恶"条中有关严厉惩罚犯上作乱、违背伦理之犯罪的合理性及必要性。

（2）《现行刑律讲义》"典卖田宅"条按语

《现行刑律讲义》"典卖田宅"条有按语如下：

> 重复典卖，犹盗卖也。而前章盗卖他人田宅，罪止徒二年，此准窃盗，则罪至流满，法反重者，谓既得其价，复夺其产，设心不善，故法加严也。③

吉同钧虽未指明该段按语出处，但经笔者考察，该节按语系由沈之奇《大清律辑注》"典卖田宅"条第六段即最后一段律上注修改而来。洪弘绪《大清律辑注》中原文保留了该律上注。查沈之奇该段律上注如下：

> 重复典卖，犹盗卖也。而盗卖他人田宅，罪止杖八十、徒二年，此准窃论，则罪至杖一百、流三千里。其法反重者，谓既得其价，仍

---

① （清）吉同钧：《现行刑律讲义》卷1，《名例上》"十恶"条下。
② （清）沈之奇：《大清律辑注》卷1，《名例》"十恶"条下及（清）洪弘绪：《大清律辑注》卷1，《名例》"十恶"条下。
③ （清）吉同钧：《现行刑律讲义》卷2，《田宅》"典卖田宅"条下。

夺其产，设心尤为不善，且人情易犯，故立法加严。①

按该律上注意在解释"盗卖"如"重复典卖"之行为"立法加严"即处罚加重的原因。沈之奇律上注与吉同钧按语所不同者，主要是因为《大清现行刑律》正式废止了笞杖刑，故吉同钧按语中不再出现杖八十、杖一百等字眼。除此之外，吉同钧仅对沈之奇律上注有几处不影响原意的文字改动。

(3)《现行刑律讲义》"造妖书妖言"条按语

《现行刑律讲义》"造妖书妖言"条按语有如下文字：

> 谶者，符验也；纬者，组织也。谓组织休咎之事，以为将来之符验。又，谶，符也；纬，横也。以符谶之说，横乱正道也。如赤伏符、卯金刀之类。或妄谈已往怪诞之事，或妄载未来兴废之征，或假托鬼神、作为妖妄不经之论，关系国家祸福、世道盛衰，意在煽惑人心、图谋不轨，故立此重法，附于反、叛之后，载于盗贼之门。②

查沈之奇《大清律辑注》"造妖书妖言"条有律后注如下：

> 谶纬，如赤伏符图录之类。凡造为一应妖诞文字，组织已往怪异之事，妄载未来兴废之征，或假托鬼神、作为妖妄不经、奸邪不顺之语，刊写妖书、撰成妖言。此皆妄谈国家祸福、世道盛衰，意在煽惑人心、图谋不轨，故创造及传用者，皆斩。③

沈之奇书该条又有律上注如下：

> 谶符者，谓将来有验也。直曰经，横曰纬。谓附会邪说，以横乱正经也。④

---

① （清）沈之奇：《大清律辑注》卷5，《户律·田宅》"典卖田宅"条下。
② （清）吉同钧：《现行刑律讲义》卷6，《刑律上》"造妖书妖言"条下。
③ （清）沈之奇：《大清律辑注》卷18，《刑律·贼盗》"造妖书妖言"条下。
④ 同上。

按沈之奇以上律注对"妖书妖言"的解释可谓详矣。又查洪弘绪《大清律辑注》该条律后注"谶纬,如赤伏符图录之类。……故创造及传用者,皆斩"一节文字与沈之奇同。而洪弘绪该条有律上注如下:

> 谶者,符验也;纬者,组织也。谓组织休咎之事,以为将来之符验也。以此刊成卷帙、撰作歌谣,谓之造;写其书,播散其言,谓之传用。①

可见,吉同钧虽未指明出处,但其书中上述按语应多采自洪弘绪《大清律辑注》。因洪弘绪书中律后注与沈之奇书相同,故我们在此自可认为吉同钧书中"造妖书妖言"条按语有来自沈之奇《大清律辑注》者。

---

① (清)沈之奇原注、洪弘绪重订:《大清律辑注》卷18,《刑律·贼盗》"造妖书妖言"条下。

总　结

　　康熙五十四年成书的《大清律辑注》一书被学界公认为清代律学走上独立发展道路的标志，同时该书也被公认为清代最有影响的一部律书。但是，关于该书的律注内容、所运用的解释方法对明代有何继承与创新，该书对清代立法、司法、律学的具体影响，目前学界还较少有论著对之进行更为深入的研究。正因如此，本书选择以《大清律辑注》一书为研究对象，希望通过对此书更进一步的研究，对以上问题予以较为详细的回答，同时本书也对沈之奇生平，《大清律辑注》的成书背景、重订以及清代人对该书的评价等基础问题予以研究，希望能够有助于读者更加全面地了解沈之奇及其《大清律辑注》。通过对沈之奇及其《大清律辑注》一书的研究，笔者认为，目前本书能够基本回答以上问题。

　　本书第一章首先对沈之奇的履历进行了更进一步的挖掘，即笔者根据沈之奇《大清律辑注》一书的自序、蒋陈锡本人及其为该书所作"序"并沈之奇在书中所援引张大一案等而得到了更多的关于沈之奇履历的信息，即沈之奇曾在淮徐河道衙门以及山东巡抚衙门"佐治"。其次，本书对前人所未论及的《大清律辑注》成书的特殊背景进行探讨，指出了该书成书的特定背景有二：一为官方律注的缺席，二为私家律书的不足。之后本书第一章对乾隆初年洪弘绪对《大清律辑注》一书的修订予以研究，正是洪弘绪这一"与时俱进"的修订在相当程度上避免了因雍正、乾隆初年律例的修订而使沈之奇律书可能被遗忘的命运。沈之奇律书被当代学者如张晋藩先生、怀效锋教授、何勤华教授等认为是清代最有影响的私家律书，所以了解清代人对该书的评价便成为在笔者看来验证这一论断的重要证据。当然，我们可以看到，自为沈之奇律书作序的高级官员蒋陈锡至清代中后期的著名幕友胡肇楷等，以及清末的刑部大员兼资深律家薛允升，他们或者通过言论，或者通过对沈之奇律注的采辑，或者同时通过二者表达了他们对《大清律辑注》的推崇与看重。当然，通过本书第三章、第四章及第五章的研究，我们可以更深层次地了解清代不同时期的杰出律家、各级官员、刑部乃至皇帝对沈之奇《大清律辑注》的认可和倚重。

对沈之奇律注的研究是本书研究的重点。因为沈之奇律书被认为是承先启后之作，那么该书在注释内容、注释方法等方面对前人有何继承和发展？通过本书第二章关于该书对前人律注采辑情形的研究，我们可以发现，沈之奇的律注既有来自前人者，也有对前人观点的批判，并在批判的同时提出自己的见解。而通过对《大清律辑注》解释方法的研究，笔者认为，沈之奇所运用的解释方法基本上是对我国传统解释方法的继承，比如经典的文义解释、体系解释、结构分析等方法以及援引经典解释律意、对律典中篇名和概念等的历史渊源的追溯和解释等。因此，沈之奇的主要创新在于其注解的内容。而关于这一点，不仅通过本章的研究，更重要的是通过本书第三章、第四章和第五章的研究，读者当有更为深刻的体认。

明清时期律家具有双重的知识结构，即他们既是法律专业人士，同时也是饱读儒家经典的传统知识分子，那么他们对传统律典本身所维护和体现的伦理道德、价值观念持何等态度？他们对传统的立法模式和明清律典中突出的重刑主义色彩是否有所批判？通过对《大清律辑注》律注中沈之奇对律典态度的研究，我们发现，由于传统社会长期以来对思想的禁锢特别是明清时期的思想高压，以沈之奇为代表的明清律家绝无对传统社会主流意识形态的批判，同时他们不仅不曾质疑明清时期立法中的重刑主义特征，相反，他们完全认同这样的做法。并且沈之奇们也没有就传统社会立法模式的缺陷提出建设性意见，而仅委婉提出个别条款中存在的量刑畸轻畸重的问题。因此，我们不能期待沈之奇在运用各种方法解释律意之外会有对律典的批判性言论。而《大清律辑注》对清代立法的影响也就体现为之后的雍正和乾隆时期将沈之奇的律注纂入总注、小注或条例。因为总注和小注的基本功能都是解释律意，而条例也承担着解释律意的职能。当然，沈之奇的律注有时也会对律文未曾规定的内容予以类推解释或补充解释，这样的内容也会被纂为总注、小注或者条例，但这并不等于今天我们所谓的弥补法律漏洞，而主要是由于传统社会严格的罪刑法定主义的立法模式本身的缺陷所致。同理，沈之奇律书对清代司法判决的影响也体现为司法官员和刑名幕友借助于其律例注解而理解律意例意，或者在所谓律例无明文规定时倚之以为审拟依据。当然，当时人所谓之律例无明文经常并非意味着律文本身出现了我们今天所谓的法律漏洞，而是由于官员等不能或惮于解释律例的文义或者传统立法的缺陷所致。《大清律辑注》对清代律学的影响同样如此，即该书对后世律学的影响主要体现为其注解的被采用。通过本书第五章的研究，我们可以看到，沈之奇的注解直到清末仍然极受重视。以《大清律例重订辑注通纂》为代表的集成类律书在清代中后期广为流传，这不仅体现出沈之奇律书对清代律学的深广影响，同时也说明《大清律辑注》对清代司法实践的可能不见诸文字的持久而广泛的影响。而由于《读例存疑》和《现行刑律讲义》二书都旨在为将来修订律例做准备，由此可见《大清律辑注》对清代立法的影响亦可能贯穿至清末。由于特定的时代因素，《大清律辑注》的创新主要体现为其注解内容的不落以往窠臼，而并非对立法模式、立法指导思想等的创新，所以今天可能会有人认为沈之奇律注对清代立法、司法和律学的影响显得颇为有限。但即便如此，能够取得上至君主、下至一般刑名幕友的广泛而长久的认可和推崇，这样的成就对于一部私人律书而言无论在过去或在今天都不失为一种很难企及的荣耀。

在研究沈之奇《大清律辑注》一书的过程中，笔者必须不断提及并将该书与明清时期其他多种律书进行比较，特别是在第二章及以后的各章。由于沈之奇律书问世于清初，因此其律学成就的基础便是明代以及之前的传统律学。关于这一点，通过本书第二章的研究，读者当有更进一步的理解。而关于沈之奇律书以外的明清时期各家律书对清代立法、司法和律学的具体影响，通过本书第三章、第四章以及第五章的研究，读者也应有相当的认识。特别是明代的《明律笺释》一书，该书律注不仅在顺治初年修律时便已被大量采辑以为小注，而后来的总注、小注乃至条例仍然没有停止对该书注解的吸收。且该书在清代的司法实践中也屡被司法官员援引。直到清末，在薛允升、吉同钧等人的著作中，我们仍可不时看到该书的身影。而在对沈之奇书颇为推崇的集成类律书中，也仍有大量援引《明律笺释》者。可见该书的影响贯穿了明清两代并延至清末。与此同时，清代的其他律书如《大清律集注》《大清律例全纂》等也屡被各律家提及、援引。由此可见，清代私家注律所取得的成就在当时也已被广泛认可。总之，对沈之奇《大清律辑注》的研究就像知秋之一叶，从中我们可了解到的不止该书本身，更有明清私人律书群体。

附 录

1. 《大清律辑注》书影

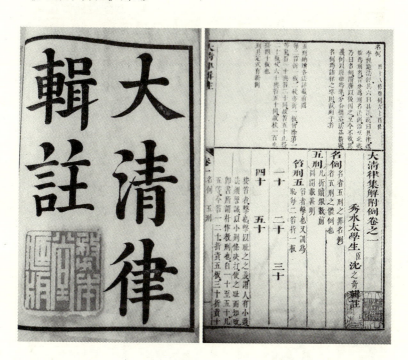

2. 《大清律例按语》书影

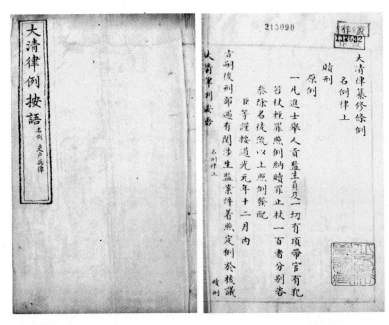

3. 《大清律例重订辑注通纂》（嘉庆十三年）书影

4.《大清律例通纂》（同治八年）书影

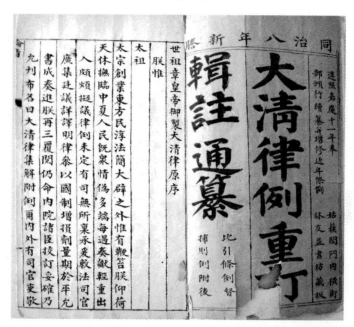

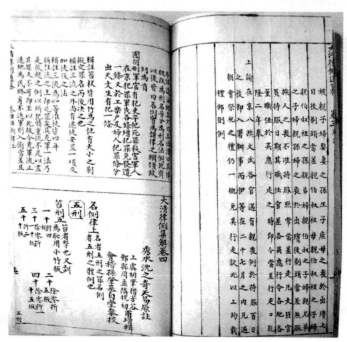

5. 《大清律例刑案汇纂集成》书影

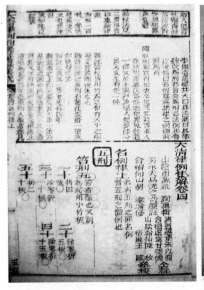

6. 《现行刑律讲义》书影

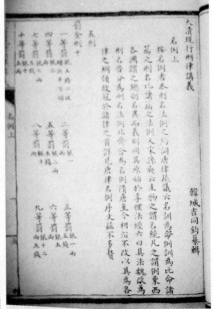

参考文献

一、典籍、著作

1. 《唐律疏议》，刘俊文点校，法律出版社 1999 年版。
2. 《宋刑统》，薛梅卿点校，法律出版社 1999 年版。
3. 《庆元条法事例》，载《续修四库全书》第 861 册，上海古籍出版社 2002 年版。
4. 《大明律》，怀效峰点校，法律出版社 1999 年版。
5. （顺治三年）《大清律集解附例》，王宏治、李建渝点校，载杨一凡、田涛主编《中国珍稀法律典籍续编》第五册，黑龙江人民出版社 2002 年版。
6. 《大清律》，载《大清五朝会典·康熙会典》卷 110—130，《刑部》，线装书局 2006 年版。
7. （雍正三年）《大清律集解》，载《四库未收书辑刊》第 1 辑第 26 册，北京出版社 2000 年版。
8. 《大清律例》，田涛、郑秦点校，法律出版社 1999 年版。
9. 故宫博物院：《大清律例》，海南出版社 2000 年版。
10. （清）沈家本等：《大清现行刑律按语》，载《续修四库全书》第 863 册，上海古籍出版社 2002 年版。
11. （清）沈家本等：《核定现行刑律》，载《续修四库全书》第 865 册，上海古籍出版社 2002 年版。
12. 刘俊文：《唐律疏议笺解》，中华书局 1996 年版。
13. 钱大群：《唐律疏议新注》，南京师范大学出版社 2007 年版。

14. （明）佚名：《律条直引》，载刘海年、杨一凡总主编《中国珍稀法律典籍集成》乙编第 1 册《洪武法律典籍》，科学出版社 1994 年版。

15. （明）何广：《律解辨疑》，载杨一凡、田涛主编《中国珍稀法律典籍续编》之《明代法律文献》（下），黑龙江人民出版社 2002 年版。

16. （明）张楷：《律条疏议》，载杨一凡编《中国律学文献》第 1 辑第 2 册、第 3 册，黑龙江人民出版社 2004 年版。

17. （明）雷梦麟：《读律琐言》，怀效峰、李俊点校，法律出版社 2000 年版。

18. （明）王樵、王肯堂：《明律笺释》，载《四库未收书辑刊》第 1 辑第 25 册，北京出版社 2000 年版。

19. （明）佚名：《大明律直解》，载《中国律学文献》第 1 辑第 4 册，黑龙江人民出版社 2005 年版。

20. （明）应槚：《大明律释义》，载《续修四库全书》第 863 册，上海古籍出版社 2002 年版。

21. （明）佚名：《明律集解附例》（全五册），台北成文出版社 1969 年据清光绪二十四年重刊本影印。

22. （明）佚名：《大明律讲解》，载杨一凡编《中国律学文献》第 1 辑第 2 册，黑龙江人民出版社 2004 年版。

23. （明）陈永：《法家裒集》，载载杨一凡编《中国律学文献》第 1 辑第 3 册，黑龙江人民出版社 2004 年版。

24. （明）唐枢：《法缀》，载杨一凡编《中国律学文献》第 1 辑第 3 册，黑龙江人民出版社 2004 年版。

25. （明）佚名：《大明律直引》，载杨一凡编《中国律学文献》第 3 辑第 1 册，黑龙江人民出版社 2006 年版。

26. （清）王明德：《读律佩觿》，何勤华、程维荣等点校，法律出版社 2001 年版。

27. （清）凌铭麟：《新编文武金镜律例指南》，载《四库全书存目丛书·史部》第 260 册，齐鲁书社 1997 年版。

28. （清）沈之奇：《大清律辑注》，中国政法大学图书馆古籍阅览室藏，该书内页有"务本堂藏版"印章，但刊刻年代不详。

29. （清）沈之奇：《大清律辑注》（上下册），怀效峰、李俊点校，法律出版社 2000 年版。

30. （清）沈之奇原注，洪弘绪重订：《大清律辑注》，载《续修四库全书》第 863 册，上海古籍出版社 2002 年版。

31. （清）吴坛：《大清律例通考校注》，中国政法大学出版社 1992 年版。

32. （清）沈之奇原注，胡肇楷、周孟邻增辑：《大清律例重订辑注通纂》，嘉庆十三年新镌。

33. （清）沈之奇原注，胡肇楷、周孟邻增辑：《大清律例通纂》，同治八年刊印。

34. （清）佚名：《大清律例按语》，广东番禺海山仙馆道光二十七年刊刻。

35. （清）张沣中：《大清律例根原》，同治十年安徽敷文书局刊印。

36. （清）姚雨芗重辑，胡仰山增修：《大清律例刑案汇纂集成》，刊刻年代不详。

37. （清）朱文熊：《大清律例增修汇纂大成》，光绪二十九年刊印。

38. （清）陶骏、陶念霖：《大清律例增修统纂集成》，光绪三十三年刻本。

39. （清）佚名：《大清律例汇辑便览》（全 15 册），台北成文出版社 1975 年据清光绪二十九年刊本影印。

40. （清）姚雨芗原纂，胡仰山增辑：《大清律例会通新纂》（全 10 册），台北文海出版社 1987 年据同治十二年刊本影印。

41. （清）沈稼叟撰，徐灏重订：《名法指掌》，载《四库未收书辑刊》第 9 辑第 9 册，北京出版社 2000 年版。

42. （清）薛允升：《读例存疑》，北京琉璃厂翰茂斋光绪乙巳年刊。

43. 胡星桥、邓又天：《读例存疑点注》，中国人民公安大学出版社 1994 年版。

44. （清）薛允升：《唐明律合编》，怀效峰、李鸣点校，法律出版社 1999 年版。

45. （清）薛允升：《唐明律合编》，中国书店 2010 年影印版。

46. （清）沈家本等编：《大清现行刑律按语》，载《续修四库全书》第 863 册，上海古籍出版社 2002 年版。

47. （清）沈家本等：《核定现行刑律》，载《续修四库全书》第 865 册，上海古籍出版社 2002 年版。

48. （清）吉同钧：《现行刑律讲义》，法部律学馆宣统二年刊刻。

49. （清）祝庆祺、鲍书芸等编：《刑案汇览三编》（全 4 册），北京古籍出版社 2004 年版。

50. （清）祝庆祺、鲍书芸等编：《刑案汇览全编》（全 15 册），法律出版社 2007 年版。

51. （清）全士潮、张道源等纂辑：《驳案汇编》，何勤华、张伯元等点校，法律出版社 2009 年版。

52. （清）沈廷瑛：《成案备考》，嘉庆十三年刊印。

53. （清）清年：《说帖摘要抄存》（《例案摘要》《刑部说帖各省通行成案摘要抄存》），道光十一年开封官廨藏版。

54. （清）佚名：《说帖类编》，律例馆抄校本，道光乙未（道光十五年）夏镌。

55. 杨一凡、徐立志：《历代判例判牍》（全 12 册），科学出版社 2005 年版。

56. 南开大学历史学院暨中国社会史研究中心、中国第一历史档案馆：《清嘉庆朝刑课题本社会史料辑刊》（全 3 册），天津古籍出版社 2008 年版。

57. （清）伊汤安：《嘉兴府志》，嘉庆六年刻本。

58. （清）于尚龄等：《嘉兴府志》，道光二十年刻本。

59. （清）许瑶光等：《嘉兴府志》，光绪四年刻本。

60. （清）钱仪吉：《碑传集》，中华书局 1993 年版。

61. 徐世虹、沈厚铎等编：《沈家本全集》（全 8 卷），中国政法大学出版社 2010 年版。

62. 张伟仁主编：《中国法制史书目》（全 3 册），台北"中央研究院"历史语言研究所 1976 年版。

63. 钱实甫编：《清代职官年表》（全 4 册），中华书局 1980 年版。

64. 黄源盛纂辑：《晚清民国刑法史料辑注》（上下），中国台北元照出版有限公司 2010 年版。

65. 怀效锋主编：《清末法制变革史料》（上下卷），中国政法大学出版社 2010 年版。

66. 张晋藩：《清律研究》，法律出版社 1992 年版。

67. 张晋藩主编：《清代律学名著选介》，中国政法大学出版社 2009 年版。

68. 杨仁寿：《法学方法论》，中国政法大学出版社 1999 年版。

69. 苏亦工：《明清律典与条例》，中国政法大学出版社 2000 年版。

70. 何勤华编：《律学考》，商务印书馆 2004 年版。

71. 何勤华：《中国法学史》（全 3 册），法律出版社 2006 年版。

72. 俞荣根、龙大轩、吕志兴：《中国传统法学述论——基于国学的视角》，北京大学出版社 2005 年版。

73. 谢晖：《中国古典法律解释的哲学向度》，中国政法大学出版社 2005 年版。

74. 何勤华、魏琼编：《董康法学文集》，中国政法大学出版社 2005 年版。

75. 胡旭晟：《解释性的法史学——以中国传统法律文化的研究为侧重点》，中国政法大学出版社 2005 年版。

76. 黄茂荣：《法学方法与现代民法》（第五版），法律出版社 2007 年版。

77. 张伯元：《律注文献丛考》，载杨一凡主编《中国法制史考证续编》第 2 册，社会科学文献出版社 2009 年版。

78. 龙大轩：《汉代律家与律章句考》，载杨一凡主编《中国法制史考证续编》第 5 册，社会科学文献出版社 2009 年版。

79. 管伟：《中国古代法律解释的学理诠释》，山东大学出版社 2009 年版。

80. 陈金钊等：《法律解释学——立场、原则和方法》，湖南人民出版社 2009 年版。

81. ［美］罗斯科·庞德：《法律史解释》，邓正来译，中国法制出版社 2002 年版。

82. ［德］卡尔·拉伦茨：《法学方法论》，陈爱娥译，商务印书馆 2003 年版。

83. ［德］卡尔·恩吉施：《法律思维导论》，郑永流译，法律出版社 2008 年版。

84. ［日］寺田浩明：《权利与冤抑：寺田浩明中国法史论集》，王亚新等译，清华大学出版社 2012 年版。

85. 巫仁恕：《激变良民——传统中国城市群众集体行动之分析》，北京大学出版社 2011 年版。

二、论文

1. 高恒：《张斐的〈律注要略〉及其法律思想》，载《中国法学》1984 年第 3 期，第 131—144 页。

2. 王立民：《略论〈唐律疏议〉中"疏议"的作用》，载《西北政法学院学报》，1987 年第 3 期，第 77—79 页。

3. 蒋集耀：《中国古代魏晋律学研究》，载《上海社会科学院学术季刊》1990 年第 3 期，第 82—88 页。

4. 师棠：《律学衰因及其传统评价》，载《法学》1990 年第 5 期，第 46—48 页。

5. 吴建璠：《清代律学及其终结》，原载《中国法律史国际学术讨论会论文集》，陕西人民出版社 1990 年版，转载于何勤华编《律学考》，商务印书馆 2004 年版，第 398—412 页。

6. 梁治平：《法学盛衰说》，载《比较法研究》1993 年第 1 期，第 100—102 页。

7. 穆宇：《张斐法律思想评述》，载《中外法学》1995 年第 5 期，第 32—36 页。

8. 张晋藩：《清代律学及其转型》（上），载《中国法学》1995 年第 3 期，第 82—99 页。

9. 张晋藩：《清代律学及其转型》（下），载《中国法学》1995 年第 4 期，第 107—110 页。

10. 武树臣：《中国古代的法学、律学、吏学和谳学》，载《中央政法管理干部学院学报》1996 年第 5 期，第 56—60 页。

11. 何勤华：《汉语"法学"一词的起源及其流变》，载《中国社会科学》1996 年第 6 期，第 74—87 页。

12. 何勤华：《〈晋书·刑法志〉与中国古代法学》，载《法制现代化研究》（第 3 卷），南京师范大学出版社 1997 年版，第 251—266 页。

13. 何勤华：《中国古代法学的死亡与再生》，载《法学研究》1998 年第 2 期，第 134—143 页。

14. 何勤华：《中国古代法学世界观初探》，载《法学家》1998 年第 6 期，第 49—57 页。

15. 何勤华：《秦汉律学考》，载《法学研究》1999 年第 5 期，第 123—135 页。

16. 何勤华：《清代律学的权威之作——沈之奇撰〈大清律辑注〉评析》，载《中国法学》1999 年第 6 期，第 142—147 页。

17. 何勤华：《唐代律学的创新及其文化价值》，载《政治与法律》2000

年第 3 期，第 52—58 页、第 73 页。

18. 何勤华：《明代律学的珍稀作品——佚名著〈律学集议渊海〉简介》，载《法学》2000 年第 2 期，第 10—12 页。

19. 何勤华：《明代律学的开山之作——何广〈律解辨疑〉简介》，《法学评论》2000 年第 5 期，第 137—140 页。

20. 何勤华：《论宋代中国古代法学的成熟及其贡献》，载《法律科学》2000 年第 1 期，第 97—105 页。

21. 何勤华：《〈读律佩觿〉评析》，载《法商研究》2000 年第 1 期，第 111—119 页。

22. 何勤华：《清代法律渊源考》，载《中国社会科学》2001 年第 2 期，第 115—132 页。

23. 何敏：《清代私家释本的形式与种类研究》，载《安徽大学学报》（哲学社会科学版）1989 年第 4 期，第 60—65 页。

24. 何敏：《清代私家释律及其方法》，原载《法学研究》1992 年第 2 期，转载于何勤华编《律学考》，商务印书馆 2004 年版，第 493—505 页。

25. 何敏：《清代注释律学的特点》，载《法学研究》1994 年第 6 期，第 81—87 页。

26. 何敏：《传统注释律学发展成因探析》，载《比较法研究》1994 年第 3、4 期，第 298—306 页。

27. 何敏：《从清代私家注律看传统注释律学的实用价值》，载《法学》1997 年第 5 期，第 7—14 页。

28. 田小梅：《南北朝法律的历史思考》，载《政法论坛》1996 年第 3 期，第 58—60 页及第 77 页。

29. 怀效峰：《中国传统律学述要》，载《华东政法学院学报》1998 年创刊号，第 4—7 页。

30. 杨昂、马作武：《中国古代法律诠释形成的历史语境》，载《法学评论》2003 年第 3 期，第 137—147 页。

31. 刘笃才：《论张斐的法律思想——兼及魏晋律学的与玄学的关系》，载《法学研究》2004 年第 6 期，第 150—158 页。

32. 苏亦工：《法学盛衰之辨》，载《沈家本与中国法律文化国际学术研讨会论文集》（下册），中国法制出版社 2005 年版，第 476—480 页。

33. 张中秋：《传统中国律学论辩——兼论传统中国法学的难生》，载《法律史学科发展国际学术研讨会文集》，中国政法大学出版社 2006 年版，第 138—163 页。

34. 叶炜：《论魏晋至宋律学的兴衰及其社会政治原因》，载《史学月刊》2006 年第 5 期，第 36—44 页。

35. 王志林：《〈大清律辑注〉按语的类型化解析》，载《河北法学》2008 年第 9 期，第 156—160 页、第 179 页。

36. 王志林：《清代法律解释中的律例考证——以典型律学文本为考察视域》，载《中共山西省委党校学报》2010 年第 2 期，第 56—59 页。

37. 邓长春：《论南朝律学之新发展》，载《西部法学评论》2008 年第 2 期，第 105—113 页。

38. 王娟：《〈九朝律考〉"北优于南"说献疑》，载《河北法学》2009 年第 5 期，第 96—99 页。

39. 包振宇：《〈读律佩觿〉与扬州学人王明德法律思想述要》，载《扬州大学学报》（人文社会科学版）2010 年第 1 期，第 46—50 页。

40. 岛田正郎：《清律之成立》（节译），姚荣涛译，载《日本学者研究中国史论著选译》第 8 卷《法律制度》，中华书局 1992 年版，第 461—521 页。

41. 何敏：《清代注释律学研究》，博士学位论文，中国政法大学 1994 年。

42. 于凌：《秦汉律令学》，博士学位论文，东北师范大学 2008 年。

43. 王志林：《〈大清律例〉解释学考论——以典型律学文本为考察视域》，博士学位论文，重庆大学 2009 年。

43. FU-MEI CHANG CHEN，"The Influence of Shen Chih-ch'i's Chi-Chu Commentary upon Ch'ing Judicial Decisions"，*Essays on China's Legal Tradition*，edited by Jerome Alan Cohen，R. Randle Edwards and Fu-mei Chang Chen，Princeton University Press，Princeton，New Jersy（1980），pp. 170 – 221.

索 引

1. 人名——按字母顺序

车老八　183，184

陈大年　176

陈宏谋　156

陈嘉旦　155，156

陈氏　157，178

陈相礼　155—157，193，197

崔秋华　157

杜从富　193

傅德　169—171，195

甘奇位　193，194

龚云瞻　169—171

郭文海　162

韩邦幅　160—162

韩光禄　194

韩光全　194

韩九姐　155，156

韩添太　174，175

韩添勇　174—176

韩张氏　174，175

韩周氏　155

何广　2，14，36，51，254，259

何荣宝　174

何云　33，186，187

洪弘绪　7，9，10，16，18，19，22，20，
　23，25，61，189，215，217—223，
　228—232，240，241，243—247，249，
　250，255

胡肇楷　23，26，200，207，210，214，
　215，217—219，221—223，228，245，
　250，255

黄经元　178

黄么　192

黄韦氏　178，179

黄学先　182

吉同钧　23，153，205，234—249，252，
　255

贾大　193

江老大　174

蒋陈锡　10，16，17，24—26，250

康付　158

坤荣　184，185，193，194，197

雷梦麟　2，23，32，34，36，40—42，
　　44，45，47，54，57，114，243，254

李辉田　162—164

李柟　2，13

李绍模　162

李世富　162—164

李廷珍　193

李纹青　190，191，196，201

李纹兴　190，201

李谢氏　190，201

李秀六儿　195

李仲远　192

梁奋庸　168，169，186，195，197，200

梁荣　179，180

梁天兆　176，193，203

廖氏　182，183

凌铭麟　2，13，14，254

刘聋子

刘南　177，204

刘四　172，173

刘曾氏　177—179，203，204

陆柬　2

罗星耀　169

闵士文　179

潘氏　177，178

濮带老　174

钱克从　160—162

钱之清　2，13

乔十　148，173，174，187，192，201，
　　202，204

邱阿三　164，165，193，194

全氏　179，180，195

任德潮　194，197

任宋元　194，197

沈之奇　2，3，6—11，13，15—36，39，
　　40，43，46—49，51—57，60—140，
　　142，143，145，147—168，170—177，
　　179，180，182—185，187，189—193，
　　195，196，199—210，214—223，227—
　　234，236，240—252，254，255，258

史大朋　182，183

宋毛子　189，190，196，197

万古斋主人　2

王潮栋　196

王恩长　186，187，196，197

王凤　187，188，196

王寡妇　158，159

王韩氏　159，160

王合庭　177

王俱幅　193

王开阁　148，149，173，174，187，192，
　　201，202，204

王肯堂　2，23，26，32，33，40，42，
　　44，45，47，48，52，55—57，60，84，
　　88，110，113，115—119，122，125，
　　127，129，131—133，137，142，144，
　　145，149，168，170—172，192，193，
　　218，243—245，254

王岚峰　169，170

王明德　2，5，13—15，26，254，260

王起　196

王樵　2，23，40，42，44，45，47，48，
　　52，55，56，60，88，110，113，115，
　　118，119，122，125，127，129，131，
　　132，137，142，145，244，254

王张氏　189，190

韦有亮　178

温和　178

吴坛　21，60，120—122，125，126—

129，131，132，134—137，140—142，
146，147，219，255

喜儿　159

向老二　183，184

谢伯法　165—167

薛允升　26，27，39，43，95，103，117，
126，127，137，139，141—145，147—
151，153，168，178，184，185，223—
234，243，245，250，252，255

杨小三　194，197

杨振潮　182

尹亮　181，182

袁刘氏　182

扎兔　181，182

张斐　2，64，83，190

张钧　165—167，176，193

张铠　165，166

张楷　2，36，42—46，47，51，254

张嗣昌　10，18，19，23—25

赵陈氏 157

赵鸣玉　187

郑众　186，187

周孟邻　26，200，207，208，214，215，
217，221，222，245，255

朱氏　158，159

朱四　169，171

朱介圭　10，18，19，25

祝李氏　164，165

2. 书名——按字母顺序

碑传集　10，256

驳案新编　154—156

春秋公羊传　96，97

大明律集解附例　12，35，36，39—48，
51，53—55，57，65，107，108，110—
116，118，120，122，123，126—129，
131，134

大明律释义　2，34，35，40—45，48，
51，57，65，110，112—114，116—
118，120，121，123，127—129，131，
134，254

大明律直引　51，57，81，254

大清律集解　2，3，7，12，13，15—17，
20，51，61，65，88—90，95，107—
109，110—114，116—123，127—130，
132—143，146，168，195，208，212，
228，230，231，244，245，253

大清律集解附例　2，12，13，15—17，
57，107，119，121，135，137，140，
208，253

大清律集解附例笺释　2，13，15

大清律辑注　2—11，13，15—31，33—
37，39，40，42，44，49，51，57，58，
60—123，125—129，131—143，148，
149，151—210，214—223，227，228，
231—234，236，238—252，254，255，
258，260，263

大清律笺释合钞　2，13

大清律例汇辑便览　26，206，244，245，
255

大清律例会通新纂　26，200，206，245，255

大清律例讲义　234，235

大清律例通纂　188，189，206，207，255，265

大清律例新增统纂集成　206

大清律例刑案汇纂集成　206，244，245，255，266

大清律例增修汇纂大成　206，255

大清律例增修统纂集成　206，255

大清律例重订辑注通纂　3，8，18，23，24，26，188，189，200，205—210，214—223，244，245，252，255，264

大清律例朱注广汇全书　13，227

大清现行刑律　92，226，234，235，238，240，241，248，253，255

读例存疑　8，27，39，103，107，108，117，119，121—123，125，126，128，137，139，141—145，147，149，150，168，178，184，185，205，223—229，231，233，234，239，240，242，243，252，255

读律管见　2，30—32

读律佩觿　13—15，227，240

读律琐言　2，23，29—33，35，36，39—45，47，48，53—55，57，65，95，107，108，110—114，116—118，120，121，123，127—129，131，134，192，227，240，254

法律答问　1

核定现行刑律　235，253，255

嘉禾县志

建隆重详定刑统　2

建阳县志

康熙会典　81，136，253

康熙九年校正律　16，20，21，31，33，39，51，66，67，75—77，79，81—92，95，96，98，100—106，110，118，121，135，141，213，214，220，228，230

律解辨疑　2，14，34—36，39，40，42—44，46，48，57，65，111—114，117，118，120，121，123，127—129，131，134，254，259

律条疏议　2，34—36，39，40，42—44，46—48，57，65，107，108，110—114，116—118，120，121，123，127—129，131，134，254

明律笺释　2，14，22，23，26，29—33，35，36，39—42，44，45，47，48，51—57，60，65，83，88，95，107，108，110—115，117—123，125，127—129，131—134，137，142，144，145，148，157，168—170，192—196，199，204，211，218，227，232，239，241，244，252，254

清史稿　13

唐律疏议　23，36，42，43，46，65，72，81，95，99，205，224，228，253，258

唐明律合编　26，27，43，103，245，255

现行刑律按语　226，235，253，255

现行刑律讲义　8，205，234—237，239—248，252，255，266

新编文武金镜律例指南　2，13—15，254

刑书据会　17，29—32，218，238

修正现行刑律　235

永徽律疏　2，65

云梦秦简　1

周礼　35，36，95，96，228

致　谢

　　自 2009 年 9 月进入中国政法大学博士后流动站师从崔永东老师进行博士后阶段的研究工作以后，我在学业、出站报告的选题、搜集材料和写作等各方面均深蒙合作导师崔永东老师的提点、教诲和支持。而我博士生阶段的导师赵晓耕老师也不时对我在搜集资料和写作过程中遇到的一些具体问题提供帮助和指导。除了二位恩师以外，在此我还要感谢中国社会科学院法学所张少瑜研究员，中国政法大学法学院徐世虹教授、林乾教授、郭成伟教授以及郭瑞卿副教授，以上各位学界前辈在我的出站报告写作等各方面给予我有益的指导、启发和帮助。

　　感谢我在中国人民大学清史研究中心的朋友黄玉琴以及中心资料室王绪芬老师，感谢国家清史编纂委员会藏书室的计红老师、谢军老师，感谢中国政法大学图书馆古籍阅览室王丽娟老师、刘亚丽老师并中国政法大学图书馆的其他各位老师，没有你们在搜集资料、查阅文献时给予我的大力帮助和诸多便利，我的出站报告不可能完成。感谢英国阿伯丁大学麦考麦克教授、外交学院国际法系许军珂教授、外交学院图书馆工具书阅览室袁浩雄老师在我查找文献时所给予的热情帮助。

　　感谢山西财经大学王志林博士惠寄博士论文《大清律例解释学考论——以典型律学文本为视角》，从中我得到不少启发。

　　感谢中国博士后科学基金会，基金会所提供的资助是我完成出站报告的重要物质保障。

　　感谢《中国社会科学博士后文库》各位评委老师对拙作的认可和支持，感谢社会科学文献出版社刘骁军老师在本书修改和编校过程中提供的许多建议、帮助和付出的辛劳。

拙作的修改和完成有赖于刘晖博士的支持和督促。在出站报告的写作和修改过程中，刘晖博士也提出了不少有益的意见和建议，并承担了大量繁琐的家务。在此谨向刘晖博士表示感谢。

闵冬芳

2013 年 5 月 25 日